JN095424

新・マルシェ民法シリーズ Ⅰ

新・マルシェ民法総則

宮本 健蔵

編著

山田 創一

黒田 美亜紀

益井 公司

多治川 卓朗

武川 幸嗣

著

嵯峨野書院

は　し　が　き

　本書は『新・マルシェ民法シリーズ』の第1巻であり，民法典の第一編総則を対象とする。条文的には第1条から174条まで，具体的には通則，人，法人，物，法律行為，期間の計算，時効の7つの項目である。

　法規範は権利の体系として構成されており，権利の発生から消滅に至るまでを定める。私人間における権利義務を定める民法も同様に，たとえば財産関係については物権と債権という2つの権利概念を基礎としてその発生から消滅までの権利変動を規律する。しかし，民法総則がこれらの権利変動のすべてを規律する訳ではない。法律関係の全体を理解するためには，他の領域を含めて民法の規律を総合的に考慮することが必要となる。たとえば，売買の場合には，売買契約が有効に成立すると，所有権が買主に移転するとともに，代金の支払いや物の引渡しを求める債権が発生する。代金の支払いや物の引渡しが完全に行われると，債権は消滅するが，そうでない場合には，債務不履行の問題となる。これが売買の法律関係の全容であるが，民法総則はこの中で主として売買契約の当事者および契約の成立要件と有効要件について定めるに過ぎない。

　このように民法総則の部分性を十分に認識し，その上で法律関係を全体的に把握して総合的に検討するときは，民法総則に対する興味や親近感は飛躍的に増大するであろう。本書がこのような民法の学習意欲の喚起に資することができれば幸いである。

　なお，本書の刊行にあたっては，執筆者各位はもちろん，嵯峨野書院編集部の天野葉子さんに大変お世話になった。心から感謝申し上げたい。

2020年2月吉日

編著者　宮　本　健　蔵

目　　次

執筆者一覧

（＊印編者　執筆順）

＊宮　本　健　蔵　　（法政大学法学部教授）　　　第1章，第2章

　山　田　創　一　　（専修大学大学院法務研究科　第3章，第4章
　　　　　　　　　　　教授・弁護士）

　黒　田　美亜紀　　（明治学院大学法学部教授）　第5章，第6章

　益　井　公　司　　（白鷗大学法学部教授）　　　第7章

　多治川　卓　朗　　（関西大学大学院法務研究科　第8章，第9章，第10章
　　　　　　　　　　　教授）

　武　川　幸　嗣　　（慶應義塾大学法学部教授）　第11章

参考文献および引用文献略語表

I. 判例

大判（決）	—→	大審院判決（決定）
大連判	—→	大審院連合部判決
最大判（決）	—→	最高裁判所大法廷判決（決定）
最判（決）	—→	最高裁判所小法廷判決（決定）
控判（決）	—→	控訴院判決（決定）
高判（決）	—→	高等裁判所判決（決定）
地判（決）	—→	地方裁判所判決（決定）
家審	—→	家庭裁判所審判
簡判（決）	—→	簡易裁判所判決（決定）

II. 判例集

民（刑）録	—→	大審院民（刑）事判決録
民（刑）集	—→	大審院民（刑）事裁判例集（明治憲法下） 最高裁判所民（刑）事判例集（日本国憲法下）
裁判集民（刑）	—→	最高裁判所裁判集民事（刑事）
高民（刑）集	—→	高等裁判所民（刑）事判例集
東高民（刑）時報	—→	東京高等裁判所民（刑）事判決時報
下民（刑）集	—→	下級裁所民（刑）事裁判例集
行集	—→	行政事件裁判例集
訟月	—→	訟務月報
行月	—→	行政裁判月報
家月	—→	家庭裁判月報
新聞	—→	法律新聞
評論	—→	法律評論

Ⅲ. 雑誌・判例解説等

基法判例 ⟶ 民法の基本判例〔第2版〕（別冊法学教室）

金判 ⟶ 金融・商事判例

金法 ⟶ 金融法務事情

最判解○年度 ⟶ 最高裁判所判例解説民事篇○年度（法曹会）

私判リマ ⟶ 私法判例リマークス（年2回）

○年度重判 ⟶ ○年度重要判例解説（ジュリスト臨時増刊）

○年度主判解説 ⟶ ○年度主要民事判例解説（判例タイムズ臨時増刊）

ジュリ ⟶ ジュリスト

曹時 ⟶ 法曹時報

争点Ⅰ，Ⅱ ⟶ 民法の争点Ⅰ，Ⅱ（ジュリスト増刊）

判時 ⟶ 判例時報

判セ ⟶ 判例セレクト（法学教室別冊付録）

判タ ⟶ 判例タイムズ

ハンドブック ⟶ 判例ハンドブック民法総則・物権〔第2版〕（日本評論社）

判評 ⟶ 判例時報綴込みの「判例評論」

判民 ⟶ 判例民法（大正10年度，11年度，民法判例研究会）
判例民事法（大正12年度〜昭和21年度，民事法判例研究会。昭和22年度以降，東京大学判例研究会）

判例講義民法Ⅰ，Ⅱ ⟶ 判例講義民法Ⅰ総則・物権・民法Ⅱ債権（悠々社）

判例講義民訴法 ⟶ 判例講義民事訴訟法（悠々社）

百選Ⅰ，Ⅱ，Ⅲ ⟶ 民法判例百選Ⅰ総則・物権〔第8版〕，Ⅱ債権〔第8版〕，Ⅲ親族・相続〔第2版〕，2018年（これ以外は，版を明記）

家族法百選 ⟶ 家族法判例百選〔第5版〕（別冊ジュリスト）

ひろば ⟶ 法律のひろば

別ジュリ ⟶ 別冊ジュリスト

別判タ ⟶ 別冊判例タイムズ

法協 ⟶ 法学協会雑誌

法教 ⟶ 法学教室

法時	⟶	法律時報
法セ	⟶	法学セミナー
マニュアルⅠ〜Ⅳ	⟶	新判例マニュアル民法Ⅰ総則，Ⅱ物権，Ⅲ債権総論，Ⅳ債権各論（三省堂）
みんけん	⟶	みんけん（誌友会民事研修編集室）。1995年1月号（453号）以後，「民事研修」から「みんけん」に誌名変更。 本書では，「民事研修」を「民研」と略称。
民商	⟶	民商法雑誌

Ⅳ．基本書

幾代・総則	⟶	幾代通・民法総則〔第2版〕（青林書院），1984年
石田編	⟶	石田喜久夫編・現代民法講義民法総則（法律文化社），1985年
石田他編	⟶	石田喜久夫＝乾昭三＝甲斐道太郎＝中井美雄＝中川淳編・民法総則（青林書院），1993年
内田Ⅰ	⟶	内田貴・民法Ⅰ総則・物権総論〔第4版〕（東大出版会），2008年
梅・総則	⟶	梅謙次郎・民法要義巻之一民法総則編〔初版1896年，改訂増補1905年，復刻版1984年〕（有斐閣）
近江・総則	⟶	近江幸治・民法講義Ⅰ民法総則〔第7版〕（成文堂），2018年
大村Ⅰ	⟶	大村敦志・基本民法Ⅰ総則・物権総論〔第2版〕（有斐閣），2005年
大村・民法Ⅰ	⟶	大村敦志『新基本民法Ⅰ　総則編〔第2版〕』（新基本民法シリーズ）（有斐閣），2019年
奥田・安永・講義	⟶	奥田昌道，安永正昭（編集）『法学講義民法総則第3版』（勁草書房），2018年
於保・総則	⟶	於保不二雄・民法総則講義（有信堂刊，新青出版から復刻版），1996年
加藤雅・総則	⟶	加藤雅信・新民法大系Ⅰ〔第2版〕民法総則（有斐閣），2005年
川井・総則	⟶	川井健・民法概論Ⅰ民法総則〔第4版〕（有斐閣），2008年
河上・総則	⟶	河上正二『民法総則講義』日本評論社，2007年
川島・総則	⟶	川島武宜・民法総則（有斐閣），1965年
北川・総則	⟶	北川善太郎・民法講要Ⅰ民法総則〔第2版〕（有斐閣），2001年

佐久間・基礎　　　──→　佐久間毅『民法の基礎1総則第5版』(有斐閣)，2020年

四宮・総則　　　　──→　四宮和夫・民法総則〔第4版補正版〕(弘文堂)，1996年

四宮＝能見・総則　──→　四宮和夫，能見善久・民法総則〔第9版〕(弘文堂)，2018年

潮見・総則　　　　──→　潮見佳男・民法総則講義 (有斐閣)，2005年

鈴木・総則　　　　──→　鈴木禄弥・民法総則講義〔改訂版〕(創文社)，2003年

須永・総則　　　　──→　須永醇・新訂民法総則要論〔第2版〕(勁草書房)，2005年

田山・総則　　　　──→　田山輝明・民法総則〔第4版〕(成文堂)，2010年

千葉など・民法I　──→　千葉恵美子，潮見佳男，片山直也『Law Practice 民法I 総則・物権編〔第4版〕』(Law Practice シリーズ) (商事法務)，2018年

辻・総則　　　　　──→　辻正美・民法総則 (成文堂)，1999年

椿・総則　　　　　──→　椿寿夫・民法総則〔第2版〕(有斐閣)，2007年

野村・総則　　　　──→　野村豊弘・民法 (1) 序論・民法総則〔第3版〕(有斐閣)，2013年

平野・総則　　　　──→　平野裕之『民法総則』(日本評論社)，2017年

広中・上　　　　　──→　広中俊雄・民法綱要総論上 (創文社)，1989年

星野・総則　　　　──→　星野英一・民法概論I序論・総則〔改訂〕(良書普及会)，1971年

松坂・総則　　　　──→　松坂佐一・民法提要総則〔第3版・増訂〕(有斐閣)，1974年

山田など・民法I　──→　山田卓生，河内宏，安永正昭，松久三四彦『民法I──総則第4版』(有斐閣Sシリーズ) (有斐閣)，2018年

山野目・概論　　　──→　山野目章夫『民法概論1──民法総則』(有斐閣)，2017年

山本・総則　　　　──→　山本敬三・民法講義I総則〔第3版〕(有斐閣)，2011年

米倉・総則　　　　──→　米倉明・民法講義総則 (1) (有斐閣)，1996年

我妻・講義I　　　──→　我妻栄・新訂民法総則 (民法講義I) (岩波書店)，1965年

V．基本コンメンタールなど

基本コンメ　　　　──→　遠藤浩・良永和隆編・基本法コンメンタール民法総則〔第6版〕，(日本評論社)，2012年

注解判例①a　　　──→　林良平ほか編・注解判例民法①a民法総則 (青林書院)，1994年

注民①～⑤　　　　──→　注釈民法①～⑤ (有斐閣)，1964年～1974年

新注民①〜④	⟶	新版注釈民法①〜④（有斐閣），1988年〜2015年
判例コンメンタールⅠ	⟶	我妻栄編著・判例コンメンタールⅠ民法総則（コンメンタール刊行会），1963年
コンメンタール民法	⟶	我妻栄，有泉亨，清水誠，田山輝明『我妻・有泉コンメンタール民法〔第6版〕総則・物権・債権』（日本評論社），2019年
民法講座①	⟶	星野英一編集代表・民法講座Ⅰ民法総則（有斐閣），1984年
民法注解①	⟶	遠藤浩＝水本浩＝北川善太郎・伊藤滋夫監修・民法注解財産法Ⅰ民法総則（青林書院），1989年
民法典の百年Ⅰ，Ⅱ	⟶	広中俊雄・星野英一編・民法典の百年Ⅰ全般的観察，Ⅱ個別的観察（1）総則・物権編（有斐閣），1998年

記念論文集

石田古稀	⟶	石田喜久夫先生古稀記念・民法学の課題と展望（成文堂），2000年
奥田還暦上，下	⟶	奥田昌道夫先生還暦記念・民事法理論の諸問題上，下（成文堂），1993年・1995年
於保還暦上，中，下	⟶	於保不二雄先生還暦記念・民法学の基礎的課題上，中，下（有斐閣），1971年〜1976年
川島還暦	⟶	川島武宜教授還暦記念2・民法学の現代的課題（岩波書店），1972年
末川古稀上，中，下	⟶	末川先生古稀記念論文・権利の濫用上，中，下（有斐閣），1962年
林還暦上，中，下	⟶	林良平先生還暦記念論文集・現代私法学の課題と展望上，中，下（有斐閣），1981年・1982年
林献呈	⟶	林良平先生献呈論文集・現代における物権法と債権法の交錯（有斐閣），1998年
星野古稀上，下	⟶	星野英一先生古稀祝賀・日本民法学の形成と課題上，下（有斐閣），1996年
森泉還暦	⟶	森泉章教授還暦記念論集・現代判例民法学の課題（法学書院），1998年
我妻還暦上，中，下	⟶	我妻先生還暦記念・損害賠償責任の研究上，中，下（有斐閣），1957年〜1965年

序　論

第1節　民法の意義

 法 の 分 類

1　法規範・法律関係

　人間の社会生活には種々の規範が存在する。法規範がその典型的な例であるが，道徳規範や宗教規範などもそうである。

　社会生活のなかで，法規範によって規律される生活関係を特に法律関係という。法律関係は原則として義務に対して権利が対応しており，究極的には国家の裁判機関による強制力でこれの実現を図ることができる。この点で，法規範は道徳規範や宗教規範とは異なる。

2　公法と私法

　法規範の対象とする人間の社会生活は，大きく2つに分けられる。1つは，国家を構成・維持または直接にその保護を受ける生活関係であり，これを規律する法律が公法である。憲法や刑法，行政法，訴訟法などがそうである。他の1つは，国家とは直接に関係しない私人としての生活関係が存在するが，この生活関係を規律する法律をまとめて私法という。

　私法の領域で中核をなす法律が民法[1]と商法である。民法はその適用領域に

1）民法という言葉は，近代私法の基本原則を規定する法を指すオランダ語 Burgerlyk regt の訳語として，津田真造が慶応4年につくったものである。川島・総則11頁以下参照。

限定はないが，商法はもっぱら「商事」関係に適用される。つまり，民法は私人としての生活関係を規律する一般法であるのに対して，商法はこれの特別法の関係に立つ。商事に関しては，まず特別法である商法が優先的に適用されるが（特別法は一般法に優先する），商法に定めのない事柄は民法の規定による。

公法と私法を区別する実益は特に裁判所の管轄の点にあった。明治憲法の下では，公法的事件は行政裁判所の管轄に属していたからである（旧憲61条）。新憲法では，公法的事件も通常の裁判所の管轄に服することになったため，両者を区別する実益は失われた。しかし，各法領域の大まかな特殊性を認識し，また，法律学の大系を鳥瞰するには，この分類はなお意義を有するといえよう。

3　民法の指導原理

(1)　公法と私法はその根本とする理念（指導原理）においても異なる。すなわち，公法は命令服従を指導原理とするが，私法の指導原理は自由平等である。しかし，現代では，私人としての生活関係にも命令服従という公法原理が関与することがみられる。たとえば，労働法や社会保障法などの社会法がその典型例である。家族関係においても，とりわけ子供の福祉のために，親権の行使に対する干渉がなされる。教育基本法や学校教育法は，保護者（親権者・後見人など）に対して義務教育を受けさせる義務を課し（教基5条1項，学教16条），児童福祉法は，すべての国民が児童を心身ともに健やかに育成するように努めるべきものとし，児童の保護者がこれの第一義的責任を負うと定める（児福2条1項・2項）。また，必要があると認めるときは，児童の一時保護や保護者に対する助言や指導・訓戒などが行われる（児福11条・27条・33条）。

私法とは自由平等の原理に立脚した私人としての生活関係の規律をいうとする立場では，このような命令服従の原理による領域はもはや私法に属しない。労働関係は公法と私法の中間に位置する特別の法域であり，また，私人としての生活関係におけるその他の国家的関与は特殊な公法関係を形成する。

(2)　私法の領域でも，民法と商法の指導理念は異なる。商取引は集団的・反復的に行われ，その結果，個性を喪失して定型化してきた。また，大量の取引が迅速かつ安全に行われなければならない。ここでは，一般的立場からする合

理的意思の尊重と画一的処理が重要であり，商法はこれを指導原理とする。これに対して，民法では個別的な法律関係における具体的妥当性が重視される。民法はこのような具体的妥当性の追求を指導原理とする。

4　形式的意味での民法・実質的意味での民法

形式的意味での民法とは，民法という名称が付された法律をいう。すなわち，明治31年7月16日に施行された「民法」という名の法律がそうである。

これに対して，実質的意味での民法とは，私人としての生活関係を規律する一般法という民法の定義に適合する法律の総称をいう。これによれば，上記の民法典の他に，不動産登記法や戸籍法，さらに借地借家法，利息制限法，製造物責任法などの特別法もこの意味での民法の領域に含まれる（後述のⅡ2も参照）。

 ## Ⅱ　民法の法源

1　法　　源

法の存在形式を法源という。つまり，法の解釈・適用に際して援用できる規範をいう。民法の領域では，民法典や特別法など国会で立法化された法律が代表的な法源であることはいうまでもない。さらに，慣習法や判例法などの不文法も法源となりうる。

2　成文法（制定法）

民法の法源の中で，民法典はもっとも中心的なものである。この他に，種々の特別法が民法の成文法源として存在する。具体的には，次のようなものがあげられる。

まず第1に，民法典を補充するための特別法がある。不動産登記法や戸籍法，さらに供託法や遺失物法などがこれに属する。民法典はこれらの法律を予定しており，民法典の施行に必要不可欠なものである（177条・739条1項など参照）。

第2に，民法典を修正する特別法がある。人間社会は常に変動し発展しており，その動きを止めることはない。このような社会の変化にともなって取引上の新たな需要や社会のひずみが生ずるが，これに対処するために新たな法が制

4

定される。

　①取引上の新たな需要は特に担保法の領域で多くみられる。各種の財団抵当法や，抵当証券法，農業信用法，自動車抵当法，建設機械抵当法，企業担保法などがそうである。仮登記担保法や動産・債権譲渡特例法もこれに属する。

　②社会のひずみに対処するための特別法としては，借地借家法や利息制限法が代表的なものであるが，特定商取引法や消費者契約法などもこの例である。これらは社会的弱者の保護を目的とする。また，ある種の損害について，民法典の過失責任を修正して無過失責任を課す法律がある。鉱業法や原子力損害賠償法，大気汚染防止法などの各種公害法，さらに製造物責任法などがそうである。自動車損害賠償保障法は無過失責任そのものではないが，これと類似した責任を運行供用者に課している。

3　不　文　法

　(1)　慣習法　　人間の行動には一定のパターンがある。食事をしながら新聞を読むなどの個人的な習慣もあるが，一定の範囲の人々の間で社会生活上多少とも共通して反復的に行われる行動様式もある。この中で，社会的・習俗的な規範となっているものを慣習という。さらに，このような規範的意識が法的確信の程度にまで達しているものが慣習法である。

　慣習法は，発生的にみて，法律の第1次的なものである。しかし，18世紀末から19世紀の初頭に編纂された法典の下では，自然法学派の影響を受けて，慣習法の効力は直接または間接に否定された。当時の慣習は自然法思想に基づき打破しようとした封建的なものと考えられたからである。しかし，19世紀に法は民族とともに生成発展すると唱える歴史法学派が隆盛になると，成文法を唯一の法源とする思想は否定された。20世紀に編纂されたスイス民法典は，慣習法に成文法の補充的効力を付与した（同法1条）。

　我が国では，法の適用に関する通則法3条[2]が慣習法の効力を規定する。こ

2）これは平成18年に従来の法例（明治31年法律第10号）に代えて，新たに制定されたものである（平成19年1月1日施行）。

れによれば，「公の秩序又は善良の風俗に反しない慣習」は，「法令の規定により認められたもの」又は「法令に規定されていない事項に関するもの」に限り，法律と同一の効力を有する。たとえば，「慣習に従う」と明文でこれを認める例としては，相隣関係（217条・219条3項・228条・236条）や入会権（263条・294条）に関する規定などがある。また，「法令に規定されていない事項に関する」慣習としては，流水利用権・温泉専用権・譲渡担保権などがあげられる。

　なお，法的確信に至っていない慣習すなわち事実たる慣習には，法律行為の内容が不明確な場合に，これを補充する機能が認められる（92条）。

　(2)　判例法　　イギリスやアメリカのように，民法典をもたない不文法の国においては，判例法は重要な法源である。しかし，成文法の国においても，判例は法源となりうる。

　判決は個別的な事件の解決を目的とするものであるが，そこに示された法令の解釈適用を変更するには大法廷によらなければならない（裁10条3号）。大法廷が開かれて判例変更がなされることは，実際的には，それほど多くない。法的安定性の観点からも，判例が頻繁に変更されることは望ましくない。そうすると，ある判決に示された解釈基準は一定の普遍性を有し，他の類似した事件に関してもこれが基準として作用する。また，上級審の裁判所の判断は，その事件については下級審の裁判所を拘束する（裁4条）。したがって，判例変更を見込めない限り，下級審の裁判所も類似の先例を基準として事件を解決せざるを得ない。異なる解釈基準は，上級審で破棄されてしまうからである。このように，ある判例の解釈は類似の事件を解決するための一般的な基準となる。この意味において，判例は法源として機能する（判例法）。

　(3)　条理　　条理とは物事の道理をいう。これは物事の根本法則であるから，法律や契約もこれに反することは許されない。条理に反するときは，その効力を否定し，あるいは条理に適合するように解釈しなければならない。このように条理は法律または契約の内容を決定する基準として機能する。

　問題は条理それ自体を用いて裁判することができるか否かである。たとえば，スイス民法1条が「この法律に規定がないときは，裁判所は，慣習法に従い，

慣習法もまた存在しない場合には，自分が立法者ならば設定したであろう規定に従って判断すべきである」と定め，また，明治 8 年太政官布告第103号裁判事務心得 3 条が「民事ノ裁判ニ成文ノ法律ナキモノハ慣習ニ依リ，慣習ナキモノハ条理ヲ推考シテ裁判スヘシ」と規定していた。これは条理を法源として認めるものである。しかし，法律の規定が存在しないところでは，法律の規定の類推適用や権利濫用・信義則などの一般規定を用いるのが通常であり，また，条理は成文法とは異なり内容的にも不明確である。したがって，条理に法源性を認めるべきではない[3]。

Ⅲ　民法の適用範囲

1　時に関する適用範囲

（1）　施行日　　法律の効力を現実に発生させることを施行というが，法律の施行日は法律の公布の日から起算し20日を経過した日である。ただし，法律でこれと異なる施行期日を定めたときは，その定めによる（法の適用に関する通則法 2 条）。近時の法律では，付則で施行日を定めるものが多い。

（2）　法律不遡及の原則　　法律は，原則として，施行日以降に生じた事項について適用される。これを法律不遡及の原則という。法律の遡及的適用は法律関係を紛糾させ，社会生活の安定を害するからである。民法施行法 1 条はこの原則を規定する。民法の施行日は明治31年 7 月16日であるから，民法はこの日以降に生じた事項に限り適用される。

　もっとも，刑事については，法律不遡及の原則は厳格に貫徹されるが（憲39条），民事については，政策的に特に必要があるときは，法律で遡及的適用を定めることもできる。たとえば，戦後の親族・相続編の改正について，附則 4 条は新法施行前に生じた事項にも新法を適用する旨を規定し，遡及の原則を採用した。また，平成 3 年に制定された借地借家法もこの例である（同法附則 4 条）。

---

3 ）我妻・講義Ⅰ21頁以下，星野・総則37頁など。

2　人に関する適用範囲

　法律が適用される人的範囲について，刑法はこれを明文で定めるが（刑1条以下），民法にはこれに関する規定はない。しかし，民法は日本の法律であるから，すべての日本人に適用されることは明らかである。人種，信条，性別，社会的身分，門地などによって適用に差異は生じない（憲14条）。外国に住む日本人にも適用される。

　また，日本の領土内であれば日本の主権が及ぶ。その効果のひとつとして，日本に住む外国人にも，民法は適用される。

　この原則によると，ある人に2つの国の民法が適用される可能性がある。たとえば，外国に住む日本人あるいは日本に住む外国人については，日本の民法とその外国の民法が適用されることになる。この場合，どの国の民法を適用すべきかが問題となるが，法の適用に関する通則法4条以下がこれを規定する。このような法の競合問題を扱う学問領域が国際私法である。

3　場所に関する適用範囲

　民法は日本の領土全体に適用されるのが原則である。しかし，特別法の中には，一定の地域に限って適用されるものもある。たとえば，大規模災害借地借家法[4]は，大規模な火災，震災その他の災害の被災地において，当該災害により借地上の建物が滅失した場合における借地権者の保護等を図るための借地借家に関する特別措置を定めるものであるが，特定大規模災害として指定する政令において，適用すべき措置と並んで，適用すべき区域の指定が行われる（同法2条2項）。

4）正式名称は「大規模な災害の被災地における借地借家に関する特別措置法」である。平成25年に，従来の罹災都市借地借家法（昭和21年法律第13号）に代えて，新たに制定されたものである（施行日は同年9月25日）。これに基づき，平成25年12月25日，東日本大震災が特定大規模災害として指定され，適用すべき措置として7条に規定する被災地短期借地権に係る措置及びこれを適用する区域として福島県相馬郡大熊町が指定された。

第2節　民　法　典

 Ⅰ　民法典の編纂

1　編纂事業の開始

　明治政府は，明治維新直後から，民法典の編纂に力を注いだ。その主たる理由は安政の不平等条約を改正するために法典の整備を必要としたことにあるが，法律が地域によって異なるという事態を解消し，これを統一化するためにも，統一的な法典の整備が必要とされた。

　(1)　民法典の編纂事業は，当初，江藤新平を中心に進められた。すなわち，明治3年，太政官制度局において，江藤を長として民法典の編纂が開始された。江藤は箕作麟祥にフランス民法の翻訳を命じ，民法編纂会議でこれを検討した。明治4年に左院が設置され，制度局はこれに吸収された。左院の副議長となった江藤は，左院に民法会議を設けて民法編纂事業を継続した。翌明治5年，江藤が司法卿になると，民法会議は司法省で行われることになった。江藤は法典を早期に完成させることを第一とした。このことは，箕作麟祥にフランス民法の翻訳を命じた際に「誤訳も可なり。ただ速訳せよ」といったことからも明らかである。しかし，その作業は身分證書88カ条の草案を完成させるにとどまった。

　(2)　明治6年，大木喬任が江藤に代わって司法卿となり，編纂事業は彼に引き継がれた。しかし，2年余りの間は，国家的重大事件の続発などにより，具体的な進展はなかった。明治9年6月，大木は箕作麟祥に民法編纂を命じた。箕作は，明治10年9月に草案第1編「人事」，第2編「財産及ヒ財産所有権ノ種類」の2編を完成させた。そして，明治11年1月に第3編「財産所有権ヲ得ル方法」総則および第3巻「契約」，第4巻「契約無クシテ生スル義務」が，明治11年4月に，残りの第3編第1巻「財産相続」，第2巻「贈遺」，第5巻「婚姻ノ契約」ないし第18巻「期満得免」が完成し，民法編纂事業はひとまず

完了した。この11年草案はフランス民法典をほぼ直訳したものであるが，明治12年，審議の結果，廃案となった。

2　旧民法典の成立

　明治13年，大木はボアソナードに民法典草案の起草を依嘱した。ボアソナードはパリ大学准教授であったが，政府の招請により明治6年11月15日に来日し，司法省法律顧問および司法省明法寮（後の司法省法学校）の教師を勤めていた。彼は財産法の部分を担当し，家族法の部分は熊野敏三や石部四郎などの日本人委員が起草にあたった。編纂の主体は，元老院民法編纂局から司法省民法編纂委員，外務省法律取調委員会，さらに司法省法律取調委員会へと変わったが，司法大臣山田顕義を委員長とする司法省法律取調委員会において，明治21年12月にボアソナードの担当部分全部，明治23年4月に日本人委員担当部分の審議が完了し，内閣総理大臣に提出された。そして，元老院と枢密院の審議を経て，明治23年4月21日に前者が法律第28号として，続いて同年10月7日に後者が法律第98号として公布された。施行はいずれも明治26年1月1日と定められた。これが「旧民法」と呼ばれるものであり，人事編，財産編，財産取得編，債権担保編，証拠編の5編，1760条余の大法典である。

　ところが，公布に先立つ明治22年5月に「法典編纂ニ関スル法学士会ノ意見」が公表され，これを契機として延期派と断行派の争いが始まった。明治24年の「民法出でて忠孝亡ぶ」と題する穂積八束の論文はこの論争を大いに刺激し，民法典論争は明治25年にピークに達した。この論争は，イギリス法派対フランス法派，封建的家族主義派対ブルジョア民主主義派の対立の側面を有していた。ついに，明治25年の第3回帝国議会で「民法商法施行延期法律案」が可決され，民法典の施行はその修正のために明治29年12月31日まで延期された。

3　現行民法典の成立

　政府は明治26年に法典調査会を設置し，総裁には首相の伊藤博文，副総裁には西園寺公望が就任した。そして，穂積陳重，富井政章，梅謙次郎が起草委員，仁井田益太郎，松波仁一郎，仁保亀松が起草補助委員に任命された。起草委員3名は，当初，小田原にある伊藤博文の別荘滄浪閣に篭もったが，明治26年の

秋以降の起草は主として東京で行われた。明治27年に審査組織の簡略化が行われ，法典調査委員会の審議を経ればよいことになった。新機構による第1回調査会は明治27年4月6日に開かれ，以後4日毎に開会された。そして，明治28年10月10日の第123回調査会で総則編，物権編，債権編の審議が終了し，明治29年1月の第9回帝国議会に提出され，若干の修正を経た後，同年4月27日に法律第89号として公布された。親族相続編の修正が間に合わないために，旧民法の施行がさらに1年半延期された。親族編相続編の審議は明治28年10月14日の第124回調査会から始められ，明治29年12月16日の第202回調査会（閉会午後6時20分）をもって終了した。整理会での整理を経て，修正案親族編相続編は明治31年5月の第12回帝国議会に提出され，同年6月21日，法律第9号として公布された。その施行は，いずれも明治31年7月16日であった。30年間に及ぶ民法典編纂の大事業はここに達成されたのである。

旧民法典と異なる点としては，①法典の体裁は総則，物権，債権，親族，相続の5編に分けるパンデクテン方式を採用したこと，②法人や法律行為など，フランス民法典にはないが，ドイツ民法典にある制度を導入したこと，③定義や民法の大原則，分類などの規定をほとんど削除したことなどがあげられる。

親族編相続編は第2次世界大戦後の昭和22年12月22日に全面改正された。その後，これまでに行われた主な民法の改正には，次のようなものがある。

①昭和46年　根抵当権の規定の追加。
②平成11年　成年後見制度の導入。
③平成15年　担保物権の一部改正（短期賃貸借制度の廃止など）。
④平成16年　民法の条文表記の現代語化および根保証関連の改正。
⑤平成20年　民法の法人制度の改革。
⑥平成29年　民法（債権関係）の改正。
⑦平成30年　成年年齢の引下げ（施行日は平成34年4月1日），相続法の改正（配偶者居住権・遺留分制度の見直しなど）。

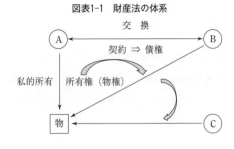

図表1-1　財産法の体系

Ⅱ　民法典の構成

　民法は私人としての生活関係を規律する法律である。このような私人としての生活関係は，取引を中心とする財産関係と血縁を中心とする家族関係から成り立つ。

1　財　産　関　係

　(1)　物権と債権　　財産関係は，私的所有と交換を特徴とする資本主義の下で，次のように規律される。まず第1に，私的所有は，法的には，ある人（A）がある物に対して所有する権利（所有権）を有すると表現される。ここで，人が物に対して有する権利すなわち物権が観念される。所有者は自己の所有物を自由に利用することができる。他の者（B）がこの物を奪いあるいは利用を妨げる場合には，所有権の効力として，所有者は返還あるいは妨害の排除を請求することができる。このように所有権（物権）は強く保護されている（所有権絶対の原則＝個人財産権絶対の原則）。

　そこで，BがAの物を取得（交換）しようとする場合には，Aの意思に基づいて所有権の移転を受ける必要がある。つまり，所有権の移転は，AとBの意思の合致すなわち契約によって行わなければならない。契約が締結されると，物の引渡を求める請求権がBに，代金請求権がAに生ずる。ここで，ある人に対して一定の行為を請求しうる権利すなわち債権が観念される。契約を締結するか否か，契約内容をどのように定めるかは，当事者の自由に任される（私的自治の原則＝契約自由の原則）。

　法秩序の下では，他人に損害を与えることは許されない。物を破壊して所有者に損害を与えたり，逆に，所有者が物の利用を通して他人に損害を与えたような場合には，損害を賠償する責任が生ずる（不法行為責任）。また，約束（契約）に違反して損害を生じさせた場合には，これを賠償しなければならない（債務不履行責任）。もっとも，常に賠償責任が生ずるのではなく，損害を与え

た者に帰責事由や過失がある場合に限られる（過失責任の原則）。

　(2)　財産法の構成　　財産関係はこのように物権と債権という2つの権利概念によって構成しうる。権利を中心とする法体系の下では，権利の主体（人），権利の客体（物），権利の変動（法律行為，時効）が共通して問題となる。そこで，民法典は，パンデクテン方式に従い，これらを第一編総則として規定した。

　第二編物権では，所有権以外に，占有権，用益物権（地上権，永小作権，地役権，入会権）および担保物権（留置権，先取特権，質権，抵当権）が規定されるとともに，物権に共通する事柄を第一章総則で定めている。

　第三編債権では，債権の発生原因に応じて，契約，事務管理，不当利得および不法行為を規定するとともに，債権に共通する事項を第一章総則として規定する。

　なお，契約では，①財産権の移転のための契約（売買，贈与，交換）以外に，②他人の物を使用するための契約（賃貸借，消費貸借，使用貸借），③他人の労働力を利用するための契約（雇用，請負，委任，寄託），さらに，組合契約，和解契約および終身定期金契約の全部で13種類の契約類型（典型契約）について規定する。

2　家族関係

　血縁を中心とする家族関係についてみると，現在の家族関係は夫婦・親子という強い結合関係が中心であり，これをとりまく親族的集団との関係は家制度と異なって比較的弱い。このような夫婦間・親子間の権利・義務などを規律するのが親族法であり，第四編で規定される。また，親族的集団の生存の基礎としての財産は原則的には親の死亡によって子に承継されるが，このような財産の承継を規律するのが相続法である。民法典はこれを第五編で規定する。

3　民法総則編の位置づけ

　民法総則編すなわち民法典第一編総則の規定は，民法全編に対する通則であるのかが問題とされる。総則編は物権編・債権編（財産法）の通則であることは明らかである。問題は親族編・相続編（家族法）に対する通則でもあるのかどうかである。立法者および当初の学説はこれを肯定し，総則編の諸規定は家

図表1-2　民法典の構成

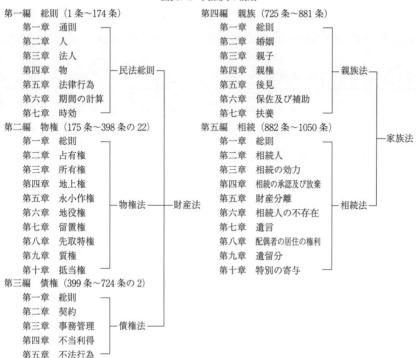

族法にも適用されると解した。その後，財産法と家族法の本質的差異を理由に，
これを否定する見解が有力となった。しかし，いずれの見解も例外を認めるの
であるから，結論的に大きな差異はない。重要なことは，どのような規定が家
族法の特質に適合しないかどうかを個別的・具体的に検討することであろう
（通説）[5]。

　具体的には，民法の解釈基準（1条・2条），住所・失踪・物，さらに期間に
関する規定は家族法にも妥当する。これに対して，法定代理・任意代理，法律
行為，無効・取消し，条件・期限，さらに時効の規定は家族法には適用されな
い。

5）谷口知平・注民①43頁以下参照。

第**3**節　民法の基本原理

　財産法の基本原則

　財産法においては，すでに述べたように，所有権絶対の原則，契約自由の原則および過失責任の原則が妥当する。これを私法の三大原則という。近代社会は人間の自由平等＝身分的拘束の否定を根幹とするが，私法の三大原則はこのような基本理念の法的表現に他ならない。もっとも，その後の社会の進展にともない，これらの原則は種々の面での修正がみられる。

1　所有権絶対の原則

　所有者は自由に所有物を使用・収益し，必要に応じてその物を処分して金銭その他の物と交換することができる（206条）。このように所有権は物に対する絶対的な支配権であって，私人はもちろん国家といえども侵害することは許されない（憲29条1項）。所有権の侵害があれば，いかなる者に対しても一律かつ無条件にその侵害を禁止することができる。このような対世的な絶対的効力が所有権に本来的に備わっている。

　しかし，所有権も完全に自由ではない。所有権も私権に内在する社会性によって制約される。ワイマール憲法は「所有権は義務をともなう」と規定するが（153条3項），これは私権の内在的な制約を明らかにしたものである。日本国憲法も，財産権の内容は公共の福祉に適合するように定めること，および私有財産は正当な補償の下に公共のために用いることができる旨を規定している（憲29条2項・3項）。民法でも，私権は公共の福祉に適合すべきものとされ（1条1項），また，所有権も「法令の制限内において」という限界が課されている（206条）。

2　契約自由の原則

　契約自由の原則とは，契約の締結に際して何人からも強制されないことをいう。具体的には，①契約締結の自由，②内容決定の自由，③相手方選択の自由

および④方式の自由を意味する。

　この契約自由の原則は対等な当事者間において有効に機能する。しかし，資本主義が高度に発達した現代社会では，貧富の差が著しくなり，経済的な強者と弱者の対立が激しくなった。そこで，経済的弱者を保護し，実質的な平等を確保するために，契約自由の原則に積極的に干渉するようになった。労働基準法，借地借家法，利息制限法などがその例である。また，知識や情報の偏在，交渉力の格差などに対処するために，消費者契約法や特定商取引法，宅地建物取引業法などが制定された。

　大企業との取引では，大量の取引を画一的に処理する必要から，定型化された契約約款が用いられることが多い。電気・ガスなどの供給契約，運送契約，保険契約などにおける普通契約約款がその適例である。このような約款は事業者が一方的に作成するものであり，相手方はこれを包括的に承諾するか否かの自由を有するにすぎない（これを付合契約という）。相手方が約款の条項について個別的に交渉する余地がないため，約款内容の合理性につき国家による監督が行われる。民法典にはこれまで約款に関する規定はなかったが，平成29年の債権法改正によって，「定型約款」[6]に限ってではあるが，その組入要件（契約内容となるための要件）や変更要件などが新たに規定された（548条の2以下）。

3　過失責任の原則

　過失責任の原則とは，故意・過失がない限り，損害賠償責任を負わないという原則である。これは個人の自由な活動を保障したものである。自己に過失がなければ，たとえ他人に損害を与えても賠償責任を負わないとすることによって，安心して活動することができる。これは不法行為の大原則であるが（709条），債務不履行についても適用される（415条）[7]。

6）定型約款とは，ある特定の者が不特定多数の者を相手方として行う取引であって，その内容の全部又は一部が画一的であることがその双方にとって合理的なものいう（548条の2第1項括弧書き）。したがって，548条の2以下の規定はすべての約款に適用されるわけではない。

7）415条の「債務者の責めに帰すべき事由」は，平成29年の債権法改正によって，「その債務の不履行が契約その他の債務の発生原因及び取引上の社会通念に照らして」という修飾↗

　しかし，現代の企業活動は一方では大量生産による良質な低価格品の供給によって人々の生活を豊かにしたが，他方では，工場の煙突から排出する煤煙や排水溝から流される有害な廃液によって地域住民に深刻な被害をもたらした。四日市ぜんそくや熊本水俣病などの一連の公害事件がそうである。また，危険技術・危険施設の利用が飛躍的に増大し，現代の企業活動は広範囲かつ重大な損害発生の危険性をはらんでいる。

　このような損害が生じた場合に，過失がないために加害者の賠償責任を否定することは社会的にみてきわめて不公平である。天災すなわち不可抗力として甘受することを被害者に強いることは許されない。そこで，一定の事故損害については，過失を問うことなく賠償責任を認めることが提唱されるに至った。これが無過失責任の法理である。

　このような無過失責任は危険責任や報償責任を根拠とする。危険責任とは，危険物を管理する者はこれから生ずる損害に対して常に責任を負うべきだというものである。また，報償責任は「利益の帰するところに損失も帰する」という考え方である。

　土地工作物責任（717条）や使用者責任（715条）はこのような無過失責任の思想に基づくものである。特別法としては，鉱業法や原子力損害賠償法，製造物責任法などが無過失損害賠償責任を定める。また，公害との関連では，大気汚染防止法および水質汚濁防止法の改正によって昭和47年に無過失責任が導入された（大気汚染25条以下，水質汚濁19条）。船舶から流出した油による海洋汚染については，船舶油濁損害賠償保障法が昭和50年に制定された（船油賠3条以下）。

　なお，自動車損害賠償保障法は挙証責任の転換によって自動車運行供用者に無過失責任に近い責任を課している（自賠3条）。

＼語がその前に付加された。これは帰責事由に関する従来の判例の判断枠組みを条文上明らかにしたに過ぎず（筒井・村松『一問一答　民法（債権関係）改正』（商事法務・2018年）66頁），無過失責任への転換を意図したものではない。なお，近時の学説は，債務不履行を理由とする損害賠償責任は契約の拘束力に基づくものであって，人の行動の自由の保障と結びついた過失責任の原則は適用されないという。潮見『新債権総論Ⅰ』（信山社・2017年）371頁以下。

Ⅱ　家族法の基本原則

新憲法は，周知のように，家族生活における個人の尊厳と男女の本質的平等を宣言した（憲24条）。これに基づき，民法典の冒頭にこれを解釈原理とする旨の規定を追加するとともに，家族法に関する民法第四編親族と第五編相続の全面的な改正が行われた（昭和22年12月22日法律第222号）。戦前の家族法の根幹であった家制度は廃止され，夫婦・親子という結合関係が中心に置かれた。新しい家族法においては，個人の尊厳と両性の本質的平等がその基本原則とされる。

1　個人の尊厳

個人の尊厳とは，すべての個人は個人として尊重されるということを意味する（憲13条）。何人も自己の意思によらなければ拘束されることはないという原則（意思の自己拘束性・人の主体的自由）を明らかにしたものであり，人は他人の意思によって支配されることはない。これは個人の自由平等の理念からは当然のことである。

戦前の家族法では，戸主に家族を統率・支配する権利が与えられていた。具体的には，家族構成員の婚姻や養子縁組に対する同意権（旧規定750条1項），家族の居所指定権（旧規定749条1項）などを有し，家族がこれに背くときは，その家族員をその家から離籍し（旧規定750条2項・749条3項），扶養義務を免れることができた（旧規定749条2項）。また，成年者が婚姻をし，養子をなすには，その家にある父母の同意を必要とした（旧規定772条1項・844条）。

これらは個人の尊厳の理念に反するものであり，現行法では，これらの制度はいずれも廃止された。

2　両性の本質的平等

旧規定では，妻は制限行為能力者とされ，一定の行為をなすには夫の許可を必要とした（旧規定14条）。また，夫は妻の財産を管理する権限を有するものとされた（旧規定801条）。離婚原因についても，妻の姦通はその1つとされたが，夫の姦通は離婚原因ではない（旧規定813条2号）。子に対する関係でも，親権は原則として父に属する（旧規定877条1項）。このように夫婦間および子に対する

関係において，妻または母は不平等な取り扱いを受けた。

　相続では，長男家督相続の原則が採られ，男子が女子よりも優位に置かれた（旧規定970条1項2号）。

　現行法は，これらの制度を廃止し，男子と女子の間の不平等を取り除いた。

第4節　民法上の権利

私　　権

1　私権の意義

　公法上認められる権利が公権であるのに対して，私法上認められる権利を私権という。私権という用語は1条1項や3条に見出される。

2　私権の種類

　私権は種々の基準により分類できるが，代表的なものは次の通りである。

　(1)　権利の内容による分類　　これは権利者の享受する利益を基準とする分類である。

　(a)　財産権　　財産的利益を内容とする権利をいう。たとえば，物権・債権・知的財産権などがそうである。

　(b)　人格権　　人格的利益を内容とする権利をいう。人格的利益とは，生命・身体・名誉・貞操・肖像などのように，人格と分離することができない生活上の利益をいう。

　(c)　身分権　　身分的利益を内容とする権利をいう。身分的利益とは，親・子・夫・妻・親族などの身分的地位に伴う生活上の利益をいう。たとえば，親の子に対する親権，夫婦間の同居請求権，親族間の扶養請求権などがこれに属する。

　(d)　社員権　　社員的利益を内容とする権利をいう。社員的利益とは，社団法人の構成員たる社員としての地位に伴う生活上の利益をいう。たとえば，株主の利益配当請求権や議決権などがこれに属する。

(2)　権利の作用による分類　　これは権利者のなし得る行為を基準とする。

(a)　支配権　　支配しうることを内容とする権利をいう。たとえば，物権は物（有体物）を直接に支配しうる権利であるから，物権は支配権に属する。同様に，知的財産権は非有体物に対する支配権である。直接に支配しうるとは，他人の行為の介在をまたずに，直接に物から一定の利益を享受しうることをいう。換言すると，権利者の意思だけで権利の内容を実現できることを意味する。

(b)　請求権　　請求しうることを内容とする権利をいう。たとえば，債権は債権者が債務者に対して一定の給付を請求しうる権利である。具体的には，AB間で土地の売買契約が締結されると，買主Aは売主Bに対して土地の引渡しを請求することができ，BはAに代金の支払いを請求できる。同じく，物権的請求権や夫婦の同居請求権なども請求権の例である。

(c)　形成権　　権利者の一方的意思表示によって法律関係を発生・変更・消滅させることができる権利をいう。詐欺・強迫による取消権や契約解除権・予約完結権などは形成権である。また，詐害行為取消権（424条）・裁判上の離婚（770条）・認知の訴え（787条）などでは，判決を必要とするが，一方的意思表示によってなされ，相手方の承諾を要しないから，これらも形成権である（裁判上の形成権）。

(d)　抗弁権　　他人の請求権の行使を阻止することができる権利をいう。同時履行の抗弁権（533条）や保証人の催告の抗弁権・検索の抗弁権（452条・453条）などがあげられる。

(3)　権利の効力の範囲による分類　　これは権利に対する義務者の範囲を基準とする。

(a)　絶対権　　権利の効力が一般人に対して及ぶもの，換言すると，世の中のすべての人が義務者となるものが絶対権または対世権である。物権・人格権・知的財産権などがこれに属する。たとえば，所有権の場合，所有者以外のすべての者がその権利内容を侵さない義務を負う。

(b)　相対権　　権利の効力が特定の相手方のみに及ぶもの，換言すると，特定の人が義務者となるものが相対権または対人権である。債権がその典型例

である。債権についても，債権侵害による不法行為が成立しうる。この点では，すべての者が債権を侵害しない義務を負うのであるが，これを理由に絶対権だということはできない。この分類では，その権利が権利として成立するために不可欠な義務者の範囲を基準とするからである。

 Ⅱ 私権の内容および行使に関する制約

1 私権の内容に関する制約

憲法29条2項は，財産権の内容は公共の福祉に適合するように法律で定める旨を規定し，民法1条1項は「私権は，公共の福祉に適合しなければならない」ものとする。法が社会全体の向上発展を目的とするものである以上，私権の内容が公共の福祉による制約を受けることは当然のことといえよう。

旧借地法4条1項が憲法29条に違反するかどうかが争われた事案で，判例は，他人の土地を宅地として使用する必要がある者が圧倒的に多く，しかも宅地の不足がはなはだしい現状で，借地権者を保護するために土地所有者の権能に制限を加えることは公共の福祉にかなうと判示した[8]。

2 私権の行使に関する制約

権利の行使は原則として自由である。しかし，権利に内在する社会性によって，権利行使の自由は一定の制約を受ける。

(1) 公共の福祉 公共の福祉による制約は私権の内容だけでなく，私権の行使にも適用される。憲法12条は自由及び権利の濫用を禁止し，公共の福祉のためにこれを利用すべき責任を宣言するが，民法1条は私権を規律する私法においてこれを明らかにした。

判例をみると，たとえば，慣習法上の流水利用権が上流に建設された発電所の取水により侵害された事案において，最高裁は，敗戦後の経済の復興再建における電力事業の重要性にかんがみて，その侵害が死活に関するような甚大なものでない限り，これを忍受すべきであり，したがって，流木に必要な水量を

---

8) 最大判昭37・6・6民集16・7・1265。

えん堤から放流することを請求する権利はないとした原判決を支持した[9]。

　また，板付飛行場事件[10]では，駐留軍の空軍基地として使用されている土地につき，賃貸借契約の終了後に，土地所有者が国に明渡しを請求したという事案が問題とされたが，裁判所は「（特別措置法に準拠して土地の使用または収用の）手続をとらなかったことによる本件土地所有権の侵害については，不法行為または不当利得に関する法規により救済を求めるのであれば格別，原状回復を求める本訴のような請求は，私権の本質である社会性，公共性を無視し，過当な請求をなすものとして，認容しがたい」と判示した。①国の駐留軍に対する本件土地の提供が条約上の義務履行としてなされており，土地所有者もこれに協力すべき立場に置かれていること，②本件土地が現にガソリンの地下貯蔵設備の用地として使用されている等の事情に鑑みると，空軍基地としての使用（駐留軍による使用）が必要とされる間は，その土地の明渡しを求め得ないこととなっても，土地所有者としては著しく予期に反するものではない筈であること，および，③本件土地の明渡しによって土地所有者らが受ける利益と国の被る損害を比較すると，国の被る損害がより大であることがこの判断の基礎を構成している。

　(2)　信義誠実の原則　「権利の行使及び義務の履行は，信義に従い誠実に行わなければならない」（1条2項）。これを信義誠実の原則（信義則）という。信義則とは，一定の法律関係に立つ当事者間の信頼関係を裏切らないように誠実に行動すべきだとする原則である。本来，債務者の義務に関する原則として発達したが（フランス民法1134条3項，ドイツ民法242条），その後，債権者・債務者に共通の原則に高められ，ついには，債権・債務に限らず，権利・義務一般に共通する原則として認められた（スイス民法2条1項，日民1条2項）。

　信義則は種々の機能を営むが，主として次のものがある[11]。

　(a)　法具体化機能　法規の予定する構図・枠を超えることなく，法規自

---

9)　最判昭25・12・1民集4・12・625。
10)　最判昭40・3・9民集19・2・233。
11)　安永正昭・注民①118頁参照。

身のより詳細かつ具体的実現を図るにすぎない場合である。債務者による給付の方法・態様等を規制する規準的機能，債権者の債務者に対する権利行使を規制する制限的機能がこれに属する。

　たとえば，物品の引渡場所を「深川渡」と約した場合，買主に対して準備を完了した旨を通知するに当りその倉庫の所在を指示しなくても，買主において，信義誠実の原則上，売主に問合せなどの方法によってその場所を知りうべきときには，売主は有効な弁済の提供（493条）をしたものとされる[12]。また，買戻権行使の際に提供された代金（583条）に極めて些少の不足がある場合に，これを口実として買戻しの効力を生じないものとすることは信義則上許されない[13]。

　（b）　正義衡平的機能　　権利の行使にあたって当事者に法倫理にかなったふるまいを要求し，これに反する場合，信義則の適用によりその権利行使の効果を否定し，実質的な正義衡平を実現するという機能である。無権代理人が本人を相続した場合[14]や時効完成後に債務を承認した場合[15]，代理権濫用の場合[16]，177条の背信的悪意者排除法理[17]などにおける信義則の適用がその例である。

　（c）　法修正的機能　　社会の進展に伴って既存の法典の枠組みでは妥当な解決が得られず，そのために裁判官が実際上の必要性に基づき権利の社会的使命・目的をも考慮して，信義則によってこれを修正する場合である。不動産賃

12）大判大14・12・3民集4・685。

13）大判大9・12・18民録26・1947。

14）大判昭17・2・25民集21・164は，無権代理人が追認を拒絶して代理行為の効果が自己に帰属することを回避しようとするのは信義則上許されないとする。なお，最判昭40・6・18民集19・4・986は，本人が自ら法律行為したのと同様な法律上の地位を生じたものとして，代理行為は当然に有効となると判示した。

15）最判昭41・4・20民集20・4・702は信義則を理由に債務者の消滅時効の援用を否定する。

16）最判昭42・4・20民集21・3・697は93条ただし書を類推適用して，相手方が代理人の権限濫用の意図を知りまたは知ることを得べき場合には，本人は責任を負わないとするが，有力説は信義則に根拠を求める。

17）最判昭43・8・2民集22・8・1571。

貸借契約における「信頼関係破壊の法理」がその典型例である[18]。

　(d)　法創造的機能　　判例が法規を打破し，法規に反して新しい判例法を創造していく場合である。いわゆる「事情変更の原則」がこれに属する[19]。

　(3)　権利濫用の禁止　　「権利の濫用はこれを許さない」（1条3項）。権利の濫用とは，形式上は権利の行使としての外形を備えるが，その権利本来の使命を逸脱するために，実質的には権利の行使とは認められない場合をいう。

　(a)　要件　　権利濫用論においては，加害目的・加害意思での権利行使という主観的要素をどのように位置づけるかが問題とされる。

　　(ア)　このような主観的要素を権利濫用の要件として位置づけ，加害目的を有する場合に限り権利濫用を認める見解がある。ドイツ民法はこの立場を採用し，「もっぱら他人を害することを目的とする場合には，その権利行使は許されない」と規定する（ドイツ民法226条・シカーネの禁止）。我が国でも，かつてはこれに従う下級審判決がみられた。

　　(イ)　主観的要素と客観的要素（当事者間の利益状況の比較）の両者を考慮して権利濫用を判断しようとするものがある。たとえば，宇奈月温泉事件[20]では，敷地の急傾斜部分の約2坪に相当する地上を宇奈月温泉場に引湯するための樋管（ひかん）が通過しており，これを知った第三者が買い受けて侵害の除去を請求したという事案において，裁判所は当該所有権に基づく侵害除去請求が「不当な利益を得る」目的であることと並んで，「所有権侵害による損害の程度」と「侵害除去のためには莫大な出費と損失を生ずる」という当事者双方の事情を比較考慮して権利濫用の成立を認めた。

　　(ウ)　さらに，客観的要素を重視して権利濫用を判断するものがある。戦後の判例はこのような傾向にある。たとえば，約7万人の市民の利用のために敷設された配水管設備等につき，当該敷地の所有者が土地所有権の侵害を理由にこれの撤去を請求した事案において，裁判所はこれを権利濫用に当たるとし

18)　最判昭28・9・25民集7・9・979。
19)　大判昭19・12・6民集23・613。
20)　大判昭10・10・5民集14・1965。

24

て認めなかった[21]。撤去によって受ける所有者の利益は比較的僅少であるのに、これを撤去して原状に回復し、新たに替地を求めて同一設備を完成するには相当多額の費用と日子を要するばかりか、右撤去によって、給水の機能が停止し、近い将来その再現を望み得ず、市民一般に不測かつ重大な損害が生ずるというのがその理由である。ここでは、土地所有者の主観的要素は問題とされていない。

類似のものとしては高知鉄道線路撤去請求事件[22]および板付飛行場事件における各原審の判断があげられる。ただし、前者の上告審では、原状回復請求は社会通念上不能[23]とされ、また、後者では前述したように私権の社会性・公共性が根拠とされており、権利濫用法理は問題とされていない。

なお、単に客観的事情の比較考慮によって判断するときは、権利濫用の法理が既成事実を作った企業や国家などの経済的強者の利益を擁護する手段となりかねないことに注意すべきである[24]。

(b) 効果 (ア) 権利濫用に該当する場合には、権利本来の効果は認められない。たとえば、解除権の行使が権利濫用の場合には、解除の効果は生じない。時効の援用が権利濫用とされる場合には、時効の完成による利益を享受することはできない。また、所有権侵害による妨害排除請求が権利濫用の場合には、相手方の侵害を排除することはできない（上記判例）。

(イ) 権利濫用が不法行為となる場合には、損害賠償請求権が発生する。

---

21) 最判昭43・11・26判時544・32。
22) 大判昭13・10・26民集17・2057。事案は、鉄道を敷設するに当たり、無断で他人の土地を埋め立ててその上に鉄道線路敷築堤を建設した鉄道会社に対して、土地所有者が埋立土砂の除去等の原状回復を請求したというものである。
23) たとえば、大判昭11・7・10民集15・1481（発電用トンネル掘削事件）も、無断で土地を掘削して発電用水路を建設した電力会社に対して所有者が妨害排除請求した事案において、これを撤去して新たに水路を設けることはその巨大なる物質と労力の空費を来し、社会経済上の損失は少なくないとして、社会経済上の不能を理由に妨害排除請求を認めなかった。原審は法律上の履行不能とする点では異なるが、いずれにせよこの事案では権利濫用法理は問題とされていない。
24) 近江・総則24頁。

いわゆる信玄公旗掛松事件では[25]，中央線日野春駅付近にあった「信玄公旗掛松」と称する有名な松が汽車の煤煙のために枯れ死してしまったため，松の所有者が国に対して損害賠償を請求した。裁判所は，煤煙予防の方法を施さない以上，権利行使に関する適当な方法を用いたことにはならないとして，不法行為の成立を認めた。

　　㋒　権利濫用を理由に権利が剥奪されることがある。たとえば，親権の喪失がそうである（834条）。もっとも，この効果は特別の規定がある場合に限られる。

　(4)　三原則の相互関係　　上記の三原則の相互関係すなわち1条の各項の相互関係について，次のような見解がある。1つは，1項が原理を宣明し，2項と3項はその適用を示すというものである（1項主体説）。これがかつての通説であった。他の見解は，各項を独立したものと理解する（各項独立説）。これの代表的な見解は[26]，1項はもっぱら私権と社会一般の利益（公共の福祉）との調節を目的とし，2項は契約当事者や夫婦・親子などのように特別の権利義務によって結ばれている者の間の利害の調節を，3項は特殊の権利義務で結ばれていない私人間の利害の調節をそれぞれ目的とするという。公共の福祉や信義則のような抽象的な規定については恣意的に解釈されて私権の存立を脅かす危険性があるが，これを回避するためには，それぞれの項に独自の適用領域を与え，客観的な適用基準を明らかにすることが必要だと考えるからである。

3　私権の実現方法に関する制約——自力救済の禁止

　私権を有する者は，義務者に対して義務の履行を請求し，私権を侵害する者に対しては，侵害の排除または損害の賠償を請求することができる。相手方が任意でこれに応ずれば，特に問題はないが，任意でこれに応じないときは，たとえ法的に正当な権利を有するとしても，実力で権利を実現することは許されない（自力救済の禁止）。これを認めると，社会の平和と秩序を維持できないか

---

25)　大判大8・3・3民録25・356。
26)　我妻・講義I 38頁以下。

らである。権利を強制的に実現するには，裁判に訴えて，国家の司法機関による強制的実現を図らなければならない。

　もっとも，法律に定める手続によったのでは，権利に対する違法な侵害に対抗して現状を維持することが不可能または著しく困難であると認められる緊急やむを得ない特別の事情が存する場合においては，その必要の限度を超えない範囲内で，自力救済は例外的に許される[27]。

第5節　民法の解釈

 解釈の方法

1　法の適用・解釈

　(1)　権利変動・法律要件・法律効果　　法律関係は主として権利と義務から成り立つ。人の生涯と同じように，権利や義務も発生・変更・消滅の過程をたどる。このような権利（義務）の発生・変更・消滅を権利変動という。これを権利主体からみると，権利の得喪および変更である。

　法規範はこのような権利や義務がどのような場合に発生しあるいは消滅するかを定める。したがって，個々の法文は，構造的には，一定の権利変動が生ずるための要件（法律要件）を定める部分とこれに結びつけられた効果（法律効果）を定める部分の二つから構成される。たとえば，415条は「債務者がその債務の本旨に従った履行をしないとき又は債務の履行が不能であるときは」という法律要件と，「債権者は，これによって生じた損害の賠償を請求することができる」という法律効果から成り立っている。

　(2)　裁判規範　　私人間において紛争が生じた場合，まず初めに当事者間で解決に向けた話合いが行われるのが通常であろう。しかし，これによって解決できないときは，紛争は裁判で解決されることになる。このときに紛争解決の

27）最判昭40・12・7民集19・9・2101参照。

基準として用いられるのが民法規範である。このように裁判官が裁判する際の判断基準として機能するものを裁判規範という。

　(3)　法の適用と法解釈　　法規範を具体的な事件に当てはめて結論を導くことを法の適用という。法を適用して結論を導くには，法の内容が明確であることを必要とする。しかし，慣習法や判例法だけでなく，制定法についてもその内容は必ずしも明らかではない。法規範は多かれ少なかれ抽象化を伴うからである。また，社会の進展に伴い，法規範に新たな意味づけを与える必要も生ずる。このように法の内容を明らかにする作業を法の解釈という。

　法の解釈には，通常，2つの使命があるといわれる。1つは，一般的確実性であり，人によっても，事件によっても，その結果が異ならないような，一般的な確実性を持つ内容を法規範に与えることである。他の1つは，それぞれの個別的事件においてその結果が具体的妥当性を有するような内容を与えることである。一般的な社会生活を規律する民法においては，このことは特に重要である。この2つの使命は相反する側面を有するが，民法の解釈・適用にあたっては，一般的確実性を脅かさずに具体的妥当性を最大限に発揮するように努めなければならない。

2　解釈の方法・技術

　法の解釈方法・技術には種々のものがある。しかし，民法の解釈で重要なことは，一般的確実性と具体的妥当性の観点から，それぞれの解釈方法から導かれる解釈の中でもっとも妥当なものは何かを判断することである。抽象的・一般的にもっとも妥当な解釈方法というものが存在するわけではない。解釈方法それ自体は妥当な解釈の判断とは無関係である。

　(1)　解釈の方法　　民法解釈の方法として，次のものがある[28]。

　　(a)　文理解釈　　各法条に用いられている文言と文法に従って解釈するこ

---

28)　ここでの分類は，五十嵐清ほか『民法講義I』12頁［五十嵐清］に従った。解釈方法と解釈技術を区別せずに説明することが通常であるが，解釈方法は法解釈の基本的態度を問題するのに対して，解釈技術はそのために使われるものであり，両者を区別することが妥当だからである。

とをいう。法解釈の基本的な形態である。たとえば，旧709条の「他人ノ権利」を字句通りに解し，「権利」に当たらないとして不法行為の成立を否定する場合や[29]，177条の「第三者」について，限定する文言がないことから，悪意の第三者もこれに含まれると解する場合[30]などがそうである。

　文理解釈は一般的確実性を確保できるが，具体的妥当性を得ることができない場合もある。また，「信義誠実」や「公序良俗」のような高度に抽象的な文言については，文理解釈は役に立たない。

　　(b)　論理解釈　　法は1つの論理体系を構成しており，各法条をこの全体の体系に適合するように解釈することをいう。たとえば，192条の文言からは制限能力者から動産を譲り受けた場合も含まれるが，そうすると制限能力者保護の規定が無意味になるため，これを否定する場合がそうである。

　　(c)　目的論的解釈　　法規の制定された目的を探求し，これに従って各法条を解釈することをいう。法の目的の理解には，立法者意思説と法律意思説がある。前者は，立法者が立法の際に有していた目的が法の目的であり，この立法者の意思に従って解釈すべきだとするものである。後者の法律意思説は，歴史的な立法者の意思ではなく，その法が現在の社会関係において有すべき目的が法の目的であり，法律そのものの意思に従って解釈すべきだというものである。

　(2)　解釈技術　　主な解釈技術には，次のようなものがある。

　　(a)　拡張解釈　　文理的に可能な範囲内において，法文が本来予定されているよりも広く解する場合である。たとえば，有体物とは固体・液体・気体など空間の一部を占めて存在する物をいうが，85条の「有体物」の意味を法律上の排他的な支配が可能である物というように広く解して，電気も有体物に含まれるとする場合である。

　　(b)　縮小解釈　　法文の本来的な適用範囲よりも，狭く限定的に解釈する

---

29)　大判大3・7・4刑録20・1360は，浪花節は瞬間創作であって著作権の目的とならないから，レコードの無断複製は不法行為に該当しないと判示した（桃中軒雲右衛門事件）。

30)　大判明45・6・1民録18・569，大判大10・12・10民録27・2103。

場合をいう。たとえば，177条の「第三者」は背信的悪意者を含まないと解する場合がそうである。

　(c)　反対解釈　　法文に規定されていない事項への適用を否定する場合をいう。たとえば，「時効の利益は，あらかじめ放棄することができない」という146条の規定は時効完成前の放棄に関するものであり，したがって，時効完成後の放棄は許されると解する場合がその典型例である。また，550条は書面によらない贈与の撤回についての規定であるから，逆に，書面による贈与は撤回できないという場合もそうである。

　(d)　類推解釈　　法文に規定されているものと重要な点で類似する事項についても同様の結果を認めようとする場合をいう。たとえば，不実の登記が作出され，登記名義人から善意の第三者が譲り受けた場合には，通謀虚偽表示に関する94条2項の類推適用により，第三者は保護される[31]。また，同時履行の抗弁権は双務契約に限られるが，売買契約が詐欺を理由として取り消された場合における当事者双方の原状回復義務も，533条の類推適用により同時履行の関係が認められる[32]。

　類推解釈は法文の文理的に可能な範囲を超える点で拡張解釈と区別される。

 解 釈 基 準

　2条は，民法の解釈規準として，個人の尊厳と両性の本質的平等を規定する。これは，戦後の民法改正の際に追加されたものであり，本来的には親族編・相続編の解釈について意義を有する。その内容については，すでに家族法の基本原則のところで述べた（第3節Ⅱ参照）。

　しかし，個人の尊厳と両性の本質的平等の理想は近世の自由主義的法思想の一表現であるから，この規定は自由主義的法思想を民法全編，さらに私法関係すべてにわたる理念として宣言したものといえる[33]。

31)　最判昭45・7・24民集24・7・1116など。
32)　最判昭47・9・7民集26・7・1327。
33)　我妻・講義Ⅰ29頁。

自　然　人

第1節 序　　説

 人　と　は

　近代法は権利を中心として構成されているが，この権利の帰属主体となりうるのは人である。権利に対応して義務が課される場合，この義務の帰属主体となるのも人である。このように人とは，権利義務の帰属主体をいう。

　権利義務の帰属主体は人に限られる。物は単に権利の客体となるに過ぎず，権利の主体とはならない。いわゆるアマミノクロウサギ訴訟では，森林法10条の2に基づくゴルフ場建設のための林地開発許可処分について，その無効確認および取消しの請求がなされたが，原告の一人として開発予定地およびその周辺に生息するアマミノクロウサギやアマミヤマシギなどが加えられた。裁判所は，動植物ないし森林等の自然そのものは，それがいかに我々人類にとって希少価値を有する貴重な存在であっても，それ自体，権利の客体となることはあっても権利の主体となることはないとして，行政訴訟における争訟適格としての「原告適格」を否定した[1]。

1）鹿児島地判平13・1・22LEX/DB 文献番号28061380。

Ⅱ　人　の　種　類

1　自　然　人

　すべての人間（自然人）は当然に権利義務の主体となりうる。人間には判断能力の十分でない者も存在するが，自由平等の法思想の下では，このような個々人の具体的能力を捨象して，すべての人間に権利の主体となりうる地位（権利能力または法人格）が付与される。その上で，判断能力を欠く者（意思無能力者）がした法律行為を無効とし，あるいは，判断能力が十分とはいえない一定の人たちを制限行為能力者として保護する制度を設けている。

2　法　　　人

　権利義務の帰属は自然人だけでなく，一定の団体にも認められる。人間の社会生活においては，個人だけでなく，国家や市町村，会社などの団体も不可欠な作用を営んでいる。団体が構成員個人とは離れて独立的な存在を有するときは，団体自体への権利義務の帰属を認めなければならない。このような権利能力ないし法人格を付与された団体を法人という。

　このように権利義務の帰属主体たる人には，自然人と法人がある。本章では自然人のみを扱う（法人については，第3章参照）。

第2節　権　利　能　力

 Ⅰ　意　　　義

　権利能力（Rechtsfähigkeit）とは，権利義務の主体となりうる法律上の地位をいう。法人格（Rechtspersönlichkeit）ともいわれる。

　権利能力は，人間であればすべての人に認められる。これを権利能力平等の原則という。この原則は自由平等の思想を法的に表現したものであり，近代法においてはじめて採用された。奴隷制度が存在した古代社会や家長の支配権が強い封建社会では，すべての人間が同じに扱われたわけではもちろんない。民

法3条1項は「私権の享有は，出生に始まる」と規定するが，これは権利能力平等の原則を当然の前提としている。

　なお，権利能力という用語はドイツ民法1条で用いられているが，我が国の民法典には見当たらない。しかし，民法3条の「私権の享有」というのは権利能力と同じ意味に理解される[2]。

 権利能力の始期と終期

1　権利能力の始期

　(1)　原則　　「私権の享有は，出生に始まる」(3条1項)。したがって，権利能力の始期は「出生」である。この出生の意義をめぐって，胎児が母体から一部露出した時（一部露出説），胎児が母体から全部露出した時（全部露出説），胎児が独立に呼吸するに至った時（独立呼吸説）などの見解が対立する。全部露出説が民法上の通説である[3]。他の見解よりも，出生の時期が明瞭だからである。ドイツ民法典は「出生の完了 (die Vollendung der Geburt)」と規定するが（同法1条），全部露出説はこれと一致する。

　(2)　例外　　(a)　胎児は一般的には権利能力を有しないが，不法行為による損害賠償請求権 (721条)，相続 (886条1項) および遺贈 (965条) については，胎児はすでに生まれたものとみなされる。したがって，出生前に父が殺された場合でも，胎児は損害賠償請求権や相続権を有する。上記の原則を貫徹して胎児の権利能力を否定すると，これらの場合には，胎児に不利益が生じ，一般的な国民感情にも反するからである。

　もっとも，死産や流産の場合には，これは適用されない (886条2項参照)。胎

2）権利能力概念の提唱者が後期自然法学者のクリスチャン・ボルフ (Cristian Wolf) であるか，オーストリア民法典の起草者であるフランツ・フォン・ツアイラー (Franz von Zeiller) であるかについては，争いがある。北川・総則39頁参照。

3）刑法上では，一部露出説が通説・判例（大判大8・12・13刑録25・1367）である。したがって，一部露出した胎児を故意に殺した場合は殺人罪（刑199条）が適用されるが，露出する前の段階では，堕胎罪（刑212条）が適用される。

児に権利能力が認められるのは，胎児が生きて生まれた場合に限られる[4]。そこで，両者の関係，換言すると，「胎児はすでに生まれたものとみなす」とは何を意味するかが問題となる。

　　(ア)　停止条件説　　胎児が生きて生まれることを停止条件と解するものである。すなわち，胎児の段階では胎児に権利能力は認められないが，胎児が生きて生まれると，不法行為や相続などの時まで遡及して権利能力を取得する（従来の通説・判例)[5]。これによれば，胎児の段階での現実的な権利行使は否定されるが，その背後には，死産などもありうるから，生まれるまでは権利行使を差し控えるのが妥当だという考慮がある。

　　(イ)　解除条件説　　胎児が生きて生まれなかったことを解除条件と解する見解である。すなわち，胎児の段階で胎児に権利能力が認められるが，胎児が生きて生まれなかったときは，不法行為や相続などの時に遡って権利能力が消滅する。前説とは異なり，胎児の段階で現実的な権利行使が可能であり，法定代理人はこれを代理行使できる。

　いずれの見解によっても，胎児が生きて生まれたかどうかが明らかになるまでは，法律関係は確定しない。しかし，現代では医学の進歩により死産率が低いことを考慮すると，解除条件説のほうが妥当であろう。

　　(b)　いつから胎児となるか。これはとりわけ人工生殖において問題となる。人工生殖は精子と卵子を体外受精させ，この受精卵を母体に戻して着床させるという方法で行われる。受精説と胎盤着床説が対立するが，後者が通説的見解といえる。

4）出生に関する学説はこれとの関連でも問題となる。たとえば，全部露出の直後に死亡したときは，全部露出説では胎児の権利取得は認められるが，独立呼吸説では否定されることになる。

5）大判昭7・10・6民集11・2023（阪神電鉄事件）。父親が阪神電車に轢かれて死亡したが，この事故について母親が懐胎している点をも考慮して示談がなされ，これ以外の一切の請求権を放棄する旨の合意が成立したという事案において，この合意によって胎児の損害賠償請求権も放棄されたのかどうかが問題となった。判例は，胎児が生きて生まれた場合に権利能力を遡及的に認めるにとどまり，出生前に胎児に不法行為による損害賠償請求権を処分する能力を与える趣旨ではないとして，これを否定した。

なお，人工生殖においては，精子や卵子の提供者が夫婦以外の者であったり，母体が第三者（代理母）であったときに，その子の親を誰とみるべきかについても大きな問題となっている。

(3)　出生の届出と出生の証明　　戸籍法によれば，出生の届出は14日以内になさなければならない（戸49条1項）。届出義務者は原則的には父または母であるが，届出をすることができないときは，①同居者，②出産に立ち会った医師，助産師またはその他の者，の順で届出義務を負う（戸52条1項・3項）。届出を怠ると，5万円以下の過料に処せられる（戸135条）。

出生の事実や出生の時期を証明しようとする場合，戸籍の記載が有力な証拠資料となる。しかし，戸籍は実体的な関係を確定するものではないから，医師や助産師の証明その他の方法を用いて，戸籍の記載と異なることを主張できる。

2　権利能力の終期

(1)　死亡　　権利能力の消滅原因は死亡のみである。生存中に権利能力を喪失することはない。かつては，刑罰などによって人格を剥奪する制度が存在した[6]。しかし，自由平等を理念とする近代法はこれを排斥した。また，死者に権利能力は認められない。882条はこれを当然の前提として，死者に帰属していた財産権を死亡によって相続人に承継させる。このようなことから，明文規定はないが，死亡が唯一の権利能力の消滅原因だといえる。

権利能力の終期は死亡時である。何をもって死亡というか。伝統的な見解は心臓死をもって人の死としてきた（心臓停止説）。しかし，近時，臓器移植の議論の中で，死の定義が議論されるようになり，平成9年に制定された臓器移植法は脳死すなわち脳幹を含む全脳の機能が不可逆的に停止することをもって人の死亡とした（同法6条2項）。このように臓器移植法は脳死説を採用したが，これは臓器の移植についてのみ妥当する。

(2)　死亡と扱われる場合　　権利能力の消滅は現実に死亡した場合に限られ

6）たとえば，ローマ法の人格大消滅（capitis deminutio maxima），ゲルマン古法の法外人（exlex），平和喪失（Friedlosigkeit），フランス法の準死（mort civile），わが国の「人別除き」「戸籍外し」などの制度があった。谷口・注民①224頁参照。

る。しかし，次のような場合には，現実の死亡とは無関係に，死亡したものとして扱われる。

(a)　失踪宣告　　不在者の生死が 7 年間明らかでない場合に（普通失踪），利害関係人の請求により失踪宣告がなされると，その期間が満了したときに，死亡したものとみなされる（30条 1 項・31条）。戦争や船の沈没などの危難に遭遇した者の生死が 1 年間明らかでない場合には（特別失踪），利害関係人の請求により失踪宣告がなされると，危難の去った時に死亡したものとみなされる（30条 2 項・31条）（本章第 7 節Ⅱ参照）。

　いずれの場合でも，これによって本人の財産につき相続が開始し，残存配偶者の再婚が可能となるなど，死亡を前提とした身分上・財産上の法律関係が生ずる。もっとも，本人が現実に生存しているときは，本人自身の権利能力は否定されない。

(b)　認定死亡　　水難，火災その他の事変によって死亡した者があるときは，その取調べをした官庁または公署の報告に基づき，戸籍に死亡が記載される（戸89条・15条）。死亡を現に確認したわけではないが，官公署の責任ある取調べを信頼して，死亡したものとして扱われる。特別失踪の手続による必要はない。

(3)　死亡の届出と死亡の証明　　戸籍法によれば，死亡の届出は死亡の事実を知った日から 7 日以内になさなければならない（戸86条 1 項）。①同居の親族，②その他の同居者，③家主，地主または家屋もしくは土地の管理人の順に，届出義務を負う（戸87条 1 項）。死亡届には，死亡の年月日時分および場所などを記載し，診断書または検案書を添付しなければならない（戸86条 2 項）。死亡の届出がなされると，その者は戸籍から除籍される（戸23条）。

　水難などの事変や死刑の執行による死亡および身元不明者の死亡の場合には，官公署・監獄の長・警察官が死亡の報告をしなければならない（戸89条ないし92条）。失踪宣告の場合には，裁判を請求した者が裁判の謄本を添付して届出なければならない（戸94条・63条 1 項）。

　死亡の事実やその時期を証明しようとする場合，戸籍の記載には一応の推定

が働くが，その他の資料を用いて，これと異なることを主張することもできる。これは出生の場合と同様である。

　ただし，失踪宣告による死亡の記載には一応の推定は認められない。現実の死亡とは無関係になされるからである。認定死亡の場合も，死体の確認を前提としないから，同様に問題となるが，判例は一応の推定を肯定した[7]。

 ## Ⅲ　外国人の権利能力

1　立法主義

　日本国籍を有しない外国人の権利能力については，2つの立法主義がある。1つは，その外国人の本国で日本人に権利能力が認められていることを条件として，外国人の権利能力を認めるものであり，これを相互主義という。他の1つは，特別な条件を付すことなく，外国人の権利能力を内国人と平等に認める平等主義である。

　我が国の民法典は平等主義を採用し，外国人の権利能力を認めた（3条2項）。

2　権利能力の範囲

　外国人の権利能力は無制限ではなく，法令または条約による制限に服する（3条2項）。このような制限された地位を特別権利能力という。

　法令による制限としては，次のようなものがある。なお，外国人の権利能力を制限した条約は存在しない。

　　ⅰ）　権利の取得が認められないもの　　例　鉱業権および租鉱権（鉱業17条・87条），日本船舶の所有権（船舶1条2号）など。

　　ⅱ）　権利の取得または権利の救済に特別な要件が課されるもの

　　　(ｱ)　相互主義による制限　　例　国または地方公共団体に対する損害賠償請求権（国賠6条），土地所有権（外国人土地1条）など。

7）最判昭28・4・23民集7・4・396。戸籍簿に「昭和20年8月13日時刻不明比島ルソン島マウンテン州カラバンで戦死熊本県知事桜井三郎報告同23年10月8日受附」の記載があるときは，反証のない限り，右戸籍簿登載の死亡の日に死亡したものと認めるべきであると判示した。

(ィ)　その他の制限　　例　著作権（著作6条）[8]，工業所有権（特許25条，実用新案2条の5第3項，意匠68条3項，商標77条3項）[9] など。

iii)　権利の取得自体は制限されないが，登記・登録が制限される場合　例　日本航空機の所有権（航空4条1項），日本電信電話株式会社や基幹放送事業者の株式（日本電信電話6条1項，放送116条1項）など。

iv)　職業が制限される場合　　例　公証人（公証12条1項），水先人（水先6条）など。

なお，外国法人については，第3章を参照。

第3節　意思能力・行為能力

 意 思 能 力

1　意　　　義

自由平等を根幹とする近代法においては，何人も自己の意思に反して権利の取得や義務の負担を強制されることはない。各個人は原則として自己の意思に基づいてのみ権利を取得しまたは義務を負担する（私的自治の原則）。ここで自己の意思に基づくといえるためには，一定の精神的能力を備えていることが当然の前提となる。

このような当該行為から生ずべき法律効果を行為者に帰属させるに十分なだけの精神的能力を意思能力という。すなわち，意思能力とは，自己の行為の結果を判断することのできる精神的能力をいう。一般的にはおおよそ7歳から10歳の子どもの判断能力の程度に相当する。意思能力の有無はその時の状況や行為の種類・内容などに応じて個別具体的に判定される。無能力の状態が認知症

8）外国人の著作権は，条約により保護の義務を負う場合のほかは，日本で初めて発行された著作物に限り保護される。もっとも，文学的及び美術的著作物の保護に関するベルヌ条約および万国著作権条約によって，結果的に，日本人の場合と差異はない。

9）相互主義および条約による場合のほかは，国内に住所を有することが必要とされる。

の老人のように継続的であるか，泥酔者のように一時的であるかは問わない。

2 効　　果

　法律行為の当事者が意思表示をした時に意思能力を有しなかったときは，その法律行為は無効である（3条の2）。意思無能力者がある商品を購入する契約を締結し，これに基づいて商品の引渡しと代金の支払いがなされた場合には，当事者は相互に相手方を原状に復させる義務（原状回復義務）を負う。ただし，意思無能力者は「現に利益を受けている限度」において返還の義務を負えば足りる（121条の2第3項）。

　意思無能力による無効を主張しうるのは意思無能力者の側に限られるべきである（相対的無効）。ここでは，意思無能力者の保護が目的とされているからである。一般的な無効の場合と異なり，相手方や第三者が無効を主張することはできない。

3　責 任 能 力

　責任能力とは「自己の行為の責任を弁識しうる能力（知能）」をいう。このような責任能力を有しない者が他人に損害を与えても，この者は損害賠償義務を負わない（712条・713条）。このように責任能力は法律の規定に基づく権利変動の領域において，法律行為に関する意思能力と類似した機能を営む。

　責任能力は不法行為についての意思能力ということもできる。ただし，責任無能力者の監督義務者の責任が争われた事案では，判例は12歳7か月の少年の責任能力を否定した[10]。他方，使用者責任が問題となった事案では，11歳11か月の少年の責任能力を肯定した[11]。年齢に差異はあるが，いずれも監督義務者や使用者の賠償責任を認めることによって被害者救済が図られている点では共通する。また，意思能力や責任能力は個別具体的に判断されるべき事柄であるから，過度に年齢に着目することは望ましくない。

10）大判大10・2・3民録27・193。
11）大判大4・5・12民録21・692。

Ⅱ 行 為 能 力

1　意　　　義

　民法は精神上の障害により事理を弁識する能力が十分でない者など一定の要件を満たす人たちを特別に保護し，これらの者が単独でなした法律行為の取消権を認めた（5条以下）。

　このような取消権付与の基礎とされるのが行為能力という概念である。すなわち，行為能力とは「単独で確定的に有効な法律行為をなし得る地位または資格（能力）」と定義される。民法はこの能力を有しない者を制限行為能力者と位置づけて，取消権を付与することによってこの者を保護した。

　このような制限行為能力者には，①未成年者と②精神上の障害により事理を弁識する能力を欠くか十分でない者（成年被後見人，被保佐人，被補助人）の二つの類型がある。ただし，後者については，制限行為能力者とされるには家庭裁判所の審判を必要とする。この手続がとられていないときは制限行為能力者として扱われないから，意思無能力を理由とする無効を主張する他ない。

2　制度趣旨

　(1)　意思能力は意思表示をした時の具体的状況に応じて個別的に判断されるから，意思無能力であったことを立証することは困難である。そこで，一定の者を制限行為能力者として定型化・画一化して，個別的な意思能力の不存在を立証することなく，取消権を付与してこれを保護した。制限行為能力者の制度が設けられた趣旨はこの点にある。

　(2)　しかし，未成年者の中で，たとえば11歳以上の子供のように意思能力を有する者については，上記のことは妥当しない。ここでは，意思能力を有する未成年者であっても，社会的な経験が十分でなく，適切な判断ができない危険があるために，これを特別に保護したという政策的な配慮が基礎とされる[12]。

　(3)　さらに，制限行為能力の定型化・画一化は取引の安全にも資する。

---

12)　四宮＝能見・総則36頁以下。

3　意思無能力との競合

制限行為能力者が意思表示をした時に意思能力を有しなかったときは，制限行為能力を理由とする取消しと意思無能力を理由とする無効が競合することになる。この場合，取消権は5年の消滅時効に服するが（126条），取消権が時効消滅した後に意思無能力を理由とする無効を主張しうるかが問題となる。いわゆる「二重効」の問題である。

通説的見解は二重効を肯定し，時効消滅後の無効主張を認める[13]。これに対して，二重効否定説はこのような無効主張を認めない[14]。両者の間に効果上の差異を認めることは妥当でないとして，消滅時効の126条を無効にも類推適用すべきだという。意思無能力による無効の主張は相手方に認められず，したがって相手方は自らのイニシアティブで法律関係を確定することができない。このような相手方の状況を考えると，二重効否定説が妥当であろう。126条を類推適用しても，起算点は追認可能な時であるから，制限行為能力者の保護に欠けることはない。

4　適 用 範 囲

(1)　行為能力は身分上の行為には適用されない。身分上の行為については，意思能力のある限り，制限能力者も単独で完全に有効な行為をなすことができる。本人の意思を尊重すべきだからである。たとえば，成年被後見人の婚姻や離婚などについては，単独でなし得る旨の明文の規定がある（738条，764条）。

(2)　日用品の購入その他日常生活に関する行為（必需契約）については，制限能力者も単独で有効になしうる。成年被後見人・被保佐人については条文上明らかであるが（9条ただし書・13条1項ただし書），未成年者についても同様に解される[15]。

13）四宮＝能見・総則45頁以下，幾代・総則60頁など。
14）篠原・注民①297頁，須永・総則42頁，近江・総則44頁など。
15）内田Ⅰ・123頁。

<h1 style="text-align:center">第4節 制限行為能力者</h1>

 Ⅰ 総 説

1 新たな制度の創設

1999年（平11年）に従来の禁治産制度の抜本的な見直しが行われ，成年後見制度が新たに設けられた。

高齢化社会への対応および障害者福祉の観点から，①柔軟かつ弾力的な利用のしやすい制度に改めるとともに，②本人の意思や自己決定権の尊重・ノーマライゼーションの理念（障害のある人も家庭や地域で通常の生活をすることができる社会を創ろうとする考え方）・残存能力の活用の理念（残っている判断力を尊重して活かそうという考え方）の実現を目指して，新たな成年後見制度が創設された（法定後見）。また，これと並んで，任意後見契約に基づく任意成年後見制度も導入された。

なお，用語的には，成年後見は広い意味では法定成年後見と任意成年後見の両者を含むが，狭義では法定成年後見を意味する。さらに，最狭義では，法定成年後見のうち，事理弁識能力を欠く常況にある者につき審判によって開始された成年後見の意味で用いられる（7条・838条2号）。また，成年後見は未成年後見と対をなすが，未成年者後見の開始は親権を行う者がいないときや親権を行う者が管理権を有しないときに限られる（838条1号）。

2 成年後見制度の概要

(1) 法定後見制度　　成年後見制度は従来の制度とは主として次の点で異なる。

　(a) 新しい用語法　　従来，差別的な印象を与えるとの批判が強かった用語が改められた。すなわち，①「禁治産者」「準禁治産者」に代えて，「成年被後見人」「被保佐人」という新しい名称に改めた。②また，定義に関して「心神喪失」「心神耗弱」に代えて，「精神上の障害により事理を弁識する能力」を

基準とした表現が採用された。③禁治産者や準禁治産者は未成年者を含めて「無能力者」とされたが，これを「制限行為能力者」とした。

(b) 柔軟性・弾力性　①成年後見制度として，「後見」「保佐」の他に「補助」という新しい類型を設けた。②配偶者が当然に後見人・保佐人となるという規定を削除し，法定後見人（成年後見人・保佐人・補助者）は最も適切な人物を選任すべきこととした（843条4項など）。また，人数は複数でも可とし，法人も法定後見人になりうる。③準禁治産の事由に含まれていた「浪費者」を後見制度の対象から除外した。

(c) 自己決定権の尊重・残存能力の活用など　①法定後見人は財産管理義務だけでなく，本人の生活・療養看護に関する事務を行うべき身上配慮義務を負うことが明文化された（858条など）。②法定後見人が事務を処理するにあたっては，本人の意思の尊重・本人の心身の状態などに配慮すべきものとした（858条など）。③成年被後見人であっても，日用品の購入その他日常生活に関する行為については単独でなすことが認められた（9条ただし書）。

(2) 任意後見制度　本人が十分な判断能力があるうちに，将来，判断能力が不十分な状態になった場合に備えて，あらかじめ身上配慮や財産管理を行う者を選び，この者と契約しておく場合があるが，この中で任意後見監督人が選任された時からその効力を生ずる旨の定めのある契約を特に任意後見契約という（任意後見2条1号）。事理弁識能力が不十分になったときは，家庭裁判所によって任意後見監督人が選任され，任意後見人はこれの監督に服する（同法4条・7条）。

Ⅱ 未 成 年 者

1 意　　義

(1) 原則　未成年者とは成年年齢に達しない者をいう。ドイツやイギリス，フランスなどでは，成年年齢は18歳とされるが，我が国では，満20年をもって成年とされる（4条）。民法典では，初日を算入しないのが原則であるが（140条），年齢については，出生の日から起算する（「年齢計算ニ関スル法律」）。たと

えば，4 月 1 日生まれの者は翌年の 3 月31日の終了によって満 1 歳となる。

　(2)　婚姻による成年擬制　　未成年者が婚姻したときは，これによって成年に達したものとみなされる（753条）。これを婚姻による成年擬制という。

　(3)　成年年齢の引き下げ　　2022年 4 月 1 日から，成年年齢は18歳となる（新 4 条）。これは2018年（平30年）6 月13日に成立した「民法の一部を改正する法律」（成年年齢関係）に基づく。成年年齢の引下げはグローバルスタンダードや選挙年齢[16]に合わせるとともに，若者の社会への参加時期を早めることで，若者に大人としての自覚を促し，社会に大きな活力をもたらそうとするものである。

　これに伴い，上記の婚姻による成年擬制の制度も廃止される（753条の削除）。女性の婚姻年齢は16歳から18歳に引上げられて，男女とも同じ年齢になる（新731条）。これに対して，養親となる者の年齢に関しては，文言の修正をした上で，従来と同じ20歳とされる（新792条）。

2　未成年者の能力

　(1)　原則　　(a)　未成年者が法律行為をなすには，その法定代理人の同意を得なければならない（5 条 1 項本文）。

　ここでの「法律行為」は財産法上の法律行為に限られ，婚姻などの身分上の法律行為は含まない。また，法定代理人の「同意」は黙示でもよいし，内容を予見しているときは包括的に与えてもよい。同意は未成年者にではなく，取引の相手方に対してすることもできる。

　(b)　法定代理人の同意を得ずになした法律行為は取り消すことができる（5 条 2 項）。取消権者は未成年者または法定代理人であって，取引の相手方がこれを取り消すことはできない（120条 1 項）。法律行為が取り消されると，当該法律行為は遡及的に無効となる（121条本文）。

　(2)　例外　　次の行為については，未成年者は法定代理人の同意を得ること

16）平成19年に制定された国民投票法は投票権年齢を18歳と定める。また，平成27年の公職選挙法の改正では，選挙権年齢は18歳に引き下げられた。これに基づき，平成28年 7 月の参議院議員選挙で国政選挙としては初めて18歳選挙権が実施された。

なく単独ですることができる。

(a) 「単に権利を得，又は義務を免れる法律行為」（5条1項ただし書）　たとえば，負担付きでない贈与の承諾，あるいは書面によらない贈与の取消しなどがそうである。これらの場合には，未成年者にとって不利になることはないから，法定代理人の同意は不要とされる。これと異なり，弁済の受領は「単に権利を得，又は義務を免れる法律行為」とはいえない。弁済の受領によって，債権を失うからである。

(b) 処分を許された財産の処分（5条3項）　法定代理人が「目的を定めて処分を許した財産」については，その目的の範囲内で未成年者は自由に処分することができる。たとえば，ゲーム機を買うために親が与えた金銭がそうである。また，毎月の小遣いのように，「目的を定めないで処分を許した財産」も未成年者は自由に処分することができる。

(c) 営業を許された未成年者の営業に関する行為（6条1項）　(ア) 一種または数種の営業を許された未成年者はその営業に関しては成年者と同一の能力を有する（6条1項）。

「営業」とは，営利を目的として同種の行為を反復継続して行うことをいう。自由業でもよい[17]。営業というためには，自ら主体となって行うことを必要とするから，他人に従属しこれに労務を提供して賃金を得るような場合は営業に含まれない。

「一種又は数種の営業」につき，許可することができる。一切の営業を許すということは，未成年者保護の趣旨から許されない。逆に，一種の営業の一部に限定して許可することもできない。たとえば，一口50万円以上の取引については法定代理人の同意を要するものとした場合，未成年者の営業的活動を不当に制約し，取引の相手方に不測の損害を与える恐れがあるからである。

営業が許可されると，その営業に関しては成年者と同一の能力を有する。

---

17) 大判大4・12・24民録21・2187は芸妓稼業も営業だとし，衣類購入のための消費貸借は取り消すことはできないと判示した。

「営業に関して」というのは，直接に営利を目的とする行為（営業）だけでなく，資金の借入や店舗の購入などの準備行為・補助行為も含まれる。

なお，未成年者が商業を営む場合には，登記をしなければならない（商5条）。

　　（イ）法定代理人は，未成年者が未だその営業に堪えることができない事由があるときは，親族編の規定に従って，その許可を取消しまたは制限することができる（6条2項）。

許可の取消しまたは制限をすることができるのは，「営業に堪えることができない事由がある」場合に限られる。許可の制限とは，数種の営業を許可した場合にその一部を禁ずることである。このような許可の取消しや制限がなされると，その効力はいずれも将来に向かって生ずる。すでになされた取引が遡及的に無効となるわけではない。

なお，商業の許可の取消しの場合には，登記を抹消しなければ，善意の第三者に対抗することはできない（商9条）。

　　（d）特別法　　未成年者は独立して賃金を請求することができる（労基59条前段）。この点につき，法定代理人の同意は不要である。また，法定代理人の代理権は制限され，未成年者に代わって賃金を受け取ることはできない（労基59条後段）。

労働契約の締結についても，法定代理人が未成年者に代わってなすことはできない（労基58条1項）。もっとも，賃金の受取りの場合とは異なり，未成年者が単独で労働契約を締結できるわけではない。未成年者が労働契約を締結するには，法定代理人の同意を得ることが必要である。

3　法定代理人

（1）法定代理人となる者　　第1次的には，親権者が法定代理人となる（818条以下）。未成年者に対して親権を行う者がないとき，または親権を行う者が管理権を有しないときは（838条1号），第2次的に，未成年後見人が法定代理人となる（839条以下）。

（2）法定代理人の権限　　（a）同意権　　法定代理人は未成年者の法律行為につき同意を与える権利を有する（5条1項本文）。

(ア)　父母が共同して親権を行う場合には，父母は共同して同意を与えなければならない（818条3項）。ただし，一方が勝手に双方の名義で同意を与えたときは，その行為の効力は妨げられない（825条）。

(イ)　未成年後見人が1人であるときは，単独で同意を与えることができる。未成年後見人が複数あるときは，原則として共同でなすが，家庭裁判所が権限分掌を定めているときは，これに従う（857条の2）。

後見監督人があるときは，営業もしくは13条1項に掲げる行為を未成年者が行うことに同意するには，未成年後見人は後見監督人の同意を得なければならない（864条）。

(b)　財産管理権・代理権　　法定代理人は，未成年者を代表（代理）して，その財産に関する法律行為をする権限を有する（824条・859条）。

代理権は未成年者の財産に関する行為のすべてに及ぶから，その範囲は包括的である。このことから，民法は代理ではなく「代表」という語句を用いる。ただし，法定代理権は，上記でみた場合（2(2)(d)）のほかに，利益相反行為についても制限される（826条・860条）。

代理権の行使については，同意を与える場合と同一の制限を受ける。

 ## Ⅲ　成年被後見人

1　意　　義

成年被後見人とは，精神上の障害により事理を弁識する能力を欠く常況にあり，かつ，家庭裁判所の後見開始の審判を受けた者をいう（7条・8条）。この者には成年後見人が付されて，後見が開始される（838条2号）。

2　成年後見の開始

(1)　後見開始の審判　　(a)　実質的要件　　後見開始の審判をするには，本人が精神上の障害により事理を弁識する能力を欠く常況になければならない。事理弁識能力を「欠く」とは，すべての行為を他の者に代理させるべき程度に精神上の障害が重いことをいう。また，「常況」にあるとは，事理弁識能力を欠くことが普通の状態だといえる程度に時間的に継続していることである。こ

の状態が間断なく継続している必要はない。一時的に正常な精神状態に回復することがあってもよい。

(b)　形式的要件　　後見開始の審判は一定の者からの請求に基づいて行われる。審判を請求しうる者は，本人，配偶者，4 親等内の親族，未成年後見人，未成年後見監督人，保佐人，保佐監督人，補助人，補助監督人または検察官である（7条）。市町村長もこの申立てができる（老人福祉法32条，知的障害者福祉法28条，精神保健及び精神障害者福祉に関する法律51条の11の2）。

(c)　家庭裁判所の審判　　この二つの要件を充たすときは，家庭裁判所は「後見開始の審判をすることができる」（7条）。しかし，「できる」という法文とは異なり，実質的要件を具備するときは家庭裁判所は後見開始の審判をすべきものと解される。

「保佐開始の審判」が請求されたときに，家庭裁判所が「後見開始の審判」をすることができるか。事理弁識能力を欠くか，これが著しく不十分であるかは単に量的な差異に過ぎないから，これを否定する理由はない。また，11条ただし書の趣旨にも適合する。

(2)　後見の登記　　後見開始の審判がなされると，嘱託または申請に基づき，後見の登記がされる。これは磁気ディスクをもって調製する後見登記等ファイルに記録するという方法で行われる（後見登記4条）。

3　成年被後見人の能力

成年被後見人の法律行為は取り消すことができる（9条）。ただし，日用品の購入その他日常生活に関する行為（必需契約）については，取り消すことができない（9条ただし書）。たとえば，食料品の購入などがそうである。この限りでは，成年被後見人も行為能力を有する。

4　成年後見人

(1)　成年後見人の選任　　(a)　後見開始の審判をするときは，家庭裁判所は職権で成年後見人を選任しなければならない（843条1項）。成年後見人が欠けたときは，成年被後見人もしくはその家族その他の利害関係人の請求によって，または職権で，これを選任する必要がある（843条2項）。また，必要があると

認めるときは，家庭裁判所は，これらの者もしくは成年後見人の請求によって，または職権で，成年後見人を追加的に選任することができる（843条3項）。

　(b)　成年後見人を選任する際には，主として，次のような事情を考慮しなければならない（843条4項）。①成年被後見人の心身の状態，②成年被後見人の生活および財産の状況，③成年後見人となる者の職業および経歴，④成年被後見人との利害関係の有無，⑤成年被後見人の意見などである。

　(c)　自然人だけでなく，法人も成年後見人となりうる。

　ただし，次の欠格事由に該当する者は後見人となることができない（847条）。①未成年者，②家庭裁判所で免ぜられた法定代理人，保佐人又は補助人，③破産者，④被後見人に対して訴訟をし，又はした者並びにその配偶者及び直系血族，⑤行方の知れない者である。

　(2)　成年後見人の権限と義務　　(a)　身上監護権　　成年後見人は成年被後見人の生活・療養看護に関する事務を行う（858条）。成年被後見人が病気となったときは，成年後見人は治療・手術を受けさせるか否かを決定しなければならない。その後，誰かが実際に病院まで連れて行ったり，医師の説明を聞いたりしなければならないが，成年後見人自らがこのような身上監護の事実行為を行う義務はない。成年後見人としては，これの「手配・見守り」までで足りる。成年後見制度は，本人の判断能力の低下によって困難となった意思決定をサポートする制度だからである[18]。

　(b)　財産管理権　　(ア)　成年後見人は成年被後見人の財産の管理に関する事務を行う（858条）。また，その財産に関する法律行為について包括的な代理権（代表権）を有する（859条1項）。ただし，成年被後見人の行為を目的とする債務を生ずべき場合には，本人の同意を得なければならない（同条2項）。また，居住用建物およびその敷地について，売却・賃貸などの処分を行うときは，家庭裁判所の許可を得なければならない（859条の3）。なお，死後事務については，後述参照（5(2)）。

---

18) 四宮＝能見・76頁。

　(イ)　郵便転送　　成年後見人は後見事務を行うに当たって必要がある場合には，家庭裁判所の審判を得て（転送嘱託の審判），成年被後見人宛ての郵便物等を成年後見人の住所又は事務所所在地に転送してもらうことができる（860条の2第1項）[19]。株式の配当通知，外貨預金の出入金明細，クレジットカードの利用明細といった成年被後見人の財産等に関する郵便物は，成年後見人が成年被後見人の財産状況を正確に把握し，適切な財産管理を行う上で極めて重要な役割を果たすからである。成年後見人は転送されてきた郵便物を開いて見ることができる（860条の3第1項）。

　転送嘱託の期間は6ヵ月を超えることはできない（860条の2第2項）。この期間制限は成年被後見人の通信の秘密に配慮したものである。

　(c)　成年後見人の義務　　(ア)　善管注意義務・本人の意思の尊重義務　成年後見人がこのような身上監護と財産管理に関する事務を行うに当たっては，善良な管理者の注意をもって事務を処理すべき義務を負う（869条・644条）。また，成年被後見人の意思を尊重し，かつ，その心身の状態および生活の状況に配慮しなければならない（858条）。

　(イ)　成年後見人が複数の場合　　このときでも，原則としてそれぞれが単独で代理権を行使できる。しかし，家庭裁判所が職権でこれらの成年後見人が共同してまたは事務を分掌して，その権限を行使すべきことを定めたときは，これに従う（859条の2）

　(3)　後見事務の監督　　(a)　後見監督人　　家庭裁判所は，必要があると認めるときは，後見監督人を選任することができる（849条）。成年被後見人，その親族や成年後見人の請求があった場合だけでなく，職権で行うこともできる。

　選任された成年後見監督人は，その職務の一つとして，成年後見人の事務を監督すべき義務を負う（851条1号）。具体的には，成年後見監督人は，いつでも，成年後見人に対して後見の事務の報告もしくは財産の目録の提出を求め，

---

19)「成年後見の事務の円滑化法」（平成28年4月13日公布，同年10月13日施行）に基づき，①郵便転送に関する860条の2・860条の3，および②死後事務に関する873条の2が民法典に追加された。

または後見の事務もしくは被後見人の財産の状況を調査することができる（863条1項）。

　(b)　家庭裁判所　　家庭裁判所も，後見事務を監督するために，後見監督人と同様の権限を有する（863条1項）。また，利害関係人の請求により又は職権で，家庭裁判所は後見の事務について必要な処分を命ずることができる（863条2項）。

　(4)　成年後見人の辞任・解任　　成年後見人は，正当な事由があるときは，家庭裁判所の許可を得て，その任務を辞することができる（844条）。また，成年後見人に不正な行為，著しい不行跡その他後見の任務に適しない事由があるときは，家庭裁判所はこれを解任することができる（846条）。

5　成年後見の終了

　(1)　後見開始の審判の取消し　　後見の原因が消滅したときは，家庭裁判所は，本人，配偶者，4親等内の親族，後見人，後見監督人または検察官の請求により，後見開始の審判を取り消さなければならない（10条）。これによって，成年後見は終了する。

　後見が終了したときは，成年後見人は2ヵ月内にその管理の計算をしなければならない（870条）。また，急迫の事情があるときは，必要な処分をなすべき義務を負う（874条・654条）。

　(2)　成年被後見人の死亡　　(a)　当然の終了　　成年被後見人の死亡により，成年後見は当然に終了する。成年後見人は法定代理権等の権限を失うが，例外的に，その職務として次の死後事務に該当する行為を行うことができる（873条の2）。

　(b)　死後事務　　(ア)　死後事務の三つの種類　　ⅰ）　相続財産に属する特定の財産の保存に必要な行為（例　債権の消滅時効の中断，雨漏りの修繕行為）（同条1号）。　　ⅱ）　弁済期が到来した債務の弁済（例　成年被後見人の医療費，入院費および公共料金等の支払い）（同条2号）。　　ⅲ）　死体の火葬又は埋葬に関する契約の締結その他相続財産全体の保存に必要な行為（例　成年被後見人の居室に関する電気・ガス・水道等供給契約の解約，債務を弁済するための預貯金の

払戻し）（同条3号）。

　(イ)　要件　　成年後見人が死後事務を行うには，①成年後見人が当該事務を行う必要があること，②成年被後見人の相続人が相続財産を管理することができる状態に至っていないこと，③成年後見人が当該事務を行うことにつき，成年被後見人の相続人の意思に反することが明らかな場合でないことが必要とされる。さらに，上記iii）については，家庭裁判所の許可を得なければならない（873条の2）。

 被 保 佐 人

1　意　　　義

　被保佐人とは，精神上の障害により事理を弁識する能力が著しく不十分であり，かつ，家庭裁判所の保佐開始の審判を受けた者をいう（11条・12条）。この者には保佐人が付されて，保佐が開始される（876条）。

2　保 佐 の 開 始

　(1)　保佐開始の審判　　(a)　実質的要件　　保佐開始の審判をするには，精神上の障害により事理を弁識する能力が著しく不十分な者でなければならない（11条）。「著しく不十分」とは，通常の行為をなすには問題はないが，13条1項に列挙するような重要な行為を単独でするだけの判断能力がない場合をいう。

　(b)　形式的要件　　保佐開始の審判は一定の者からの請求に基づいて行われる。審判を請求しうる者は，本人，配偶者，4親等内の親族，後見人（未成年後見人および成年後見人），後見監督人（未成年後見監督人および成年後見監督人），補助人，補助監督人または検察官からの請求がなければならない（11条）。後見の場合と同じく，市町村長もこの申立てができる。

　(c)　家庭裁判所の審判　　この二つの要件を充たすときは，家庭裁判所は保佐開始の審判をすることができる（11条）。実質的要件を具備する場合でも，家庭裁判所は保佐開始の審判をしないことができるか。後見の場合とは異なり，裁量権を家庭裁判所に認めてよいと思われる。審判の申立てが本人の福祉のためというよりは関係者の利益のために行われるという特殊な場合もあるからで

ある[20]。

　また，事理弁識能力を欠く常況にある者については，保佐開始の審判をすることはできない（11条ただし書）。後見開始の審判をなすべきである。

　(2)　保佐の登記　　保佐開始の審判がなされると，嘱託または申請に基づき，保佐の登記がされる（後見登記4条）。

3　被保佐人の能力

　(1)　部分的な制限　　(a)　単独でなし得ない行為　　13条1項および審判で定められた行為については，被保佐人がこれをするには保佐人の同意を得なければならない（13条1項・2項）。被保佐人の利益を害するおそれがないにもかかわらず，保佐人が同意しないときは，被保佐人は家庭裁判所に保佐人の同意に代わる許可を求めることができる（同条3項）。保佐人の同意又はこれに代わる裁判所の許可を得ないでした被保佐人の行為は取り消すことができる（同条4項）。

　　(b)　単独でなし得る行為　　これ以外の行為については，被保佐人は単独ですることができる。また，日用品の購入その他日常生活に関する行為も単独でなし得る（13条1項ただし書）。

　(2)　保佐人の同意を必要とする行為　　(a)　一般的制限　　保佐人の同意を必要とする行為には，次のものがある（13条1項）。

　　　(ア)　「元本を領収し，又は利用すること」（1号）　　元本とは法定果実を生ずべき財産をいう。貸金の返済を受け，あるいは不動産を賃貸する場合には，保佐人の同意が必要である。これに対して，利息や賃料は元本そのものではないから，これの受領は単独でなしうる。もっとも，不動産の賃貸借については9号の特則があり，また，利息や賃料の受領もその額によっては3号が重複的に適用される。

　　　(イ)　「借財又は保証をすること」（2号）　　借財とは消費貸借に限らず，

---

20)　四宮＝能見・67頁。なお，旧法下ではあるが，東京高決平3・5・31判時1393・98は本人にとって準禁治産宣告をする必要がなく，かえって本人の福祉に反するような場合には宣告をしなくてもよいとする。

社会通念上これに準ずるものも含まれる。消費寄託や時効完成後の債務の承認なども借財に該当する。

　㋒　「不動産その他重要な財産に関する権利の得喪を目的とする行為をすること」(3号)　平成11年の改正前は「不動産又ハ重要ナル動産ニ関スル権利ノ得喪」とされていたが(旧12条1項3号),「重要な財産に関する権利の得喪」と改められた。これによって,直接・間接に不動産または動産に関係する権利も含むことが明らかにされた。たとえば,土地賃貸借の合意解除,金銭の預入れといった不動産または動産を利用する債権の得喪に関する行為もこれに該当する。また,不動産や動産とは関係しない財産権の得喪に関しても拡張された。たとえば,株式の売買や著作権・特許権などの無体財産権の処分などがそうである。

　㋓　「訴訟行為をすること」(4号)　民事訴訟において,原告となって訴訟を遂行することをいう。相手方が提起した訴えまたは上訴について訴訟行為をすることは含まれず,被保佐人は単独でこれを行うことができる(民訴32条1項)。ただし,訴えの取下げ,和解,請求の放棄や認諾などの訴訟行為をするには,特別の授権を必要とする(民訴32条2項)。

　離婚や離縁,親子関係存否確認などの人事訴訟については,被保佐人は完全な訴訟能力を有する(人訴13条1項)。

　㋔　「贈与,和解又は仲裁合意をすること」(5号)　ここでの贈与は,贈与者として贈与することを意味する。負担付きでない贈与を受けることについては,保佐人の同意は不要である(本条7号)。贈与の申込みの拒絶あるいは負担付贈与の承認については,本条7号により保佐人の同意を要する。

　㋕　「相続の承認若しくは放棄又は遺産の分割をすること」(6号)相続の承認には,単純承認(920条)と限定承認(922条)の両者を含む。

　㋖　「贈与の申込みを拒絶し,遺贈を放棄し,負担付贈与の申込みを承諾し,又は負担付遺贈を承認すること」(7号)　これと異なり,負担付きでない贈与または遺贈を受領し,または負担付きの贈与または遺贈を拒絶することについては,保佐人の同意を要しない。

(ク) 「新築，改築，増築又は大修繕をすること」（8号）　　新築などを目的とする契約を請負人と締結する場合には，保佐人の同意が必要である。

(ケ)　「602条に定める期間を超える賃貸借をすること」（9号）　　賃貸借について保佐人の同意を要するのは，602条に定める期間を超える場合に限られる。この期間内の賃貸借については，保佐人の同意は不要である。

(コ)　「前各号に掲げる行為を制限行為能力者の法定代理人としてすること」（10号）　　代理行為については，被保佐人は原則として単独で有効に行うことができる（102条本文）。代理行為の効果は被保佐人自身には帰属しないし，任意代理に関しては，本人が自ら被保佐人を代理人に選任しているから，取消しを認める必要はない。しかし，被保佐人が「他の制限行為能力者」の「法定代理人」としてした代理行為については，これらのことは妥当しない。取消しができないと，「他の制限行為能力者」の保護が十分に図れないおそれがあることから，本号は例外的にこの代理行為の取消しを認めた（102条ただし書参照）。

(b)　追加的制限　　家庭裁判所は，保佐開始の審判を請求しうる者または保佐人，保佐監督人の請求により，保佐人の同意を必要とする行為をさらに追加する旨の審判をすることができる（13条2項）。

4　保　佐　人

(1)　保佐人の選任　　保佐開始の審判をするときは，家庭裁判所は職権で保佐人を選任する（876条の2第1項）。保佐人が欠けたときの選任や追加的選任，選任にあたって考慮すべき事情および保佐人となりうる者については，成年後見の場合と同じである（876条の2第2項）。

(2)　保佐人の権限と義務　　(a)　同意権　　上記の行為を被保佐人が行うにつき，同意を与える権利を有する（13条1項）。

(b)　取消権・追認権　　保佐人の同意を得ないでなした被保佐人の行為につき，保佐人は取消権・追認権を有する（120条1項・122条）。

(c)　代理権　　家庭裁判所は，特定の法律行為について保佐人に代理権を与えることができる（876条の4第1項）。この代理権付与の審判は11条本文に掲

げる者または保佐人や保佐監督人の請求に基づいて行われるが，本人以外の者
の請求によって審判するには，本人の同意を得なければならない（同条 2 項）。
保佐人に代理権を与えると，被保佐人が希望しない結果が生ずる可能性がある
からである。

　　(d)　保佐人の義務　　㋐　善管注意義務・本人の意思の尊重義務　　保佐
人が保佐の事務を行うに当たっては，善良な管理者の注意をもって事務を処理
すべき義務を負う（876条の 5 第 2 項・644条）。また，被保佐人の意思を尊重し，
かつ，その心身の状態および生活の状況に配慮しなければならない（同条 1 項）。

　　　　㋑　保佐人複数の場合　　このときでも，原則としてそれぞれが単独で
これらの権限を行使できる。しかし，家庭裁判所が職権でこれらの保佐人が共
同してまたは事務を分掌して，その権限を行使すべきことを定めたときは，こ
れに従う（876条の 5 第 2 項・859条の 2）。

　　(3)　保佐事務の監督　　(a)　保佐監督人　　家庭裁判所は，必要があると認
めるときは，保佐監督人を選任することができる（876条の 3 第 1 項）。被保佐人，
その親族または保佐人の請求があった場合だけでなく，職権でも行うことがで
きる。

　　保佐監督人は保佐人の事務を監督し（同条 2 項・851条），必要な報告や調査を
することができる（876条の 5 第 2 項・863条 1 項）。

　　(b)　家庭裁判所　　家庭裁判所も，保佐事務を監督するために，保佐監督
人と同様の権限を有する（876条の 5 第 2 項・863条 1 項）。

　　(4)　保佐人の辞任・解任　　保佐人の辞任・解任については，成年後見の場
合と同じである（876条の 2 第 2 項）。

5　保佐の終了

　　(1)　保佐開始の審判の取消し　　保佐の原因が消滅したときは，家庭裁判所
は，本人，配偶者，4 親等内の親族，未成年後見人，未成年後見監督人，保佐
人，保佐監督人または検察官の請求により，保佐開始の審判を取り消さなけれ
ばならない（14条 1 項）。

　　被保佐人の能力がさらに低下して，事理弁識能力を欠く常況になり，後見開

始の審判をする場合にも，保佐開始の審判が取り消され，保佐は終了する（19
条1項）。

　保佐が終了した場合において，急迫の事情があるときは，保佐人は必要な処
分をなすべき義務を負う（876条の5第3項・654条）。

　(2)　その他の審判の取消し　　追加的同意権付与の審判および代理権付与の
審判についても，家庭裁判所は，本人や保佐人などの請求により，その全部
または一部を取り消すことができる（14条2項・876条の4第3項）。これによって保
佐人はこれらの権限を喪失するが，保佐自体が終了するわけではない。

　(3)　被保佐人の死亡　　被保佐人の死亡により，保佐は当然に終了する。な
お，死後事務に関する後見の規定は適用されない。

 被 補 助 人

1 意　　義

　被補助人とは，精神上の障害により事理を弁識する能力が不十分であり，か
つ，家庭裁判所の補助開始の審判を受けた者をいう（15条1項・16条）。被補助
人には補助人が付されて，補助が開始される（876条の6）。

2 補 助 の 開 始

　(1)　補助開始の審判　(a)　実質的要件　　精神上の障害により事理を弁識す
る能力が不十分な者でなければならない。13条に列挙する重要な取引の一部に
ついて，本人の判断能力が不十分といえるかどうかが判断の基準となろう。

　　(b)　形式的要件　　本人，配偶者，4親等内の親族，後見人，後見監督人，
保佐人，保佐監督人または検察官からの請求がなければならない（15条1項）。
後見や保佐の場合と同じく，市町村長もこれを申し立てることができる。

　　(c)　家庭裁判所の審判　　この二つの要件を充たすときは，家庭裁判所は
補助開始の審判を行うことができる（15条1項）。もっとも，本人以外の者の請
求によるときは，本人の同意がなければ，補助開始の審判を行うことはできな
い（同条2項）。これは本人の自己決定権を尊重するためである。

　(2)　補助の登記　　補助開始の審判がなされると，嘱託または申請に基づき，

補助の登記がなされる（後見登記4条）。

3 被補助人の能力

(1) 単独でなし得ない行為　　(a) 審判で定められた行為　　家庭裁判所は補助人の同意を得なければならない行為を定める審判をすることができる（17条1項）。この限りにおいて，被補助人の行為能力は制限される。補助人の同意を得ないでした行為は取消すことができる（同条4項）。被補助人の利益を害するおそれがないにもかかわらず，補助人が同意しないときは，被補助人は家庭裁判所に補助人の同意に代わる許可を求めることができる（同条3項）。

　　(b) 審判の要件　　家庭裁判所がこの審判をするには，上述した補助開始の審判の申立権者または補助人，補助監督人からの請求が必要である（17条1項）。本人以外の者からの請求によるときは，この審判をなすには本人の同意がなければならない（同条2項）。

　　また，補助人の同意を得るものと定めることができる範囲は，13条1項に規定する行為の一部に限られる（17条1項ただし書）。

(2) 単独でなし得る行為　　これ以外の行為については，被補助人は単独ですることができる。また，日用品の購入その他日常生活に関する行為も単独でなし得る（13条1項ただし書参照）。

4 補 助 人

(1) 補助人の選任　　補助開始の審判をするときは，家庭裁判所は職権で補助人を選任する（876条の7第1項）。補助人が欠けた場合の選任や追加的選任，選任に当たって考慮すべき事情および補助人となりうる者については，成年後見の場合と同じである（876条の7第2項・843条2項ないし4項）。

(2) 補助人の権限　　(a) 同意権　　補助人は審判で定められた行為につき同意権を有する（17条1項）。

　　(b) 取消権・追認権　　補助人の同意を得ないでなした被補助人の行為につき，補助人は取消権・追認権を有する（120条1項・122条）。

　　(c) 代理権　　家庭裁判所は，特定の法律行為について補助人に代理権を付与することができる（876条の9第1項）。この代理権付与の審判は15条1項本

58

文に規定する者または補助人や補助監督人の請求に基づいて行われるが，本人以外の者の請求によって審判するには，本人の同意をなければならない（同条2項・874条の4第2項）。

(d) 補助人の義務　　補助人の義務については，保佐の場合と同じである（876条の10第1項）。

(3) 補助事務の監督　　(a) 補助監督人　　家庭裁判所は，必要があると認めるときは，補助監督人を選任することができる（876条の8第1項）。被補助人，その親族または補助人の請求があった場合だけでなく，職権で行うこともできる。

補助監督人は補助人の事務を監督し，必要な報告や調査をすることができる（同条2項・851条・876条の10第1項・863条1項）。

(b) 家庭裁判所　　家庭裁判所も，補助事務を監督するために，補助監督人と同様の権限を有する（876条の10第1項・863条1項）。

(4) 補助人の辞任・解任　　補助人の辞任・解任については，成年後見の規定が準用される（876条の7第2項・844条・846条）。

5　補助の終了

(1) 補助開始の審判の取消し　　補助の原因が消滅したときは，家庭裁判所は，本人，配偶者，4親等内の親族，未成年後見人，未成年後見監督人，補助人，補助監督人または検察官の請求により，補助開始の審判を取り消さなければならない（18条1項）。

被補助人の能力がさらに低下して，後見開始の審判または保佐開始の審判をする場合にも，補助開始の審判は取り消される（19条1項）。

(2) その他の審判の取消し　　同意権または代理権の全部または一部を維持する必要がなくなったときは，上記の者の請求により，同意権または代理権付与の審判を取り消すことができる（18条2項・876条の9第2項・876条の4第3項）。同意権および代理権の審判を全部取り消す場合には，家庭裁判所は補助開始の審判を取り消さなければならない（18条3項）。

(3) 被補助者の死亡　　被補助人の死亡により，補助は当然に終了する。な

お，死後事務に関する後見の規定は適用されない。

 VI 任意後見制度

1 意 義

　成年後見は判断能力が低下した場合の本人保護のための制度であるが，本人はこのような将来生じる事態に備えて，事前に特定の者と契約して，後見事務の処理につき代理権を付与しておくこともできる。この契約のうち一定の要件をみたすものについては，公的機関がその執行を監督する制度が新設された。これを任意後見制度という。「任意後見契約に関する法律」がこれを定める。このような公的機関による監督がなくてもよいのであれば，通常の代理権授与契約を締結すれば足り，同法の要件や手続などを充たす必要はない。

2 任意後見契約の成立

　(1) 契約の締結　　(a) 定義　　任意後見契約とは，①「委任者が，受任者に対し，精神上の障害により事理を弁識する能力が不十分な状況における自己の生活，療養看護及び財産の管理に関する事務の全部又は一部を委託し，その委託に係る事務について代理権を付与する委任契約であって」，かつ，②「任意後見監督人が選任された時からその効力を生ずる旨の定めのあるもの」をいう（任意後見2条1号）。

　　(b) 契約の当事者　　任意後見契約は，委任者と受任者の間で締結される。任意後見契約は本人が自己のために締結する場合だけでなく，親が死亡後に備えて，法定代理人として未成年の知的障害者や精神障害者のために締結する場合もありうる。

　受任者の資格に制限はない。自然人だけでなく，法人も受任者となりうる。また，受任者は複数であってもよい。

　(2) 契約の方式　　任意後見契約は公正証書によって締結しなければならない（任意後見3条）。本人の真意による適法かつ有効な契約が締結されることを制度的に担保し，これに関する紛争を防止するためである。公正証書の様式は法務省令で定められる。

任意後見契約の公正証書を作成した公証人は，任意後見契約の登記を嘱託しなければならない（公証人法57条ノ3第1項）。

(3) 法定後見との関係　　任意後見契約が登記されている場合には，原則として，後見開始，保佐開始または補助開始の審判をすることができない。しかし，家庭裁判所が本人の利益のために特に必要があると認めるときは，これらの審判をすることができる（任意後見10条1項）。

3　任意後見契約の効力

(1) 契約の効力発生　　(a) 効力発生時　　家庭裁判所が任意後見監督人を選任した時に，任意後見契約の効力が生ずる（任意後見2条1号）。

(b) 任意後見監督人の選任　　(ア) 積極的要件　　任意後見監督人を選任するための要件は，①任意後見契約が登記されていること，②精神上の障害により本人の判断能力が不十分な状況にあること，③本人，配偶者，4親等内の親族または任意後見受任者[21]からの請求があること，の三つである（任意後見4条1項）。ただし，本人以外の者の請求によるときは，あらかじめ本人の同意がなければならない（同条3項）。もっとも，本人がその意思を表示することができないときは，この限りではない。

(イ) 消極的要件　　上記の積極的な要件を満たす場合であっても，次のときは，任意後見監督人を選任することはできない（任意後見4条1項ただし書）。

i) 本人に関する事柄　　①本人が未成年者であるとき。②本人が成年被後見人等であり，後見等を継続することが本人の利益のため特に必要であると認めるとき。

ii) 任意後見受任者に関する事柄　　任意後見受任者が次のいずれかに該当する場合。①民法847条各号に掲げる者。②本人に対して訴訟をし，又はした者及びその配偶者並びに直系血族。③不正な行為，著しい不行跡その他任意後見人の任務に適しない事由がある者。

---

21) 任意後見受任者とは，任意後見監督人が選任される前における任意後見契約の受任者をいう（任意後見2条3号）。

　(ウ)　他の審判の取消し　　任意後見監督人を選任する場合において，本人が成年被後見人，被保佐人又は被補助人であるときは，家庭裁判所は，後見開始，保佐開始または補助開始の審判を取り消さなければならない（任意後見4条2項）。

　(c)　任意後見監督人　　(ア)　資格・人数　　任意後見監督人の資格に制限はない。法人も任意後見監督人となりうる（任意後見7条4項・民法843条4項）。複数の任意後見監督人を選任することもできる（任意後見4条5項）。

　(イ)　任意後見監督人の欠格事由　　次の者は任意後見監督人となることができない。①任意後見受任者または任意後見人[22]の配偶者，直系血族および兄弟姉妹（任意後見5条）。②民法847条の欠格事由を有する者（任意後見7条4項）。

　(2)　契約の効力　　(a)　任意後見人の義務　　任意後見契約に定められた範囲内において，後見事務を処理しなければならない。これを行うに当たっては，本人の意思を尊重し，かつ，その心身の状態および生活の状況に配慮しなければならない（任意後見6条）。

　不正な行為，著しい不行跡などの任務に適しない事由があるときは，家庭裁判所は任意後見監督人や本人，その親族または検察官の請求により，任意後見人を解任することができる（任意後見8条）。

　(b)　任意後見監督人の義務　　(ア)　事務の監督　　任意後見監督人は任意後見人の事務を監督し，定期的に家庭裁判所に報告しなければならない（任意後見7条1項1号・2号）。任意後見監督人は任意後見人に対して事務の報告を求め，これを調査することができる（同条2項）。また，家庭裁判所は，必要があると認めるときは，任意後見監督人に対して必要な処分を命ずることができる（同条3項）。

　(イ)　代理権　　①急迫の事情があるときは，任意後見人の代理権の範囲内で，必要な処分をなし，また，②任意後見人と本人との利益相反行為につき

22）任意後見人とは，任意後見監督人が選任された後における任意後見契約の受任者をいう（任意後見2条4号）。

本人を代表する（7条1項3号・4号）。

4　任意後見契約の終了

(1)　任意後見契約の解除　　(a)　任意後見監督人が選任される前は，本人また は任意後見受任者は，いつでも契約を解除することができる。ただし，公証人の認証を得た書面でなすことが必要である（任意後見9条1項）。

(b)　任意後見監督人が選任された後においては，①正当な事由が存在し，かつ②家庭裁判所の許可を得た場合に限り，本人または任意後見人は契約を解除することができる（同条2項）。

(2)　その他の終了原因　　任意後見契約は次の場合にも終了する。すなわち，①任意後見人の解任（任意後見8条），②本人が後見開始の審判を受けたとき（任意後見10条3項），③本人または任意後見人の死亡または破産，任意後見人の後見開始の審判など，委任の終了事由が存在するとき（653条）。

(3)　代理権消滅の対抗要件　　任意後見人の代理権の消滅は，登記をしなければ，善意の第三者に対抗することはできない（任意後見11条）。

第5節　制限行為能力者の相手方の保護

 総　　説

制限行為能力者が単独でした法律行為の取消しは制限行為能力者の側にのみ認められ，当該行為の相手方にはない（120条1項）。また，この場合の取消しには詐欺の場合のような善意者保護の規定もない（96条3項参照）。したがって，制限行為能力者側の対応によっては，相手方は不必要に長く不安定な状態に置かれるおそれがある。そこで，このような事態を防止し，法律関係を早期に確定させるために，催告権の制度が設けられた（20条）。

また，制限行為能力者が「詐術」を用いて相手方に能力者と信じさせたような場合には，取引の安全を害してまでも，制限行為能力者を保護することは適当ではない。そこで，取消権剥奪の制度が設けられた（21条）。

Ⅱ　相手方の催告権

1　意　　義

　制限行為能力者の相手方は，1ヵ月以上の期間を定めて，その期間内に取り消しうる行為を追認するか否かを確答すべき旨を催告することができる。この場合において，制限期間内に確答を発しないときは，追認または取消しをしたものとみなされる（20条）。これによって，相手方は自らのイニシアティブで早期に法律関係を確定させることができる。

2　催告の相手方と効果

　(1)　制限行為能力者に対する催告　　(a)　現に制限行為能力者である場合

　　(ア)　催告の相手方が未成年者または成年被後見人であるときは，催告の効果は生じない。これらの者には催告を受領する能力がないからである。

　　(イ)　これと異なり，被保佐人・被補助人のときは，この者に対する催告は有効である。この者が催告期間内に保佐人または補助人の追認を得た旨の確答を発しないときは，その行為は取り消されたものとみなされる（20条4項）。

　　(b)　行為能力者となっている場合　　もはや制限行為能力者でない者に対する催告の場合には，この者が催告期間内に確答を発しないときは，追認したものとみなされる（同条1項）。

　(2)　保護者に対する催告　　(a)　本人が現に制限行為能力者である場合
法定代理人，保佐人または補助人に催告したにもかかわらず，これらの者が催告期間内に確答を発しないときは，追認したものとみなされる。ただし，保佐人・補助人の場合には，その行為について同意権・取消権または代理権を有するときに限る（20条2項）。

　　(b)　本人が行為能力者となっている場合　　保護者に対する催告は無効であり，「みなし」規定は適用されない。

　(3)　まとめ　　これらの扱いは，結局，次のように要約できる。すなわち，①有効な催告を受けた者が単独で追認できる場合において，催告期間内に確答を発しないときは，追認したものとみなされ（(1)(b)・(2)(a)），逆に，②この者が

単独で追認できない場合には，取り消したものとみなされる（(1)(a)(イ)）。

 ## Ⅲ 取消権の剥奪

1 意　　義

制限行為能力者が行為能力者であることを信じさせるため詐術を用いたときは，その行為を取り消すことができない（21条）。

2 要　　件

(1) 「行為能力者であることを信じさせるため」であること　保護者の同意があったと信じさせるため詐術を用いた場合も，同様に解される。

(2) 「詐術」を用いたこと　他人に頼んで行為能力者であることを偽証させるなど，積極的な術策を用いた場合がそうである。制限行為能力者であることを単に黙秘していた場合は，「詐術」に該当しない。しかし，この場合でも，制限行為能力者の他の言動などと相まって，相手方を誤信させ，または誤信を強めたと認められるときは，「詐術」となる[23]。

(3) 相手方が行為能力者であると信じたこと　制限行為能力者の詐術と相手方の誤信の間に因果関係がなければならない。相手方が制限行為能力者であることを知っているときは，制限行為能力者が詐術を用いても，制限行為能力者の取消権は剥奪されない。取消権の剥奪は詐術を用いた制限行為能力者の制裁という側面もあるが，本来的には相手方保護のための規定というべきだからである。

3 効　　果

これらの要件を満たすときは，取消権は剥奪される。すなわち，制限行為能力者の行為を取り消すことができない（21条）。

---

23) 最判昭44・2・13民集23・2・291。

第6節 住　　所

Ⅰ　住　　所

1　意　　義

　住所とは各人の「生活の本拠」をいう（22条）。住所が法的に意味をもつのは，①不在者の財産の管理（25条），②債務の弁済場所（484条1項，商516条），③相続開始の場所（883条）などに関してである。

　さらに，(ア)手形・小切手と関連して①手形要件の記載の欠缺（手2条3項・76条3項），②第三者方払の記載（手4条，小8条），(イ)民訴法上の例としては①裁判管轄権（民訴3条の2・4条2項），②付加期間（民訴96条2項），③送達場所（民訴103条），(ウ)この他に，国際私法における準拠法決定の基準（法適用5条・6条），選挙権の対象となる選挙（公選法9条2項・3項）などが挙げられる。

2　生活の本拠

　(1)　実質主義の採用　　住所の決め方は立法論的には形式主義と実質主義の二つがある。形式主義は本籍や住民登録といった形式的な基準によるのに対して，実質主義は当該場所で実質的な生活をしているか否かを基準とする。民法は後者の実質主義を採用し，「生活の本拠」を住所とした。

　(2)　「生活の本拠」の判断基準　　「生活の本拠」とは何か。この点に関して，その人の「定住の意思」を基準とする主観主義と客観的な事実に基づいて判断する客観主義の考え方が対立する。定住の意思は外部から認識しにくいから，法律関係の明確性のためには客観主義によるのが妥当である（判例・通説）。

　(3)　住所の個数　　「生活の本拠」（住所）は複数存在するか。現代の多様な生活関係を考えると，住所は一個に限るのではなく（単一説），たとえば家庭生活と職業に関する生活関係のそれぞれに別個の住所を認めるべきである（複数説・法律関係基準説）。通説も同様であるが，判例は必ずしも明確ではない。

Ⅱ 居　　所

　居所とは，人が多少継続的に居住するが，その生活との関係の度合いが住所ほど密接ではない場所をいう。

　居所は住所の補充的機能を営む。すなわち，①住所が知れない場合には，居所が住所とみなされる（23条1項）。また，②日本に住所を有しない者については，日本人または外国人のいずれであるかを問わず，日本における居所がその者の住所とみなされる。ただし，準拠法を定める法律に従いその者の住所地法によるべき場合は，この限りではない（23条2項）。

Ⅲ 仮　住　所

　仮住所とは，法律行為の当事者がある取引に関連して選定した一定の場所をいう。仮住所を選定したときは，その行為に関しては仮住所が住所とみなされる（24条）。

　このように仮住所は当事者の合意で定められるものであり，生活の本拠（住所）とは関係しない。

Ⅳ 本籍・住民票

1 本　　籍

　本籍は「戸籍」を編成する基準となる場所をいう。住所とは何ら関係しない。すなわち，戸籍は，市町村の区域内に本籍を定める一の夫婦及びこれと氏を同じくする子ごとに編製され，その筆頭に記載した者および本籍で表示される。本籍のある市町村長は戸籍謄本や戸籍抄本の交付などの戸籍の事務を管掌する（戸1条・6条・9条）。

2 住　民　票

　住民基本台帳法に基づいて，住民基本台帳が編成される。住民基本台帳は個人を単位とする住民票を世帯ごとに編成して作成される。住民としての地位の変更に関する届出すなわち転居届・転出届・転入届はこの者の届出によって行

われる（住基台帳法 5 条以下・21条以下）。届けられた住所につきその者の生活の本拠であるか否かの実質的な判断は行われないから，住民票に記載された住所が民法上の住所であるとは限らない。

　なお，選挙人名簿の登録もこの住民基本台帳の記録に基づいて行われる（同法15条）。

第7節　不在者の財産の管理および失踪の宣告

不在者の財産の管理

1　不　在　者

　不在者とは，従来の住所又は居所を去って容易に帰来する見込みのない者をいう。法文上の定義とは若干異なるが（25条 1 項），「帰来の見込み」という追加的要素は「不在者の財産の管理」の制度趣旨から導かれる。このような不在者については，その財産の管理が問題となる。

2　管理人の選任・取消し・改任

　不在者が財産の管理人を置いている場合には，本人が信頼して管理をこの者に任せた以上，国家がこれに干渉すべきでないことは当然である。しかし，不在者が財産の管理人を置いていないか，これを置いているときでも，本人のコントロールが不可能な場合には，国家が後見的にこれに関与せざるを得ない。

　(1)　管理人の選任　　①不在者が管理人を置かなかった場合，あるいは，②本人の不在中に管理人の権限が消滅した場合には，家庭裁判所は，利害関係人または検察官の請求[24]により，不在者の財産の管理について必要な処分を命ず

---

24)　なお，所有者不明土地の利用の円滑化等に関する特別措置法（平成30年 6 月成立，同年11月15日施行）38条により，所有者不明土地につき，その適切な管理のため特に必要があると認めるときは，国の行政機関の長又は地方公共団体の長もこの請求をすることができる。

ることができる（25条1項）。これの主要なものは財産管理人の選任である（選任管理人）。

(2) 選任の取消し　家庭裁判所が管理人を選任した後に，本人が管理人を置いたときは，本人，利害関係人または検察官の請求により，家庭裁判所はこれを取り消さなければならない（25条2項）。

(3) 改任　不在者が管理人を置いた場合でも，不在者の生死が明らかでなくなると，本人によるコントロールが不可能となる。そこで，家庭裁判所は，利害関係人または検察官の請求により，管理人を改任することができる（26条）。改任とは，単なる解任ではない。従来の管理人を監督しつつ，新たな権限と義務を与えることもできる（27条2項・3項参照）。

また，この管理人が不在者の定めた権限を超える行為をするときは，家庭裁判所の許可を得なければならない（28条後段）。

3　管理人の地位

(1) 職務　(a) 選任管理人の権限は家庭裁判所の命令の内容によって定まる。権限の範囲が明白でない場合には，103条に規定する範囲内で行為することができるが，これを超える行為を必要とするときは，家庭裁判所の許可を得なければならない（28条前段）。

(b) 選任管理人は，管理すべき財産の目録を作成すべき義務を負う（27条1項）。また，家庭裁判所から命じられたときは，財産の管理及び返還についての担保を提供しなければならない（29条1項）。

(c) 家庭裁判所は不在者の財産の中から，相当な報酬を選任管理人に与えることができる（29条2項）。

(2) 対外的地位　選任管理人は一種の法定代理人と解される。したがって，選任管理人は対外的に有効な代理行為をすることができる。

(3) 対内的地位　選任管理人と不在者本人の内部関係では，委任の規定が準用される（家事事件手続法146条6項）。すなわち，善管注意義務（644条），受取物の引渡し等（646条），金銭消費の責任（647条），費用償還請求権等（650条）がそうである。

Ⅱ 失 踪 の 宣 告

1 意 義

　不在者の生死不明の状態が長期間続いている場合に，その者をめぐる法律関係をそのままの状態で存続させると，関係者にとって困ったことが生じうる。たとえば，残された配偶者が再婚しようとしても，不在者との婚姻を解消しない限り，再婚できないからである。

　そこで，一定の要件を満たすときは，この者を死亡したものとして扱う制度が必要となる。これが失踪宣告の制度である。この失踪の宣告を受けた者を失踪者という。

2 要 件

　家庭裁判所が失踪宣告するには，次の要件を充たさなければならない（30条）。

　(1) 実質的要件　　(a) 不在者の生死が明らかでないこと　　不在者について，消息がないために，生存の証明も死亡の証明もすることができない場合をいう。これは，水難，火災などで死亡したことは確実とみられるが，死体の確認ができない場合の認定死亡とは異なる[25]。

　　(b) 生死不明の状態が一定の期間継続すること　　(ア) 普通失踪　　通常の場合は，不在者の生存が確認された最後の時から7年間である（30条1項）。

　　(イ) 特別失踪　　戦地に臨んだ者，沈没した船舶の中に在った者その他死亡の原因となるべき危難に遭遇した者については，その危難が去った時から1年間である（30条2項）。

　(2) 形式的要件　　(a) 利害関係人の請求があること　　利害関係人とは失踪宣告を求めることについて法律上の利害関係を有する者をいう。たとえば，配偶者や相続人のように，失踪宣告によって直接に権利を得たり義務を免れる関係にある者をいう。失踪宣告の結果を他の訴訟事件の証拠に供しようする者

---

25) この場合には，水難や火災などを取り調べた官庁が死亡の認定をして，死亡地の市町村長に死亡の報告をすると，これに基づいて戸籍に死亡の記載がされる（戸籍89条）。これが認定死亡である。これによって死亡者の婚姻は解消され，相続が開始される。

のように，単に事実上の利害関係を有するに過ぎない者はこれに含まれない[26]。

　(b)　公示催告期間が経過したこと　　失踪宣告の審判をするには，公示催告の手続を経なければならない。すなわち，一定の期間内に生存の届出をすべきことを内容とする公告をし，この期間が経過しなければ，家庭裁判所は失踪宣告の審判をすることができない。この催告期間は家庭裁判所が定めるが，少なくとも普通失踪の場合は 3 ヵ月，特別失踪の場合は 1 ヵ月である（家事事件手続法148条 3 項）。

3　効　　　果

　(1)　擬制主義の採用　　失踪の宣告がされると，失踪者は死亡したものとみなされる（31条）。単なる死亡の推定ではなくて（推定主義），死亡が擬制される（擬制主義）。この死亡の効果を覆すには，失踪宣告の取消しの審判が必要である。生存していることが判明したとしても，死亡の効果は当然にはなくならない。

　(2)　死亡とみなされる時点　　失踪宣告によって死亡とみなされる時点は，普通失踪の場合には失踪期間の満了時であり，特別失踪の場合はその危難が去った時である（31条）。

　失踪宣告の効力はこのように遡及する。そうすると，失踪宣告の前に失踪者を相手とする行為も効力を失うことになる。たとえば，死亡とみなされる時点よりも後に，失踪者に対して債権者が支払請求訴訟を提起して確定判決を得たとしても，当事者能力を欠く者（死者）に対する判決として当然に無効となる[27]。

　(3)　失踪宣告の効力の及ぶ範囲　　失踪宣告は失踪者の従来の住所または居所を中心とした法律関係について，死亡したものとして扱う制度である。これ

---

26)　大判昭 7・7・26民集11・1658。
27)　大判大 5・6・1 民録22・1113。なお，判旨の主眼は，仮に上告人の主張のようにこの判決が有効だとしても，相続した後に失踪者に対して訴えを提起したものであるから，相続人はこの確定判決の承継人に該当せず（民訴115条 1 項 3 号参照），相続人に対して効力を有しないというにある。

によって失踪者の権利能力が奪われるわけではない。失踪者が他の土地で生存していた場合には，その土地における失踪者の法律行為は有効である。

4　失踪の宣告の取消し

(1)　意義　　失踪者が生存していたり，死亡したとみなされる時とは異なる時に死亡したことが判明した場合には，この事実に沿った扱いをするために，失踪宣告の取消しが行われる。

(2)　要件　　家庭裁判所が失踪宣告の取消しを行うためには，実質的要件と形式的要件を満たさなければならない（32条1項）。

　(a)　①失踪者が生存すること，または②異なる時に死亡したという事実の証明があること。これ以外に，明文上は明らかではないが，死亡したとみなされる時には生存していたという事実の証明もこれに含まれる。

　(b)　本人又は利害関係人の請求によること。

(3)　効果　　(a)　遡及効の原則　　失踪宣告が取り消されると，はじめから失踪宣告がなかったと同一の効力を生ずる。したがって，失踪宣告（死亡）を原因として生じた権利義務の変動は効力を失う。たとえば，相続は開始しないから，相続人は取得した財産を返還しなければならない。相続人から譲り受けた買主も同様である。

　このような遡及効を貫徹すると，これを信じて取引をした者などに不測の損害が生ずるおそれがある。そこで，民法は次のような特別規定を置いた。まず第1に，失踪宣告後その取消し前に善意でした行為に関しては，遡及効を制限して，これの効力は失わないものとされる（32条1項後段）。第2に，失踪宣告によって直接に財産を得た者に関しては，遡及効の制限ではなくて，その返還義務の範囲を特別に制限した（32条2項ただし書）。

　(b)　遡及効の制限　　失踪宣告後その取消し前に善意でした行為については，失踪宣告の取消しはその効力に影響を及ぼさない（32条1項後段）。これによって，失踪宣告を信じて行為した善意者は保護される。これを財産上の行為と身分行為に分けて具体的に考えてみよう。

　　(ｱ)　財産上の行為　　(i)　保護されるのは「失踪宣告後に善意でした行

72

為」である。つまり、「失踪宣告をベースに新たな行為」が「善意」でなされなければならない。

　たとえば、失踪宣告によって失踪者Aの財産を取得した相続人Bとの間で、買主Cが失踪者の生きていることを知らずに（善意）、売買契約を締結した場合がそうである。失踪宣告の取消しは売買契約の効力に影響せず、売買契約は無効とはならない。

　これに対して、失踪宣告そのものによって生じた権利変動は保護されない（32条2項参照）。たとえば、失踪宣告によって開始した相続による相続人の権利取得がそうである（直接取得者）。失踪宣告が取り消されると、相続人は財産を返還しなければならない。同様のことは、受遺者や生命保険金受取人などにも当てはまる。

　また、失踪宣告の前になされた行為も本条の対象とはならない。

　　(ⅱ)　「善意」は契約当事者BCの双方に存在する必要はなく、買主Cが善意であれば足りる（通説）。さらに、これが転売された場合に、転得者Dが悪意のときはどうか。善意者Cは絶対的に権利を取得し、Dは悪意であってもCの権利を有効に取得できるという絶対的構成説（通説）[28]と、善意・悪意は関係当事者ごとに判断されるから、Cが善意であっても、悪意のDは保護されず、これを返還すべきだとする相対的構成説[29]が対立する。悪意のDに返還義務を認めても、通説の危惧するような複雑な法律関係は生じないから、相対的構成説が妥当であろう。

　　(イ)　身分行為　　失踪宣告によって失踪者との婚姻関係が解消し、配偶者が再婚した後で、失踪宣告が取り消された場合の法律関係はどうなるか。この点は、32条1項の適用範囲をどのように理解するかに大きく依存する。同条

---

28) 四宮＝能見・総則93頁。
29) 谷口＝湯浅・注民①484頁、近江・総則91頁以下。これによれば、AはBに対する現存利益の返還請求と、Dに対する目的物の返還請求のいずれかを請求することができる。DがこれをAに返還した場合、Cに対する責任追及は認められず、DはBに不当利得の返還請求をしうるに過ぎない。

は身分行為にも適用されるとする適用肯定説によれば，再婚の両当事者が善意
であったときは，これが保護され，その反面において，前婚は復活しない（通
説）[30]。これに対して，適用否定説では，失踪宣告の取消しによって前婚は当
然に復活し，再婚は善意・悪意を問わず重婚となると解する説[31]と，前婚は復
活せず再婚のみが常に有効とする説[32]がある。配偶者は生死不明を理由に裁判
上の離婚をすることも可能であったこと（770条1項3号），および，再婚に踏み
切った配偶者の意思を尊重すべきことから考えると，最後の見解が妥当である。

　　(c)　返還義務の範囲の特則　　失踪の宣告によって財産を得た者は，その
取消しによって権利を失う（32条2項）。たとえば，失踪宣告（死亡）によって
財産を相続した者は取消しによって権利を失うから，これを返還しなければな
らない。受遺者や生命保険金受取人なども同様である。また，相続人や受遺者
がこれを第三者に売却したときは，その対価を返還しなければならない。

　　この場合の返還義務の範囲は「現に利益を受けている限度」に限られる（32
条2項ただし書）。法文上は善意・悪意を問題としないが，これの適用は善意者
に限るべきであろう。悪意者を不当利得に関する704条の規定を超えて保護す
る必要はないからである。このように善意者に適用を限定するときは，この規
定は703条と内容的に同じであって，格別の意義を有しない。

第8節　同時死亡の推定

 制度の趣旨

　　数人の者が死亡した場合に，誰が先に死亡したかは相続関係に大きな影響を
与えるが，大地震や台風，火災などの場合にはこれの立証が困難なことが多く，
その確定に問題が生じていた。そのため，事実上相続財産を先占した者が優位

---

30)　我妻・講義 I 111頁。
31)　中川善之助編『註釋族法上』123頁（1950年，有斐閣）［谷口知平］。
32)　四宮＝能見・総則94頁。

74

する結果をもたらしていた。

　そこで，この問題を解決するために，同時死亡の推定という制度が1962年（昭和37年）に新たに設けられた。すなわち，数人の者が死亡した場合において，そのうちの一人が他の者の死亡後になお生存していたことが明らかでないときは，これらの者は同時に死亡したものと推定される（32条の2）。

 ## II　要　　件

　推定規定が適用されるのは，数人の者が死亡した場合において，「そのうちの一人が他の者の死亡後になお生存していたことが明らかでないとき」である（32条の2）。

　数人の者の死亡が自動車事故など同一の危難によるか，船舶事故と飛行機事故のように異別の危難によるかは問わない。また，危難である必要はないから，一方の死亡時期が明確であるが，他方の死亡時期が不明確なために，一方の死亡後になお生存していたことを証明できないような場合にも適用される。

 ## III　効　　果

1　推　　定

　このように死亡の先後関係が明らかでない場合には，同時に死亡したものと推定される（32条の2）。「推定」であるから，反対の証明によってこれを覆すことができる。

2　相　　続

　同時に死亡したときは，その者の間では相互に相続は起こらない。たとえば，交通事故で夫Aと子Cが同時に死亡したという推定を受けるときは，Aの遺産をCは相続しないし，Cの遺産をAは相続しない。これを基礎として，配偶者Bや他の子Dなどの相続分が決定される。また，Cの子EはCの代襲相続人としてAの遺産を相続できる（887条2項）。

3　遺贈・生命保険

　遺贈者と受遺者が同時に死亡したときは，遺贈は効力を生じない（994条1

項)。また，生命保険において保険契約者と受取人が同時に死亡したときは，受取人の保険金請求権は発生しない。

法　　人

第1節　序　　説

 は じ め に

　平成18（2006）年6月2日に公布された「一般社団法人及び一般財団法人に関する法律」（以下「一般法人法」という）は，民法の公益法人制度を改め，剰余金の分配を目的としない社団または財団について，その行う事業の公益性の有無にかかわらず，一定の組織を備え登記することにより法人格を取得できる制度を創設し，その設立・機関等について定めた。また，同日に公布された「公益社団法人及び公益財団法人の認定等に関する法律」（以下「公益法人法」という）は，公益法人の設立の許可及びこれに対する監督を主務官庁が行う民法の制度を改め，内閣総理大臣または都道府県知事が，独立した民間有識者の「公益認定等委員会」または「都道府県に置かれる合議制の機関」の意見に基づき，一般社団法人または一般財団法人の「公益性」を認定するとともに，認定を受けた法人の監督を行う制度を定めた。なお，従来の公益法人は，平成20（2008）年の新制度施行日から，「特例社団法人」または「特例財団法人」（総称して「特例民法法人」）と呼んで存続させ，5年間の移行期間内に，公益性の認定申請を行うか，または公益性の認定を受けない「一般社団法人・一般財団法人」への移行の認可の申請を行うものとし，移行期間満了日が過ぎても公益性の認定や移行認可を受けない場合は，移行期間満了日をもって解散したもの

とみなすこととされた。さらに，同日に公布された「一般社団法人及び一般財
団法人に関する法律及び公益社団法人及び公益財団法人の認定等に関する法律
の施行に伴う関係法律の整備等に関する法律」（以下「一般法人整備法」とい
う）は，関係法律についての規定の整備を行い，民法の公益法人の規定も大幅
に削除するほか，平成20（2008）年の新制度施行日から中間法人法を廃止する
とした。そして，有限責任中間法人・無限責任中間法人は，その施行日に一般
社団法人とみなされて存続することになるが，そのうち特例無限責任中間法人
は，1年間の移行期間内に通常の一般社団法人に移行しなければ，解散とされ
た。

 法 人 の 意 義

　法人とは，自然人以外のもので，権利・義務の帰属主体となりうる（権利能
力を有する）ものである。法人は，一定の目的の下に結集した人の組織体とし
ての社団法人と，一定の目的のために提供された財産の集合体としての財団法
人とからなる。こうした制度を利用することにより，自然人の社会的活動は飛
躍的に拡大された。私たちが，会社や，労働組合，マンションの管理組合，司
法書士会，弁護士会などの法人に帰属したり，いろいろな法人と取引したりし
て社会生活を営んでいることを改めて想起するとよいであろう。
　法人制度の機能としては，第一に，権利・義務の帰属者を単一に決定しうる
ことから，団体財産を全構成員の共有とする不便を回避することができる。す
なわち，契約書に全構成員の名前を書いたり，全構成員で訴えたり，全構成員
の名義の登記をすることは，不要となる。第二に，法人の財産と構成員の財産
が遮断されることから，法人の債権者は構成員の財産を差し押さえることがで
きないし，構成員の債権者は法人の財産を差し押さえることができなくなる。
その意味で，法人制度は，有限責任制度を確立する法技術でもある。

 法 人 の 本 質

　自然人以外の法人に何故に権利能力を与えるのか，法人はいかなる社会的実

体を有するものであるのかという法人論に関し，多くの学者によって従来論争がなされてきた。以下の説が主要な説として唱えられてきた。

1 法人擬制説

権利・義務の主体は自然人に限られ，法人は権利・義務の主体に本来なりえないが，法人は国家によって法律上自然人に擬制されて権利・義務の主体とされたものであるとする。サヴィニーによって主張された説で，団体結成の自由が原則として禁じられ，例外的に法人が認められる場合でも君主の特許を必要とした時代の産物である。

2 法人否認説

法人擬制説の一種であるが，法人の実体は自然人または財産にすぎないと主張する説の総称である（法人格の否定を力説しすぎたため法人否認説と呼ばれた）。法人擬制説は法人の外被（形式）を問題にしたにすぎないが，法人否認説は，法人の実体（内容）を解明することに力点があり法人理論を一歩前進させたものと評価されている。以下の説がある。

(1) 享益者主体説によれば，法人の実質上の主体は社団・財団を通じて現実に利益を享受する受益者であるとする（イェーリング）。

(2) 無主財産説（目的財産説）によれば，法人の実体は一定の目的に捧げられた無主体の財産にすぎないとする（ブリンツ）。

(3) 管理者主体説によれば，法人の実体は法人財産の管理者であるとする（ヘョルダー，ビンダー）。

3 法人実在説

法人は，法律によって擬制されたものではなく，実質的に法的主体たりうる実体を有する一つの社会的実在であると主張する説の総称である。この説が通説であるとされる。以下の説がある。

(1) 有機体説によれば，自然人が自己の意思と行為を有する自然的有機体であるように，法人も団体の意思と行為を有する社会的有機体であり「固有の生命」を有するとする（ギールケ）。この立場は，このような社会的実体をもっているからこそ，団体は法人格が認められると力説するが，社会的有機体も一

個の擬制であろう。

　(2)　組織体説によれば，法人は，権利主体たりうる法律上の組織体であるとする。すなわち，法人は，社会で一定の利益を持ち，それを実現するための機構を備えている集団が，法秩序の価値づけにおいて法的組織体であると評価されたものである（サレイユ，ミシュー）。この立場は，有機体説のごとく有機体的意思の存在を必要としないが，法律が団体に何故に権利の主体としての地位を認めるのかという有機体説の問題設定に対しては解答を与えておらず，単に準則主義を言葉を代えて言ったに過ぎないともいえよう。

　(3)　社会的作用説によれば，法人は，「個人以外に，これと同様に，一個独立の社会的作用を担当することによって，権利能力の主体たるに適する社会的価値を有するもの」である[1]。

4　法人学説に対する評価

　これらの法人学説は，同じ平面上の議論でなく，歴史的にそれぞれの時代の法政策・価値判断を反映したものであり，現在では実益に乏しい議論であるとの指摘もなされている[2]。しかし，法人を成り立たせるところの技術的契機（法人は自然人でない存在を権利義務の統一的な帰属点たらしめる技術であること）・実体的契機（社会的・経済的観点からみて取引の主体となるのに適した実体が存在しなければならないこと）・価値的契機（政策的見地から価値判断を加え，その社会の歴史的・社会的事情のもとで取引の主体となるに値すると判断したものに限って法人格を付与すること）という観点でみたとき，法人擬制説は技術的契機を，法人否認説と有機体説は実体的契機を，組織体説は実体的契機と価値的契機を重視するものと評価できるとされる[3]。結局，法人のもつ技術的契機・実体的契機・価値的契機を結合させる理論が必要であるといえよう。本書では，法人の行為能力・不法行為能力や理事個人の責任をめぐり，法人擬制説と法人実在説とで説明を異にしていることから，それぞれの見地に立った解釈もあわ

---

1 ）我妻・講義 I 126頁，なお，我妻博士が参考にした学者として，コーラー，デュギー。
2 ）星野・総則121頁，四宮＝能見・総則100頁，内田 I ・217頁など。
3 ）四宮＝能見・総則100頁。

せて論じることとする。

<h1 style="text-align:center">第2節　法人の種類</h1>

　社団法人と財団法人

　社団法人は，一定の目的の下に結集した人の組織体であり，構成員が必要である。社団法人の構成員は団体の一員であるから当然団体の法的拘束を受けるが，そのことによって構成員自身の人格が否定されるわけではなく，また，社団法人自体も外部の取引関係において構成員を包摂した統一体としての独立の法人格者として現れ，社団法人内部の構成員に対する関係でも独立の法人格者として現れる。そして，構成員の意思を総合して団体意思を構成し，これに基づいて自律的活動を行い（自律的法人），団体が自主的に活動する意思の組織として社員総会が存在する。これに対し，財団法人は，一定の目的のために提供された財産の集合体であり，構成員は不要である。そして，設立者の意思によって与えられた一定の目的と組織の下に他律的活動を行い（他律的法人），社員総会は存在しない。

　もっとも，実際上は，団体の色彩が濃いのに財団法人になっていたり，財産の集合体の色彩が濃いのに社団法人になっていたりするものもある。また，団体的要素と財団的要素とを備えている中間的形態の法人は法律上認められないので，法人格を得るためには社団法人か財団法人かのいずれかの組織として設立しなければならず，往々にして実体に適しない法人形式をとるものも少なくないとされる。そして，社団法人といえども財産を保有するのが一般であり，財団法人といえどもその財産を運用する人（構成員ではない）がいるのであるから，社会的実体として両者がそれほど異なるわけではない。日本ホッケー協会や将棋の日本将棋連盟は社団法人であるが，日本サッカー協会や囲碁の日本棋院は財団法人になっていることからも，こうしたことがうかがわれよう。なお，社団法人には非営利法人と営利法人とがあるが，財団法人は非営利法人し

か認められていない。

 財団法人と公益信託

　財団法人は，法人という特別の権利主体をつくって財産の管理・運営を行う
のに対し，信託は，英米で発達した制度で，信託者が目的財産（信託財産）の
管理・所有を受託者に移転し，受託者は受益者の利益のために，財産管理の義
務を負うとする制度である。わが国では，当初大陸法系にならって財団法人制
度を移植したためか，その後信託法（大正11［1922］年）で公益信託が導入さ
れたものの（平成18法108改正前信託66条以下），公益活動に関し専ら公益財団法人
が利用され，公益信託の利用は概して低調である（公益信託の平成31年3月現在
の受託件数は438件，信託財産残高は571億円で，信託目的別件数の上位は，奨学金
支給，自然科学研究助成，教育振興であり，時系列でみると，累計設置件数は平成
15年の572件，累計残高は平成13年の736億9000万円をピークに減少傾向にある）。な
お，公益信託は，公益法人制度の改革を踏まえて本格的に検討する必要がある
ことから，平成18（2006）年の信託法改正（2007年9月30日に施行）では次の改
正の課題とすることとし，平成18（2006）年改正前信託法の公益信託に関する
規定を「公益信託ニ関スル法律」と改め存続してきたが，法制審議会信託法部
会で「公益信託法の見直しに関する要綱案」が決定され，国会に法案が提出さ
れている。

 公益法人・営利法人・中間法人

1　公　益　法　人

　公益法人は，学術，技芸，慈善その他の公益に関する種類の事業であって，
不特定かつ多数の者の利益の増進に寄与する事業（公益法人法2条4号）を実施
する社団法人または財団法人である。公益法人は，従来，民法により設立され
てきたが，平成20年施行の公益法人法により認定されることになり，内閣総理
大臣または都道府県知事により公益認定を受けた一般社団法人・一般財団法人
が公益法人とされることになった。公益目的事業としては，(a)学術，科学技術

の振興，(b)文化，芸術の振興，(c)障害者，生活困窮者，事故・災害・犯罪による被害者の支援，(d)高齢者の福祉の増進，(e)勤労意欲のある者に対する就労支援，(f)公衆衛生の向上，(g)児童・青少年の健全育成，(h)勤労者の福祉の向上，(i)教育・スポーツ等による国民の心身の健全な発達，豊かな人間性の涵養，(j)犯罪防止，治安維持，(k)事故・災害の防止，(l)人種・性別等による不当な差別，偏見の防止・根絶，(m)思想・良心の自由，信教の自由，表現の自由の尊重・擁護，(n)男女共同参画社会の形成等のより良い社会の形成の推進，(o)国際相互理解の促進・開発途上にある海外地域に対する経済協力，(p)地球環境の保全，自然環境の保護・整備，(q)国土の利用・整備・保全，(r)国政の健全な運営確保，(s)地域社会の健全な発展，(t)公正・自由な経済活動の機会の確保・促進，その活性化による国民生活の安定向上，(u)国民生活に不可欠な物資，エネルギー等の安定供給の確保，(v)一般消費者の利益の擁護・増進，(w)前記事業のほか政令で定めるもの（公益法人法別表）があげられている。

これ以外に特別法により設立されるものとして，宗教法人（宗教法人法），学校法人（私立学校法），社会福祉法人（社会福祉事業法）がある。

また，市民のボランティア活動をはじめとする自由な社会貢献活動を促進させようとして，平成10（1998）年12月1日に特定非営利活動促進法（NPO法）が施行され，NPO（非営利組織）やNGO（非政府組織）と呼ばれる市民団体に法人化への途が開かれた。特定非営利活動法人は，①保健，医療または福祉の増進，②社会教育の推進，③まちづくりの推進，④観光の振興，⑤農山漁村または中山間地域の振興，⑥学術，文化，芸術またはスポーツの振興，⑦環境の保全，⑧災害救援，⑨地域安全，⑩人権の擁護または平和の推進，⑪国際協力，⑫男女共同参画社会の形成の促進，⑬子どもの健全育成，⑭情報化社会の発展，⑮科学技術の振興，⑯経済活動の活性化，⑰職業能力の開発または雇用機会の拡充の支援，⑱消費者の保護，⑲以上の活動を行う団体の運営または活動に関する連絡，助言，援助，⑳以上の活動に準ずる活動として都道府県または指定都市の条例で定める活動を行うことを目的とするものであり，都道府県知事または指定都市の長の設立の認証を経て登記することにより成立する（非営利活

動2条別表・9条・10条・13条）。そして，特定非営利活動法人は，営利を目的とせず，また，宗教の布教，政治上の主義の推進・支持・反対を主たる目的とせず，さらに，特定の公職候補者・公職にある者・政党への推薦・支持・反対を目的としない団体でなければならない（非営利活動2条2項）。また，10人以上の社員が必要とされ，3人以上の理事及び1人以上の監事を置かなければならないとされる（非営利活動12条1項4号・15条）。

2 営 利 法 人

営利法人は，営利を目的とする法人，すなわち，構成員に利益を分配することを目的とする法人である。構成員の利益追求を目的とするものであるから，営利法人は社団法人に限られる。営利法人である会社には，株式会社，持分会社（合名会社・合資会社・合同会社）がある（会社2条1号）。なお，平成17（2005）年に成立した会社法においては，社員の剰余金配当請求権か残余財産分配請求権のいずれか一方が確保されていることを営利性ととらえている点は（会社105条2項），注意を要する。

3 中 間 法 人

営利も公益も目的としない団体，すなわち同業者や同一の社会的地位にある者の間の相互扶助ないし共通利益の増進を目的とする団体は，公益法人や営利法人になることはできず，従来個別の特別法によって法人とされてきた。労働組合，農業協同組合，消費生活協同組合，中小企業等協同組合，自治会（地縁による団体），政党などはこうした例にあたる（労組11条，農協5条，生協4条，中協4条，自治260条の2，政党法人格4条）。しかし，こうした個別の特別法がないと法人格を取得できず権利能力なき社団として活動せざるを得ないことから，こうした団体にも法人化の途を開く立法が求められた。

平成14（2002）年から施行された中間法人法は，こうした長年の懸案を解決すべく成立した法律といえる。中間法人は，社員に共通する利益を図ることを目的とし，かつ，剰余金を社員に分配することを目的としない社団であって，この法律により設立されたものをいうが，準則主義を採用し，法律の定める組織を備え登記をすれば法人格を取得することができた。中間法人には，社員が

債権者に責任を負わない有限責任中間法人（そのため最低300万円の基金制度がある）と，社員が債権者に責任を負う無限責任中間法人とがあった。

　平成20（2008）年に施行された一般法人法は，剰余金の分配を目的としない社団または財団について，その行う事業の公益性の有無にかかわらず，準則主義により法人格を取得できる非営利法人制度として，一般社団法人（設立時の財産保有規制なし）と一般財団法人（300万円以上の財産の拠出が必要）とを設け，中間法人法は一般法人整備法により廃止されることとなった。そして，有限責任中間法人・無限責任中間法人は一般社団法人とみなされて存続するが，そのうち特例無限責任中間法人は，１年間の移行期間内に通常の一般社団法人に移行しなければ解散とされた。

 公法人と私法人

　公法に準拠して成立し国家的・公共的事業を行う法人（国・地方公共団体・公団・公庫・事業団・土地改良区・健康保険組合など）が公法人であり，私法に準拠して成立し私人の自由な意思決定による事務遂行を行う法人（会社・私立学校など）が私法人である。

　かつては，以下の点で区別の実益があったとされる。すなわち，①当該法人の事件の裁判所の管轄が行政裁判所に属するか司法裁判所に属するか，②法人の不法行為に関し損害賠償責任を負わないのか否か，③法人の構成員に対する会費その他の請求権の執行が，税法の認める強制徴収の方法によるのか，民事執行法上の強制執行によるのか，④刑法上，瀆職罪が成立するか否か，公文書偽造罪が成立するか私文書偽造罪が成立するかなどである。

　しかし，①については，新憲法のもとでは，行政裁判所は司法裁判所に吸収されているし，②については，国家賠償法のもとで，国及び地方公共団体といえどもその公務員の不法行為については損害賠償責任を負わされていて，私法的原理が公法人にも貫徹されている。また，③④についても，具体的法律関係や個々の法人の性質に応じて適用法規を検討するのが適当であるといえる。

　公法と私法の区別が相対化したため，公法人と私法人の厳格な区別は困難で

あるし，中間領域にある社会法人とでもいうべきもの（社会福祉法人・労働組合）が出現していることに鑑み，両者の区別は適当でないといえる。むしろ，公法人的色彩の濃淡をいうにとどめ，それぞれの法律関係についてその取り扱いを検討するのが適当といえよう[4]。

Ⅴ　権利能力のない社団・財団，組合

1　権利能力のない社団

(1)　意義　権利能力のない社団とは，「団体であって，その実体が社団であるにも拘わらず法人格をもたないもの」をいう[5]。こうした団体が生まれる理由としては，①非公益・非営利の団体は平成14（2002）年施行の中間法人法が制定されるまで特別法がない限り法人格を取得できなかったこと，②法人格をとるのが面倒である，行政の監督を受けたくない，少人数で法人格の規制に適する規模の団体ではないなどから，法人格を取得できるのに法人格を取得しようとしないこと，③法律の要件を充足できないため法人格を取得できないこと，④法人設立の手続中の団体であることがあげられる。

　確かに，従来は権利能力のない社団として存在していた団体が，近時，立法により法人格を具備できるようになったことから，多くの団体は一応は法人格の取得の途が開かれたといえる。たとえば，政党（政党法人格4条），「地縁による団体」として市町村長の認可を受けた町または字の区域その他市町村内の一定の区域に住所を有する者の地縁に基づいて形成された団体いわゆる自治会（自治260条の2），NPOをはじめとする特定非営利活動を行う特定非営利活動法人（非営利活動2条），剰余金を社員に分配することを目的としない一般社団法人（一般法人3条），弁護士法人（弁護30条の2）・司法書士法人（司書26条）などがある。しかし，法律で特別に強制されていない限り法人格の取得は義務ではないので，団体が法人でなく権利能力のない社団として活動する自由は認めざ

4）我妻・講義Ⅰ143頁以下ほか通説。

5）我妻・講義Ⅰ132頁。

86

るを得ない。したがって，権利能力のない社団がなくなるということはなく，その理論的解明の重要性は依然として残されているといえる。

　かつては，ドイツ民法54条が権利能力のない社団に組合の規定を準用していることから，我が国においても社団法人でないものに組合の規定を適用すべきとの説が主張された。しかし，研究が進むにつれ，組合でなく権利能力のない社団として特別の取扱いをすべきとの説が主張されるようになった。そして，社団法人の規定の中には，社団たることに基づく規定と法人たることに基づく規定とがあるが，前者の規定については権利能力のない社団に適用されるとの説が主張され[6]，その後，権利能力のない社団は可能な限り法人と同様に扱いその規定を類推適用すべきとの説（法人格を取得しようにも取得の途がなかった中間的団体を意識した議論）が有力になった[7]。現在は，中間的団体にも一般法人法の制定により法人格取得は格段に容易になっているが，法人格の取得を選択しない団体活動も認めるべきであり，権利能力のない社団の理論の適用を厳格に限定すべきではないといえる[8]。

　(2)　成立要件　　判例は，権利能力のない社団の成立要件として，①団体としての組織を備えていること，②多数決の原則が行われていること，③構成員の変更にかかわらず団体自体が存続していること，④代表の方法・総会の運営・財産の管理その他団体としての主要な点が確定していることという点をあげる[9]。法人格を取得せずにこの要件が具備されていれば，同窓会・PTA・学生自治会・学会・クラブ・互助会・サークルなどは，権利能力のない社団にあたるといえる。判例で認められたものとして，市の特定地域に居住する住民の福祉のため各般の事業を営むことを目的として結成された任意団体たる区[10]，

6）我妻・講義 I 133頁。
7）星野・総則151頁，四宮・総則84頁。
8）四宮＝能見・総則170頁以下。
9）最判昭39・10・15民集18・8・1671。
10）最判昭42・10・19民集21・8・2078。

門中と称する沖縄の血縁団体[11]，入会団体[12]，ゴルフクラブ[13]などがある。

(3) 財産の帰属形態　権利能力のない社団の財産は，誰にどのように帰属するかが問題となる。

判例は，構成員の共同所有の一種である総有と解している[14]。判例のいう「総有」は，ドイツ法制史上の「総有」の概念とは異なり，①権利能力のない社団は法人でないから権利の主体たる地位を占めることができず，実質上はともかく法律上は構成員全員で所有すると構成せざるを得ないこと，②全員の共同所有だと構成しても各自が持分をもつと解することは実情にあわないので，共有・合有ではなく総有と考えるほかないこととして，消去法により総有説が採用されたと解される[15]。

学説には，総有説以外に，合有説，社団自体に帰属するとする単独所有説（その根拠として，民事訴訟法29条をもちだすものと，社団そのものの「主体性」＝「単一性」を掲げるものとがある），法人格を欠くので形式的には会長ないし会計主任等に信託的関係として帰属するとする信託説，種々の利益を比較衡量して各種の団体につき各個の効果を考えれば足り財産の帰属形態を云々する必要はないとする利益衡量説が有力に主張されている。

(4) 不動産の登記方法　権利能力のない社団の財産である不動産の登記方法が問題となる。

判例は，代表者の個人名義で登記するか，社団構成員全員の共有名義で登記するほかないとする説（代表者個人名義説）に立っている[16]。その理由としては，①不動産登記法18条，不動産登記令3条1号・2号が権利能力のない社団に登記能力を認めていないこと，②登記官が登記申請の受理につき形式的審査権を有するにとどまり実質的審査権を有しないから，実体にそわない虚無の登

---

11) 最判昭55・2・8民集34・2・138。
12) 最判平6・5・31民集48・4・1065。
13) 最判平12・10・20判時1730・26。
14) 最判昭32・11・14民集11・12・1943。
15) 遠藤浩「権利能力なき社団」『演習民法《財産法》』19頁。
16) 最判昭47・6・2民集26・5・957，登記実務。

記を生ずる危険（強制執行や滞納処分を免れるため財産隠匿の手段として権利能力なき社団を僭称する）があることがあげられる。なお，規約等に定められた手続により代表者でない構成員を登記名義人にすることも可能としている[17]。

　しかし，代表者個人名義説では実体と登記の不一致が存続し，権利能力のない社団または不動産取引の相手方に不利益を与えるという弊害が生じるので，学説からは反対が強い。学説には，①権利能力のない社団の名義で登記することを認めるべきとする社団名義説，②社団名義の登記は認められないが，法人に準じて社団の名称と事務所とを記載するとともに，権利能力のない社団の財産であることを示すため代表者の肩書・氏名を併記する方法を認めるべきとする準社団名義説，③社団代表者であることを示す肩書付きでの代表者個人名義の登記を認めるべきとする代表者肩書説があるが，通説は，不動産登記制度上社団名義が許されないなら，社団公示の最低の登記方法として，代表者肩書説を採用すべきと主張している。

　なお，銀行預金については，肩書付きの代表者名義が認められている。

　(5)　権利能力のない社団が有する不動産に対する強制執行　権利能力のない社団を債務者とする金銭債権を表示した債務名義を有する債権者が，構成員の総有不動産に対して強制執行をしようとする場合において，前記不動産につき当該社団のために第三者がその登記名義人とされているときは，債権者は，強制執行の申出書に，当該社団を債務者とする執行文の付された債務名義の正本のほか，不動産が当該社団の構成員全員の総有に属することを確認する旨の債権者と当該社団及び登記名義人との間の確定判決その他これに準ずる文書を添付して，当該社団を債務者とする強制執行の申立てをすべきであると解されている[18]。なお，債権者が社団不動産に対して仮差押えをする場合には，強制執行の場合と異なり，添付書面は，対象不動産が当該社団の構成員全員の総有に属する事実を証明するものであれば足り，必ずしも確定判決等であることを

17）最判平6・5・31民集48・4・1065。
18）最判平22・6・29民集64・4・1235。

要しないと解されている[19]。

(6)　権利能力のない社団の財産を代表者の個人財産と信頼した第三者　　判例・登記実務が，権利能力のない社団の不動産の登記方法として代表者個人名義説を採用することから，たとえば，権利能力のない社団Aの代表者がBである場合に，B個人の債権者Cが代表者個人名義に登記されている不動産甲を差し押さえたとき，権利能力のない社団AはCに対し第三者異議の訴え（民執38条）を提起しうるか，あるいは，社団不動産乙を代表者Bが個人名義に登記されているのを奇貨として自己の財産と称し第三者Dに譲渡したとき，Dはその不動産を取得しうるかが問題となる。

この点に関し，通説は，①唯一の可能な方法の登記をした権利能力のない社団を第三者に対する関係で保護するのでなければ，権利能力のない社団としての活動は保障され得ないこと，②代表者個人名義説が登記実務である以上，真正な登記をすることができたのにあえて個人名義の登記をしていた場合にはあたらず，虚偽の外観作出に対する帰責性が存在しないから，94条2項を類推適用し得ないこと，③代表者に不動産の所有権を移転せしめて一定の目的に従い財産の管理または処分をなさしむる信託関係（信託2条1項・3条）は存在しないから，信託法27条を類推適用し得ないことを理由に，権利能力のない社団Aは，Cに対し第三者異議の訴えを提起でき，また，Dに対し不動産の引渡請求をすることができるとしている。判例も，通説と同様の見解に立つものがある[20]。

しかし，平成14（2002）年に中間法人法が，平成20（2008）年に一般法人法が施行されたことから，近時，社団が所有する不動産を安全に管理したければ法人格を取得してその名義の登記にすることもあるという状況下で，第三者の利益を犠牲にして権利能力なき社団を保護するのは不当であるとして，こうした通説を批判する見解もある[21]。とりわけ，一般法人法の施行に伴い，その行

19）最決平23・2・9民集65・2・665。
20）大津地判昭47・10・16判時696・220，東京地判昭59・1・19判時1125・129。
21）たとえば，能見善久「法人の法的意義の再検討」NBL767号52頁以下。

う事業の公益性の有無にかかわらず，非営利法人は一定の組織を備え登記すること（準則主義）により法人格を取得できることになり，中間法人法の下では有限責任中間法人を設立するためには最低300万円の基金を保有する制約があったが（中間法人12条），一般法人法の下における一般社団法人においては設立時の財産保有規制は存在せず，非営利法人の法人格取得が一層容易になった状況下においては，第三者の利益を犠牲にするのは許されないと考える。このケースに関し，旧信託法31条（現信託法27条）を類推適用して善意無重過失の第三者を保護する見解や[22]，94条を用いて善意（無過失）の第三者を保護する見解が有力に主張されている[23]。不動産を代表者のB名義にしたところ，Bの債権者Cが差し押さえた場合には，権利能力のない社団Aの帰責性を認めることはできないから，AはCに第三者異議の訴えを提起できると考えるが，Bが自己の不動産と称してDに売買した場合には，背任行為を行う代表者を選んだ点でAの帰責性を肯定できる（登記名義を，数人の共有名義にしたり，法人名義にすることで防止することも可能であった）から，94条2項と110条を類推適用して善意無過失のDを保護すべきと考える[24]。

　(7)　構成員の責任　　権利能力のない社団の代表者が社団の名においてした取引上の債務に関し，社団の構成員は取引の相手方に対し直接個人的債務ないし責任を負うかが問題となる。

　判例・通説は，権利能力のない社団の債務が社団の構成員全員に一個の義務として総有的に帰属し，社団の総有財産だけがその責任財産となり，構成員各自は取引の相手方に対し直接個人的債務ないし責任を負わないとしている[25]。これに対し，近時の学説は，利益配当や脱退に際しての持分の払戻しが認めら

---

22) 東京地判昭35・4・21法曹新聞152・18，加藤一郎「実体法と手続法」民研50号25頁。
23) 内田I・236頁，94条2項・110条を類推適用する見解として鎌田薫・判時1212号194頁以下，94条2項の精神を類推して善意無重過失の第三者を保護する見解として遠藤・前掲注15）21頁。
24) 鎌田・前掲注23），山田「権利能力なき社団の不動産を代表者の個人財産と信頼した第三者の保護」新報113巻9＝10号1頁以下。
25) 最判昭48・10・9民集27・9・1129，我妻・講義I134頁。

れる営利団体の場合には，構成員の無限責任を認めるべきとする説が有力に主
張されている[26)]。また，構成員が有限責任しか負わない場合に，社団の取引相
手を保護するため，法律行為をした代表者に，社団債務について責任を負わせ
るべきと主張する説もある[27)]。

(8)　取引行為及び不法行為責任　　取引行為により社団として享有しうる権
利の範囲，なしうる行為の範囲については，34条が類推適用され，代表機関の
代表行為の要件・効果とその行為の形式については，99条が類推適用され，代
表機関の不法行為による社団の損害賠償責任については，一般法人法78条，会
社法350条・600条が類推適用される。法人の不法行為責任の場合に理事個人の
責任が認められるのと同様に，社団の不法行為に関し代表者も不法行為責任を
負うと解してよい。また，社団の不法行為責任に関し，近時の有力説は，構成
員が利益配当を受ける営利団体の場合には構成員も無限責任を負うべきと解し
ている[28)]。

(9)　訴訟上の当事者能力　　権利能力のない社団で代表者の定めがあるもの
は，訴訟上の当事者能力を有する（民訴29条）。なお，登記請求訴訟に関しては，
判例・登記実務は不動産の登記方法に関し代表者個人名義説に立つので，代表
者が原告となって登記請求訴訟を起こすか，権利能力のない社団が原告となっ
て代表者の個人名義に登記することを求める訴訟を起こすことができる[29)]。

(10)　内部関係　　社団の内部関係については，社団法人の規定が類推適用さ
れる（通説）。

2　権利能力のない財団

寄附者・管理者の個人財産から分離独立している一定の目的に寄附された基

---

26)　星野・総則154頁，四宮＝能見・総則175頁。なお，公益目的，営利目的を問うことなく，
　　取引の安全の見地から構成員の無限責任を肯定する見解もある（加藤雅・総則151頁）。
27)　保証責任とするものとして，四宮＝能見・総則175頁，担保責任とするものとして，森
　　泉章・民法入門民法総則111頁，近江・総則125頁，なお，構成員の無限責任と代表者の担
　　保責任の双方の追及が可能とするものとして，加藤雅・総則151頁。
28)　四宮＝能見・総則176頁。
29)　前掲注16）最判昭47・6・2，最判平26・2・27民集68・2・192。

本財産を有し，かつ，その運営のための財団としての組織を有しているにもかかわらず，法人格を取得していないものを権利能力のない財団という[30]。権利能力のない財団の権利・義務の帰属に関しては，構成員が存在しないため財団自体に帰属すると解されている[31]。また，判例は財団のみの責任を認め代表者の個人責任を否定しているが[32]，近時の有力説はこれに反対し代表者の責任を認めるべきと主張している[33]。

3 組　　合

　組合員相互間の組合契約（667条）によって結成される団体に組合がある。団体という点では社団に似ているが，組合は構成員の個性が相対的に強く認められしかも構成員間の契約に基づいた人的結合体であるのに対し，社団は社会関係において単一体として存在し構成員が団体の内部に埋没した人的結合体である。従って，組合が第三者と法律行為を行う場合，組合員全員が共同で行うか，もしくは組合員を代理する代理権を有する者が組合員を代理して行い（670条の2），法律効果も組合員全員に帰属する。また，組合財産は組合が法人格を有しないから組合員の共同所有（合有）となり，組合の債権・債務も組合員に合有的に帰属するが，組合の債務については組合員も併存的に責任を負うとされる（675条）。

　なお，平成17年8月1日に有限責任事業組合契約に関する法律が施行され，共同で営利を目的とする事業を営む組合契約で，組合員の責任を出資の価格の限度とする有限責任事業組合（LLP）が認められるに至っている。企業同士のジョイント・ベンチャーや専門人材の共同事業を振興し創業を促進する効果が期待される。

30）最判昭44・6・26民集23・7・1175，最判昭44・11・4民集23・11・1951。
31）前掲注30）最判昭44・6・26。
32）前掲注30）最判昭44・11・4。
33）四宮＝能見・総則178頁〈信託に準じた保証責任〉，近江・総則125頁および加藤雅・総則154頁〈担保責任〉。

法人格否認の法理

　法律の規定や契約上の義務を回避するためまたは債権者を害するために法人形式を濫用した場合（法人格の濫用），あるいは，法人形式の利用者と法人とが実質的・経済的に同一とみられる場合（法人格の形骸化），問題となっている法律関係に限って法人格を否認して，その背後にある社会的実体に基づいて法的に取り扱う法理を法人格否認の法理という。この法理は，明文規定はないものの，１条３項の権利濫用の禁止，正義・公平の理念などを根拠として，判例・学説により承認されている。判例でこの法理を用いた場合としては，①居室の明渡し・延滞賃料などの債務を負った会社が，賃貸人の履行請求の手続きを誤らせ時間と費用を浪費させる手段として，新会社を設立して法人格を濫用した場合に，新会社の法人格を否認した判例や[34]，②株式会社の形式をとっているが実質的には個人企業に等しい会社が賃借している店舗に関し，家主と代表取締役個人との間で合意解除の和解が成立し，これに基づいて家主が会社に明渡請求を行った場合に，和解の効力は形骸化している会社に及ぶとした判例がある[35]。

第3節　法人の設立

 意　　義

　絶対君主制時代にあっては，団体形成の自由がなく，団体の設立は国家によって認められたので，団体を設立するには絶対君主の特許が必要であった。この特許があって初めて，当該団体の形成が許され法人格を取得した。まさに団体の設立に関して特許主義の時代であった。ところが，近代国家になると，各

34）最判昭48・10・26民集27・9・1240。

35）最判昭44・2・27民集23・2・511。

国が基本的人権と所有権の自由を憲法で保障し，団体形成の自由，財団設立の自由を認めるに及んで，もはや団体，財団に法人格を付与する君主の特権（特許）は否定されるに至る。団体の形成や財団の設立が一般に承認されるようになると，この問題は専ら取引関係や社会一般の利益になるか否かという観点から判断されるようになった。

 Ⅱ 法人設立の諸主義

法人は民法その他の法律の規定によってのみ設立することができる（33条1項）。これを法人法定主義という。法人を認める基準としては，以下の諸主義がある。

1 特許主義

法人を設立するために特別の法律の制定を必要とする主義である。こうした例に，日本銀行・日本放送協会・日本政策金融公庫などがあり，特殊法人と呼ばれることもある。

2 許可主義

法人の設立を許可するか否かを主務官庁の自由裁量に委ねる主義である。平成18年改正前の公益法人がこれに属していた（旧民法34条）。また，特別法によって設立される医療法人・社会福祉法人・学校法人は，認可主義に属している。

3 認可主義

法人の設立にあたっては，法律の定める要件を備え主務官庁等の認可を受けることが必要であるとする主義である。主務官庁等に裁量権がなく，認可の要件が充足されているのに認可を与えなかった場合には，違法となる。消費生活協同組合（生協57条〜59条の2），農業協同組合（農協59条〜61条），医療法人（医療44条・45条），社会福祉法人（社福31条・32条），学校法人（私学30条・31条）などがこれに属する。

4 認証主義

法人の設立に際し所轄庁の認証（確認行為）を要するとする主義である。「規則の認証」を必要とする宗教法人（宗法12条〜14条）や，「設立の認証」を

必要とする特定非営利活動法人いわゆる NPO 法人（非営利活動10条・12条）がこれに属する。前者は憲法で保障された信教の自由の尊重の見地から，後者は市民活動への国家の過度の干渉を抑止するという政策的見地から，認証主義が採用されている。

5 準 則 主 義

法律の定める一定の組織を備え，一定の手続きにより登記したときに，法人の設立が認められる主義である。要件の充足は法人登記に際し審査（形式審査）されるが，所轄庁が関与することはなく認証主義より自由度は大きい。一般社団法人・一般財団法人（一般法人法3条・22条・163条），会社（会社3条・49条・579条），労働組合（労組11条），弁護士会（弁護31条2項・34条・50条），弁護士法人（弁護30条の9）などがこれに属する。

6 自由設立主義

社団または財団が社会に成立すれば法人の設立を認める主義である。こうした主義を採用する立法例もあるが（ス民52条2項・60条），我が国では採用していない。

7 強 制 主 義

団体が国家・社会にとり重大な利害関係がある場合，国家が法人の設立または法人への加入を強制する主義である。弁護士会（弁護32条・36条・36条の2・45条・47条），司法書士会（司書52条・57条・58条・62条），税理士会（税理士49条・49条の6・49条の13），健康保険組合（健保14条・17条）などがこれに属する。

8 当 然 主 義

法律上当然に法人とされる主義である。地方公共団体（自治2条1項），相続人不存在の場合の相続財産（951条）などがこれに属する。

第**4**節　法人の能力

　Ⅰ　序　　説

　法人の能力の問題として，①法人はいかなる範囲の権利・義務をもつことができるか（権利能力），②法人はいかなる種類の行為を行うことができるか，また，何人がいかなる形式でいかなる行為をしたときに法人の行為となるか（行為能力），③法人は何人のいかなる不法行為について損害賠償責任を負担するか（不法行為能力）という点が問題となる。これらに関する規定として，34条，一般法人法78条・197条がある。

　ところで，法人の能力の問題は，法人全般にわたって問題となる。34条は，法人一般に適用される根本理論であることから通則的規定として民法におかれている。また，一般法人法78条も，法人一般に通用する理論であることから，労働組合（労組12条の6），学校法人（私学29条），社会福祉法人（社福45条の17第3項），医療法人（医療46条の6の4），税理士会（税理士49条の20），司法書士会（司書52条4項），独立行政法人（独行法11条），政党（政党法人格8条），特定非営利活動法人いわゆるNPO法人（非営利活動8条）などで準用されている。また，一般法人法78条と同旨の規定を置くものもある（会社350条・600条）。そこで，法人全般にわたって問題となりうる34条と一般法人法78条について，ここで考察することとする。

Ⅱ　法人の権利能力

1　法人の性質に基づく制限

　法人は，その性質上享有することができない権利がある。法人は，自然人と異なり，生命・肉体を有せず性による区別もないことから，性・年齢・親族関係に関する権利・義務（たとえば，親権，婚姻・養子縁組・扶養の権利・義務）などは法人に帰属させることができない。しかし，法人といえども，氏名権，名

誉権などの人格権を保有することはできる。判例に，法人の名誉が侵害され金銭評価の可能な無形の損害を被ったと認められるときは，その損害賠償を請求できるとしたものがある[36]。

2 法令による制限

法人の権利能力は法律の規定により認められるのであるから，その権利能力の範囲についても法令によって制限される。「法人は，法令の規定に従い，……権利を有し，義務を負う」(34条) のである。たとえば，法人は他の一般法人の役員（理事・監事）や評議員になることはできないし（一般法人65条1項1号・173条1項・177条)，法人は株式会社の取締役・監査役・執行役・清算人になることはできないとされる（会社331条1項1号・335条1項・402条4項・478条8項)。また，清算中の法人および破産手続開始の決定を受けた法人は，清算・破産の目的の範囲内で権利を有し，義務を負う（会社476条・645条，一般法人207条，破35条)。

3 法人の目的による制限

この制限に関し，学説上争いがある。34条の「目的の範囲」は法人の何を制限し，「目的の範囲」外の行為の効力はどうなるかが問題となる。

第一説は，権利能力・行為能力制限説[37]で，定款に定められた目的により法人は権利能力・行為能力の制限を受けるとする。その根拠としては，①34条が法人は定款その他の基本約款で定められた「目的の範囲内において，権利を有し，義務を負う」としていること，②法人はある目的のために組織され活動し社会的作用を営むものであるから，その権利能力・行為能力もその範囲に制限されること，③「目的の範囲」外の行為により法人の財政的基礎を損なうことを防止し，法人が本来の目的のために財産を使用するように図る（公益法人の場合には公益目的の実現を図り，営利法人・中間法人の場合には構成員の利益を図る）ことがあげられる。判例も法人の権利能力が法人の目的により制限される

---

36) 最判昭39・1・28民集18・1・136。
37) 我妻・講義I155頁以下ほか通説。

ことを肯定している[38]。この立場に立つと，法人の「目的の範囲」外の行為は
絶対的に無効となり，表見代理（110条）や追認（113条）により有効とされる余
地は一切ないことになる。

　第二説は，行為能力制限説で，法人は一般的な権利能力を有し（性質上・法
令上の制限があるにすぎない），ただ法人の目的により法人の行為が制限を受け
るにすぎないとする説である。しかし，この説においては，理事が「目的の範
囲」外の行為を行った場合，第一説と同じく絶対的に無効となるとする立場[39]
と，第三説と同じく無権代理になるとして表見代理ないし追認の余地を認める
立場[40]とが対立している。

　第三説は，代表権（代理権）制限説[41]で，法人は一般的な権利能力を有し
（性質上・法令上の制限があるにすぎない），法人の目的は理事が法人を代表（代
理）してなしうる行為の限界（理事の活動およびその結果としての権利義務の帰属
の範囲）を定めたもの，すなわち理事の代表権（代理権）を制限したものとす
る説である。したがって，理事が「目的の範囲」外の行為を行った場合には，
無権代表（無権代理）になるとして表見代理ないし追認の余地を認める。

　なお，平成18（2006）年改正前の旧43条においては，商法学者を中心に，内
部的義務説が主張されていた。すなわち，この説は，営利法人に関し主張され，
法人の目的は内部的に業務執行権を制限したものにすぎず，対外的には「目的
の範囲」外の行為でも有効（もっとも，相手方が悪意・重過失のときは無効とす
る）であるとし，「目的の範囲」外の行為を行った代表者は，対内的な責任と
して損害賠償責任や懲戒の責任が追及されるとしていた。しかし，平成18
（2006）年に成立した一般法人整備法により，民法に法人の通則規定のみを置
くことになり，旧43条は現34条に移動し，民法の規定として存続することにな

38）最大判昭45・6・24民集24・6・625，最判平14・4・25判時1785・31など。
39）末川博『判例民法の理論的研究』1頁以下，谷口知平「公益法人の在りかたについて」
　　私法4号85頁以下，新版注釈（2）226頁〔高木多喜男〕。
40）四宮＝能見・総則138頁，内田Ⅰ・249頁，近江・総則129頁。
41）川島・総則112頁・123頁，星野・総則132頁，鈴木・総則77頁。

ったことから，立法論として会社に34条を適用することを否定すべきと主張することはできても，解釈論として会社に34条を適用することを否定すべきと主張することは困難になったと解される[42]。

 Ⅲ　法人の行為能力

1　法人の行為能力の有無

　法人の本質論をめぐる法人擬制説と法人実在説とで，その見解を異にする。法人擬制説は法人の行為能力を否定し，法人実在説は法人の行為能力を肯定する。すなわち，法人擬制説によれば，自然人に擬制された法人にはそれ自体の行為は存在し得ず，存在するのは法人の代理人であるところの理事の行為であるとする（機関や代表の観念は認めない）。法人は，単なる権利・義務の帰属点にすぎず，代理人である理事の代理行為によって権利・義務を取得する。これに対し，法人実在説によれば，法人は一個の社会的な実在であるとすることから，自然人と同じく法人にも，法人の行為が存在することを認める。そして，代表者はあたかも法人の手足のごとき機関とみて，法人の代表機関の行為を法人の行為と扱う。

2　法人の行為と機関論

　法人実在説は，法人の行為を肯定するが，現実には自然人の行為が法人の行為とされる。そして，その自然人の行為が法人の行為とされるためには，法人の代表機関としてなされた行為でなければならないとする。もちろん，法人の代表権を有する者（一般社団法人・一般財団法人の場合は代表理事，持分会社の場合は業務執行社員，株式会社の場合は代表取締役）の行為でなければならないが，それがいかなる法形式であれば法人の代表機関の行為とされるかが問題となる。この点に関し，民法は別段の規定を設けていないので，形式・要件・効果は代理の規定に準拠して妨げないとされる。したがって，代表機関の代表行為の形

---

42)　江頭憲治郎・株式会社法第7版33頁，内田Ⅰ・250頁，山田誠一「これからの法人制度（第1回）」法教321号14頁，神田秀樹・会社法第20版5頁。

式は，代理行為と同様に法人のためにすることを示して行わなければならない（99条）。もっとも，代理の規定に準拠するからといって，法人実在説は代表と代理を同一視するわけではない。代表機関と法人との関係は，代理人のように本人と対立した地位にあるのではなく，はるかに密接なものであり，機関の行為自体を法人の行為とみるのである。

3　法人の行為能力の範囲

(1)「目的の範囲」　通説は，法人の「目的の範囲」により，法人の権利能力・行為能力が制限されるとする。そこで，英米法の Ultra Vires（能力外）の理論にしたがって起草された34条の「目的の範囲」をどのように解するかが問題となる。

　もし，権利能力・行為能力制限説の立場において，「目的の範囲」を厳格に解するならば，「目的の範囲」外の行為が絶対的に無効となることから取引の安全を害することになる。そこで，判例は，営利法人に関しては，定款の目的自体に包含されない行為であっても目的遂行に必要な行為は法人の「目的の範囲」に属するものと解し，その目的遂行に必要か否かは，問題となっている行為が，定款記載の目的に現実に必要であるかどうかの基準によるべきではなくして，定款の記載自体から観察して，客観的に抽象的に必要であり得べきかどうかの基準（客観的抽象説）に従って決すべきものと解している。すなわち，「目的の範囲」内か否かの判断については，①目的遂行に必要な行為も含むこと，②当事者の主観を考慮せず客観的に判断すること，③具体的事情を考慮せず抽象的に判断することにより，取引の安全を図ってきたといえる。これに対し，非営利法人に関しては，定款の目的自体に包含されない行為であっても目的遂行に必要な行為は法人の「目的の範囲」に属すると解するものの，比較的厳格に「目的の範囲」を解釈し，具体的事情を考慮して判断（具体的事情説）しているといえる（なお，手形行為のような特殊な事案などで客観的抽象説を用いたものもある）。公益法人にあっては公益目的の達成，中間法人にあっては構成員の利益保護という後見的保護主義の思想が背後にあるといえよう。そして，「目的の範囲」は，営利法人・公益法人・中間法人の種類に応じて，法人の構

成員の利益と第三者の利益を適当に調整するための一般条項的なものとして，巧みに活用されてきたといえる[43)]。

(2)　具体例

(a)　営利法人　　営利法人に関する判例をみてみると，会社が他人の債務を引き受ける行為[44)]，倉庫業・運送業を営む会社が重油を買い入れる行為[45)]，不動産その他の財産の保存，運用，利殖を目的とした会社の不動産売却[46)]，木工品等の製造・加工・販売を目的とする会社が他人の借地契約上の債務を連帯保証する行為[47)]，食肉等の販売を目的とする会社が取引先の債務のために抵当権設定等の担保を提供する行為[48)]，鉄鋼の製造・販売・附帯事業を目的とする会社の政治献金[49)]などが「目的の範囲」内とされるに至っていて，「目的の範囲」の判断がほとんど機能していないといえる。しかし，営利法人の場合であっても，場合によっては「目的の範囲」の判断が機能することを認めるべきであろう[50)]。

(b)　非営利法人　　非営利法人に関する判例をみてみると，農業協同組合の非組合員への貸付[51)]，信用協同組合が法定の除外例にあたらない非組合員から預金を受け入れる行為[52)]は，比較的緩やかに解し「目的の範囲」内とする。しかし，信用組合の員外貸付[53)]，信用組合が単に他人の債務を引き受ける行

43)　柳川俊一「判解」最高裁判所判例解説民事篇（下）昭和45年度88事件評釈897頁，なお，英米法の Ultra Vires 法理は退潮傾向にあるが，わが国では多様な機能を果たしていることから34条を評価するものとして，山田創一「Ultra Vires の再評価」新報108巻5＝6号187頁。

44)　大判昭10・4・13民集14・523。

45)　大判昭13・2・7民集17・50。

46)　最判昭27・2・15民集6・2・77。

47)　最判昭30・10・28民集9・11・1748。

48)　最判昭33・3・28民集12・4・648。

49)　前掲注38）最大判昭45・6・24。

50)　山田・前掲注43）「Ultra Vires の再評価」206頁以下。

51)　最判昭33・9・18民集12・13・2027。

52)　最判昭35・7・27民集14・10・1913。

53)　大判昭8・7・19民集12・2229。

為[54]，農業協同組合の理事長が自分が関係している土建業者の人夫賃支払のために組合を代表してなした資金貸付行為[55]，労働金庫の員外貸付（ただし，信義則を援用して無効の主張を制限）[56]，病院を経営する財団法人が病院の敷地・建物・動産をすべて売却する行為（ただし，信義則を援用して無効の主張を制限）[57]などが「目的の範囲」外とされ，比較的厳格に解されている。協同組合等の員外貸付無効の事例に関しては，国家から税法上・金融上の保護が与えられている協同組合等が，員外貸付のような一般金融市場へ進出することは国家の政策として禁止されており，こうした政策が34条の「目的の範囲」を通じて実現されていると評価できよう[58]。

　　(c)　法人の政治献金　　判例は，営利法人の政治献金に関しては，「目的の範囲」内としている[59]。これに対し，非営利法人の政治献金に関しては，中間法人である労働組合が政治的活動をし「そのための費用を組合基金のうちから支出すること自体は，法的には許されたものというべきである」としてその財産からの政治献金を容認するが，徴収決議に基づき組合員から個別に政治献金のための資金を強制徴収することは協力義務の限界を超え許されないとする[60]。そして，特殊公益法人で強制加入団体である南九州税理士会の政治献金に関しては，税理士会が政党や政治資金団体並びに資金管理団体に対して政治献金をすることを禁止した条文が政治資金規正法にないにもかかわらず，その政治献金を「目的の範囲」外の行為とする[61]。

　もっとも，この南九州税理士会最高裁判決の以下の指摘は，看過すべきではない。すなわち，「政党など規正法上の政治団体に対して金員の寄付をするか

54）大判昭16・3・25民集20・347。

55）最判昭41・4・26民集20・4・849。

56）最判昭44・7・4民集23・8・1347。

57）最判昭51・4・23民集30・3・306。

58）河内宏「民法43条・53条〜55条」民法典の百年Ⅱ49頁以下。

59）前掲注38）最大判昭45・6・24。

60）最判昭50・11・28民集29・10・1698。

61）最判平8・3・19民集50・3・615。

どうかは，選挙における投票の自由と表裏を成すものとして，会員各人が市民
としての個人的な政治的思想，見解，判断等に基づいて自主的に決定すべき事
柄であるというべきである。なぜなら，政党など規正法上の政治団体は，政治
上の主義若しくは施策の推進，特定の公職の候補者の推薦等のため，金員の寄
付を含む広範囲な政治活動をすることが当然に予定された政治団体であり……，
これらの団体に金員の寄付をすることは，選挙においてどの政党又はどの候補
者を支持するかに密接につながる問題だからである。」と指摘した上で，政治
献金を「多数決原理によって団体の意思として決定し，構成員にその協力を義
務付けることはできない」として，税理士会の政治献金を「目的の範囲」外の
行為と判断している。

　この判決は，構成員の思想・信条の自由（憲19条）が法人の「目的の範囲」
を通じて私人間に間接適用される（人権の私人間効力）ことを認めたものと解
されるが，判決が指摘する政治献金は投票の自由と表裏の関係にあるから構成
員が自主的に決定すべき事柄であるという点を強調するならば，強制加入の公
益法人のみならず任意加入の公益法人，労働組合などの中間法人，会社などの
営利法人の政治献金の場合にも，原則として法人の「目的の範囲」外になると
解すべきである[62]。そして，法人の政治献金が例外的に認められる場合として
は，①傾向企業が政治献金を行う場合，②法人の構成員全員が政治献金に賛成
して法人が献金を行う場合，③法人の構成員から政治献金を行うための任意の
寄付を徴収し，その協力を得られた構成員から得た金額を法人が献金する場合
のように，構成員の思想・信条の自由を侵害しない場合に限られるというべき
である[63]。

　このように営利法人の政治献金を「目的の範囲」内とした最高裁判決は見直
すべき時期が到来していると思われるが，その後の判例では，相互会社（中間

62）山田「政治献金と法人の目的の範囲（一）（二・完）」山院42号241頁以下，同43号29頁以
　　下，平野・総則84頁，河内・前掲注58）52頁。
63）山田「相互会社の政治献金と相互会社の目的の範囲」新報110巻1 = 2 号418頁以下注15
　　参照。

法人）および会社（営利法人）の政治献金を「目的の範囲」内とする判決が確定している[64]。

　(d)　非営利法人の災害救援資金の寄付　　近時，非営利法人の災害救援資金の寄付が「目的の範囲」内といえるか否かが問題となった。すなわち，特殊公益法人で強制加入団体である群馬司法書士会が，阪神・淡路大震災の被災者の相談活動等を行う兵庫県司法書士会ないしこれに従事する司法書士への経済的支援を通じて司法書士の業務の円滑な遂行による公的機能の回復に資することを目的として，兵庫県司法書士会に3000万円の「復興支援拠出金」（公的支援金）を拠出する旨，および，会員から復興支援特別負担金を登記申請事件一件あたり50円徴収する旨の決議をした場合が問題とされた。最高裁は，次のような判断を示した[65]。すなわち，司法書士会は，「その目的を遂行する上で直接又は間接に必要な範囲で，他の司法書士会との間で業務その他について提携，協力，援助等をすることもその活動範囲に含まれる」とし，その金額も「目的の範囲」を逸脱するものではないとして，本件寄付は司法書士会の権利能力の範囲内にあるとした。また，本件負担金の徴収は，会員の政治的・宗教的立場や思想信条の自由を害するものではなく，本件負担金の額も，会員に社会通念上過大な負担を課するものではないとして，会員の協力義務を肯定した。なお，金額が相当な範囲を超えるとして「目的の範囲外」とする反対意見がある。

　この事案は，特殊公益法人で強制加入団体である司法書士会の寄付の事案であったことから，一審判決[66]は，税理士会最高裁判決[67]の論法を用いて，災害救援資金の寄付は「各人が自己の良心に基づいて自主的に決定すべき事柄であり，他から強制される性質のものではない」と解して「目的の範囲」外とする

64）最決平15・2・27商事1662・117以下，最決平18・11・14商事1783・56，こうした判決の不当性につき，山田・前掲注63)「相互会社の政治献金と相互会社の目的の範囲」381頁以下参照。
65）前掲注38）最判平14・4・25。
66）前橋地判平8・12・3判時1625・80。
67）前掲注61）最判平8・3・19。

判決を言い渡していた[68]。しかし，構成員の思想信条の自由を侵害する政治献金とこれを侵害しない災害救援資金の寄付とは質的に異なるというべく，「目的の範囲」を厳格に考える非営利法人であったとしても，災害救援資金の寄付は法人の「目的の範囲」内と解すべきである[69]。この訴訟は，法人の社会的責任という見地からも重要な訴訟で，公的支援金に関するものではあるが「目的の範囲内」とされた意義は大きいといえよう。

法人の不法行為能力

1　序　　説

　一般法人法78条は，「一般社団法人は，代表理事その他の代表者がその職務を行うについて第三者に加えた損害を賠償する責任を負う。」と定めている（一般財団法人にも準用〔一般法人197条〕，なお，同旨の規定を置くものとして，会社350条・600条）。

　法人擬制説によれば，法人は法律によって擬制された権利の主体とみるから，法人に不法行為能力は認められず，本条は被用者の行為についての使用者責任と同じく他人の行為による責任を政策的に認めた創設規定であると解することになる。そして，法人は，「代表理事その他の代表者」の行為によって自己の活動を広げ利益を得ているのであるから，その過程で生じた不法行為については責任を負うべきであるとする報償責任の原理に基づき，他人の行為による責任が認められたとする。これに対し，法人実在説によれば，代表機関の行為＝法人の行為となり，法人自ら不法行為をなすことができるので，本条は法人の

68）これを支持する見解として，内田・民法 I 第2版補訂版238頁，前田達明「法人の目的」法教213号14頁，滝沢聿代「法人と理事の責任」法教251号65頁，河上正二・法セ603号103頁，大野秀夫「判批」判評474号41頁，渡辺康行「団体の中の個人」法教212号36頁など。

69）山田「災害救援資金の寄付と司法書士会の目的の範囲」山院46号1頁以下，山田「判批」判評527号18頁以下，山田「群馬司法書士会震災復興支援金事件の最高裁判決の意義とその問題点」判タ1108号16頁以下，山田「群馬司法書士会震災復興支援金事件最高裁判決をめぐる学説の検討」専法96号1頁以下，山田「政治献金と災害救援資金の寄付に関する法人の目的の範囲—アメリカ法を素材として—」私法63号195頁以下。

不法行為能力を認めた当然の規定（注意規定）であると解することになる。

2　法人の不法行為の要件

(1)　法人の「代表理事その他の代表者」の行為であること　「代表理事その他の代表者」とは，「代表機関」の意味であるとするのが，通説・判例の立場である。代表機関は，代表権を有する理事（一般法人77条1項・197条），一時代表理事の職務を行うべき者（一般法人79条2項・197条），理事の職務を代行する者（一般法人80条1項・197条），清算人（一般法人214条）である。監事（一般法人99条・197条），社員総会（一般法人35条），支配人・使用人（会社10条以下）などは代表機関に含まれない。被用者が第三者に加害行為をしたときは，本条の責任でなく使用者責任（715条）が法人に認められる。

(2)　「職務を行うについて」第三者に損害を加えたこと　「職務を行うについて」は，職務を「行うために」と職務を「行うに際し」との中間にある観念であるが，その意義が問題となる。

判例は，715条1項の成立要件である「事業の執行について」の解釈において外形標準説を採用した判決[70]以来，改正前の旧44条1項の「職務を行うについて」の解釈についても外形標準説を採用している。すなわち，職務行為でなくても職務行為と適当な牽連関係に立ち，外形上法人の目的を達成するために行われると認められるような行為も含むとされる。そして，当該行為の外見上代表者の職務行為とみられる行為であれば足り，その行為が法人の有効または適法な行為であることを要しないとされる[71]。もっとも，外形上職務行為に属する行為について，当該行為がその職務行為に属さないことを相手方が知りまたはこれを知らないことにつき相手方に重大な過失のあるときは，法人は不法行為責任を負わないとされる[72]。

判例は，外形標準説を取引的不法行為（例えば，村長が村議会の議決が必要であるにもかかわらず，勝手に約束手形の振出をした場合）のみならず事実的不法行

70)　大連判大15・10・13民集5・785。
71)　最判昭37・9・7民集16・9・1888。
72)　最判昭50・7・14民集29・6・1012。

為（例えば，理事が勤務中に私用で会社の車を運転して人をひいた場合）にも及ぼしているが，学説からは，外形標準説は，取引の相手方の信頼を保護し取引の安全を確保するためのものであるから，取引的不法行為にのみ用いるべきで事実的不法行為にまで用いるべきではないとの批判がなされている。そして，事実的不法行為の場合には，「理事の職務行為と適当な関連がある行為によって損害が生じたか否か（関連性判断）」によるべきとの説[73]などが主張されている。

　また，判例は，相手方（被害者）の悪意・重過失を，過失相殺事由として斟酌するのでなく，法人の不法行為責任の成立自体をも否定する一事由として斟酌している。外形標準説の根拠ないし機能を，取引的不法行為の場合と事実的不法行為の場合とに区別して考察し，前者の場合におけるその根拠ないし機能を，取引の相手方の信頼保護・取引の安全確保に求めるならば，その外形標準説は，表見代理制度と実質的には同一ないし類似の根拠ないし機能を有するということができ，両者における相手方保護の要件も，これをなるべく統一的，関連的に理解し構成するのが相当であるから，判例のように被害者側の主観的事情（悪意・重過失）は法人の不法行為責任の成立自体をも否定する一事由になりうると解することが可能になる。これに対し，学説からは，相手方（被害者）の主観的事情は過失相殺事由として斟酌すべきであるとする説が主張されているが，外形標準説の根拠ないし機能を，取引的不法行為の場合と事実的不法行為の場合とで区別することなく一元的に考察し，取引の安全の確保とは別個の法人の不法行為責任自体の根拠理念である報償責任ないし危険責任の理念に求めるならば，こうした説の結論を導きやすいといえよう[74]。

　(3)　「代表理事その他の代表者」の行為が一般的不法行為の要件を具備すること　　一般的不法行為の要件，すなわち，①その行為者に故意または過失があること，②その行為が違法性を有すること，③被害者に損害が発生すること，④違法な行為と損害との間に因果関係があること（709条）を具備することが必

---

73)　四宮＝能見・総則160頁。
74)　こうした指摘をするものとして，奥村長生「判解」最高裁判所判例解説民事篇昭和42年度104事件評釈594頁以下。

要である。

3　代表者の越権行為と法人の責任（110条と一般法人法78条・197条との関係）

　一般社団法人・一般財団法人の代表理事が権限を濫用して不正な取引行為をした場合，取引の相手方は当該一般社団法人・一般財団法人に対し，110条（表見代理）と一般法人法78条・197条のいずれの責任を追及すべきか。

　この問題を考えるに際し，110条と一般法人法78条・197条の責任の差異を整理しておく必要がある。すなわち，①一般法人法78条・197条は「代表理事その他の代表者」の行為に限られるのに対し，110条は基本代理権を有している者の行為であれば足りる。②110条は「本人のためにすることを示して」(99条1項)行うこと（顕名）が必要であるのに対し，一般法人法78条・197条は顕名が必要でない。③被害者の主観的事情に関し，一般法人法78条・197条は代表機関の職務行為に属さないことにつき善意無重過失であることが必要であるのに対し，110条は代理権の不存在につき善意無過失であることが必要である（軽過失の場合に，110条は成立しないが，一般法人法78条・197条は成立しうる）。④被害者が直接の相手方でない場合，判例は110条の「第三者」を無権代理行為の直接の相手方に限っているため[75]，取引行為の直接の相手方以外は110条を追及できないが，一般法人法78条・197条の場合には，取引行為の直接の相手方でなくても「第三者」に該当し責任を追及しうる。⑤一般法人法78条・197条の場合には，取引行為のみならず事実行為へも適用が認められるのに対し，110条はその適用が取引行為に限られる。⑥一般法人法78条・197条の効果は，損害賠償請求であるのに対し，110条の効果は履行請求である。⑦一般法人法78条・197条は過失相殺の適用があるので（722条2項）中間的な解決ができて柔軟性があるのに対し，110条は過失相殺の適用がなく，all or nothing の解決となる。⑧一般法人法78条・197条は724条の消滅時効（主観的起算点から3年または客観的起算点から20年の時効期間）が用いられるのに対し，110条は166条1項の消滅時効（主観的起算点から5年または客観的起算点から10年の時効期

---

75)　最判昭36・12・12民集15・11・2756。

間）が用いられる。

　こうした110条と一般法人法78条・197条の適用に関し，①法人の代表機関の越権行為が法律行為による場合には，取引法の原則に基づいて110条のみが適用されるべきであるとする説（110条適用説），②110条と一般法人法78条・197条の適用要件はほとんど差異がなく（いずれも行為の外形によって判断し，かつ相手方が代表者の不正な意思を知っているときには要件は充たされない），いずれを適用してもよいが，不正な行為が法律行為である場合には，取引の安全を保護するために取引行為としての維持に努めるべきであるから，まず110条の適用を考慮し，その適用要件が否定された場合に一般法人法78条・197条を適用すべきとする説（110条優先適用説），③法人の取引行為については，110条，一般法人法78条・197条のいずれを適用してもよいとする説（重畳適用説）がある。

　判例は，改正前の旧44条１項を適用したもの[76]と，110条を適用したもの[77]とがある。結局，判例の立場では，110条と改正前の旧44条１項（現在の一般法人法78条・197条）の重畳適用を認める前提に立ち，当事者がいかなる要件を主張・立証したかによって当該主張に対する判断を示してきたということができるが，実務上は，一般に当事者は，その要件が充たされると考える限り第一次的に110条の適用を主張し，予備的に改正前の旧44条１項（現在の一般法人法78条・197条）の適用を主張する場合が多いのではないかと指摘されている[78]。

　思うに，①それぞれの要件を充足している以上それぞれの効果の主張が認められるべきであること，②要件・効果に差異が残っている以上，当事者が有利な請求権で訴えを起こすことを認めるのが被害者救済に資すること，③110条適用説ないし110条優先適用説に立つならば，当事者が一般法人法78条・197条

76）最判昭41・6・21民集20・5・1052（市長が自己の負債の弁済資金を得るため市議会の議決を経ないで市長名義の約束手形を振り出した事案）。
77）最判昭39・7・7民集18・6・1016（条例により町長に一定の価格以下の町有不動産を売却する権限を認めている場合に，その制限を超える町有不動産の売却がなされた事案）。
78）斉藤次郎「判解」最高裁判所判例解説民事篇昭和50年度31事件評釈318頁。

によってのみ訴えている場合に[79]，裁判所が訴訟物の異なる110条に基づく請求権の判断をすることはできない（処分権主義〈民訴246条参照〉）という難点が生じることという点に鑑み，重畳適用説を妥当と考える。

4　法人の不法行為責任と使用者責任の異同

(1)　本質　　法人の不法行為責任に関し，法人擬制説に立つならば，法人の不法行為責任も使用者責任も，同じく他人の行為による責任を定めた規定ということになり報償責任の原理にその根拠を求めることになるが，法人実在説に立つならば，法人の不法行為責任は自己の責任を定めたもので他人の行為による責任ではなく，使用者責任は他人の行為による責任を定めたものと解することになる。

(2)　両者の共通性　　法人の不法行為責任の成立要件である「職務を行うについて」と，使用者責任の成立要件である「事業の執行について」の解釈において，ともに外形標準説が採用されている。すなわち，前者の場合，職務行為でなかったとしても，外形から見てその職務行為に属するものと認められれば足りるとする一方，相手方がその職務行為に属さないことを知りまたはこれを知らないことにつき重大な過失のあるときは，法人は不法行為責任を負わないとされる。同様に，後者の場合も，被用者の職務の執行行為そのものには属さないが，その行為の外形から観察して，あたかも被用者の職務の範囲内の行為に属するものとみられる場合であれば足りるとする一方，相手方が被用者の職務権限内で適法に行われたものでないことを知りまたはこれを知らないことにつき重大な過失のあるときは，使用者責任を負わないとされる。

また，法人の不法行為責任においては，「代表理事その他の代表者」の行為が一般的不法行為の成立要件を具備していることが必要であり，使用者責任においても被用者の行為が一般的不法行為の成立要件を具備していることが必要である。

そして，法人の不法行為責任も使用者責任も，不法行為責任の一態様である

---

79) 大判昭15・2・27民集19・441および最判昭37・2・6民集16・2・195は，改正前の旧44条1項でのみ訴えていた事案である。

から，722条2項の過失相殺が適用され，724条および724条の2の消滅時効が適用される。

さらに，法人の不法行為責任が成立する場合でも，後述するように理事個人の責任が認められており，使用者責任が成立する場合でも被用者の不法行為責任が認められている。また，法人から理事への求償，及び使用者から被用者への求償（715条3項）が認められる点も同様である。

(3) 両者の差異 法人の不法行為責任は「代表理事その他の代表者」（代表機関）の行為であることが必要であり，使用者責任はある事業のために使用されている被用者の行為であることが必要である。したがって，両者の競合は生じない。

また，法人の不法行為責任では法人の免責事由は認められていない（無過失責任）のに対し，使用者責任では使用者の免責事由が認められている（715条1項ただし書）。すなわち，法人実在説に立てば，法人は自らの行為について責任を負うのであるから免責事由は認められないことになるし，法人擬制説に立っても，理事が法人の組織の中に深く組み入れられており，理事の行為は法人の行為に極めて近いものと観念できることから免責事由は認められないことになる。これに対し，使用者責任は，他人の行為による責任であるから，被用者の選任および事業の監督につき相当の注意をしたかまたは相当の注意をしても損害が生じた場合であれば，使用者の免責が認められる。もっとも，715条1項ただし書の免責は判例上ほとんど認められていないから，実際上はこの点の差異はほとんど生じないといえよう。

5 理事個人の責任

理事個人の責任に関しては，法人擬制説に立つならば，理事の不法行為を政策的に法人にも責任を負わしめたと解するから，理事個人が責任を負う（709条）のは理論上当然のこととなる。これに対し，法人実在説に立つならば，理論上代表機関である理事の行為は法人の行為となり，理事個人の不法行為責任は生じないようにも思われる。しかし，①機関の行為は，法人の機関としての行為と個人の行為との二面性を有し，後者の行為によって理事個人の責任を肯

定しうること、②法人のみならず理事個人の責任も認める方が被害者保護に資すること、③理事個人の責任を追及すれば理事の不法行為が抑止されることに鑑み、法人実在説の立場からも理事個人の不法行為責任が肯定されている（709条）。判例も、代表者個人の責任の追及を肯定し、法人および代表者個人の責任は不真正連帯債務の関係に立つと解されている[80]。もっとも、平成29年改正法は連帯債務の絶対効を大幅に縮小したので（438条～440条）、法人および代表者個人の責任は連帯債務の関係とみてよいであろう[81]。また、法人が損害を賠償した場合には、法人は理事個人に対して求償権を有することになる。

6 企業責任論

企業組織が発達し、大規模な企業活動に伴う不法行為がなされるに及んで、代表者個人や従業員の過失を媒介として企業責任を論じるのでなく、直裁に組織体としての企業自体を不法行為者としてとらえて企業責任を論じていく見解が有力となっている。代表者や従業員を特定しその者の過失を立証するのが困難な場合に有益な議論で、公害事件で多く主張されてきた。下級審ではあるが熊本水俣病事件でこの見解が採用されている[82]。もっとも、多数の判例は、こうした見解に消極的である[83]。

第5節 一般法人法

 I 序 説

この法律は、一般社団法人および一般財団法人（以下、「一般社団法人等」という）の設立、組織、運営および管理について定めている。一般社団法人等は、

---

80) 大判昭7・5・27民集11・1069（株式会社の事例）。
81) 四宮＝能見・総則162頁。
82) 熊本地判昭48・3・20判時696・15。
83) たとえば、東京高判昭63・3・11判時1271・3、大阪地判平11・3・29判時1688・3など。
　　なお、こうした消極説を批判するものとして、能見善久「法人の法的意義の再検討」NBL767号49頁以下、四宮＝能見・総則161頁参照。

その事業の公益性の有無に関わらず，その主たる事務所の所在地において設立の登記をすることによって成立し（一般法人22条・163条），その法人格を取得する（一般法人 3 条）。一般社団法人等は，社員または設立者に剰余金または残余財産の分配を行うことはできない（一般法人11条 2 項・35条 3 項・153条 3 項 2 号）。しかし，一般社団法人等が行いうる事業については制限する規定はなく，収益事業を行うことも可能である。

 ## 一般社団法人

1　設　　立

　一般社団法人を設立するには，その社員になろうとする者（設立時社員）が共同して一般社団法人の根本規則である定款を作成し，公証人の認証を受けなければならない（一般法人10条・13条）。定款作成による一般社団法人の設立行為は， 2 人以上の設立者が合同して法人設立という目的のために協力する行為であり，相互の間に債権債務を発生させることを目的とする行為ではないから，合同行為と解されている。また，一般社団法人の設立行為は，定款という書面の作成が必要な要式行為である。なお，定款の公証人による認証は，会社設立時の定款認証と同じく実質審査を受けるものではない。

　定款で設立時理事等を定めなかったときは，定款の認証後，設立時理事等を選任し（一般法人15条），設立時理事等は，選任後遅滞なく，一般社団法人の設立の手続きが法令または定款に違反していないことを調査しなければならない（一般法人20条 1 項）。こうした調査が終了した日または設立時社員が定めた日のいずれか遅い日から 2 週間以内に，主たる事務所の所在地において設立の登記を行い（一般法人301条 1 項），これにより一般社団法人は成立する（一般法人22条）。設立の登記を，改正前の旧45条 2 項では第三者に対する対抗要件としていたが，一般法人法では法人の成立要件としている。

　なお，中間法人法の下では有限責任中間法人を設立するためには最低300万円の財産保有規制があったが（中間法人12条），一般社団法人については，設立時の財産保有規制は設けられていない。

2 定　　款

　定款には，以下の事項を必ず記載しなければならない（これを必要的記載事項という）。すなわち，①目的，②名称，③主たる事務所の所在地，④設立時社員の氏名または名称および住所，⑤社員の資格の得喪に関する規定，⑥公告方法，⑦事業年度である（一般法人11条1項）。この中の一つを欠いても定款は無効である。従来，社団法人は，資産に関する規定を定款の必要的記載事項としていたが（改正前の旧37条4号），一般社団法人においては，なんら資金を拠出しなくても設立できるため，資産に関する規定は必要的記載事項とされていない。また，このほかの事項（たとえば，社員総会招集の手続き，理事の職務権限など）も法律に違反しないものであれば，定款に記載することができる（これを任意的記載事項という）とされる（一般法人12条）。任意的記載事項も，定款に記載されれば必要的記載事項と効力に差異はなく，その変更は定款変更の手続き（一般法人146条）による。なお，社員に剰余金または残余財産の分配を受ける権利を与える旨の定款の定めは，効力を有しないとされる（一般法人11条2項）。

3 社　　員

　社員の資格は定款で定めることができ，法律上の制限はない。法人が社員になることも可能である。また，定款に別段の定めがない限り，社員はいつでも退社することができる（一般法人28条1項）。仮に定款に退社を制限する定めがあっても，やむを得ない事由があるときは，社員はいつでも退社できる（一般法人28条2項）。そして，定款に別段の定めがない限り，社員は各一個の議決権を有する（一般法人48条1項）。社員は，定款で定めるところにより一般社団法人に対し経費を支払う義務を負うが（一般法人27条），基金を拠出する義務は負わず，また，一般社団法人の債権者に対しても責任を負わない（有限責任）。社員は，社員総会の決議取消しの訴えを提起でき（一般法人266条），理事の法令・定款違反の行為等についてその差止めを請求することもできるし（一般法人88条），計算書類等の閲覧等の請求もでき（一般法人129条3項），また，一般社団法人に対し役員等の責任を追及する訴え（代表訴訟）を提起するように求め

ることもできる（一般法人278条）。一般社団法人は，社員の氏名または名称および住所を記載した社員名簿を作成し，主たる事務所に備え置かなければならない（一般法人31条・32条1項）。なお，設立時社員の氏名または名称および住所は，定款に署名する者を明らかにするため前記のように定款記載事項とされているが，法人成立後に社員の変動があった場合には，定款変更は要せず，社員名簿を変更すればよいとされる。

4 機　　関

(1) 機関の設置　　一般社団法人は，社員総会と理事が必要的機関であり，定款で定めることにより，理事会，監事，会計監査人を任意に設置することもできる（一般法人60条2項）。もっとも，理事会設置一般社団法人および会計監査人設置一般社団法人では，監事も必要的機関であり，また，負債総額が200億円以上の大規模一般社団法人では，会計監査人も必要的機関である（一般法人61条・62条）。規模の小さな一般社団法人では，社員総会に権限をもたせ，規模の大きな一般社団法人では理事会に権限をもたせている。

(2) 役員等の選任・任期・権限・責任　　理事，監事，会計監査人（以下「役員等」という）は，社員総会の決議により，選任され，また，解任される（一般法人63条1項・70条1項）。任期は，理事が2年，監事が4年（定款で2年まで短縮可能），会計監査人が1年で（一般法人66条・67条・69条），再任は妨げない。

理事は，一般社団法人に1人または2人以上置かなければならず，理事会設置一般社団法人においては3人以上置かなければならない（一般法人60条1項，65条3項）。そして，理事は，内部に対しては法人の業務を執行し，外部に対しては法人を代表するが，理事が2人以上ある場合には，法人の業務は定款に別段の定めがない限り理事の過半数で決する一方，法人の代表は各理事が行い，代表理事を定めた場合にはその代表理事が法人を代表する（一般法人76条1項・同条2項・77条1項〜3項）。代表理事は，一般社団法人の業務に関する一切の裁判上または裁判外の行為をする権限を有する（一般法人77条4項）。

また，代表理事の代表権に制限を加えても，代表権に加えた制限は善意の第三者に対抗することができないとされる（一般法人77条5項）。代表権の制限の

例として，他の理事と協議しなければ組合を代表して借入れができない旨の定款による制限[84]，理事のうち会長・副会長だけに代表権がある旨の定款による制限[85]，借入金をするにつき評議員会の議決と理事の3分の2以上の同意を要する旨の寄附行為による制限[86]などがある。ここで「善意」とは，代表理事の代表権に制限が加えられていることを知らないことをいい，その主張・立証責任は第三者にある。もっとも，相手方が代表理事の代表権に制限を加える定款の規定を知っている場合（悪意）であったとしても，110条により保護される可能性はある。判例に，漁業協同組合の理事が定款の定めに反して理事会の決議を経ないで組合所有の不動産を他に売却した場合に関し，相手方が定款の規定の存在について善意であるとはいえなくても，相手方において，理事が前記不動産の売却行為につき理事会の決議を経て適法に組合を代表する権限を有するものと信じ，かつ，そのように信じるにつき正当の理由があるときは，110条の類推適用により組合はその行為の責任を負うとしたものがある[87]。また，一般社団法人は，代表理事以外の理事に理事長その他一般社団法人を代表する権限を有するものと認められる名称を付した場合には，当該表見代表理事がした行為について善意の第三者に対しその責任を負うものとしている（一般法人82条）。

　なお，理事が客観的にはその代表権の範囲に属する行為を自己または第三者の利益を図る目的で行った場合，107条により，相手方が理事の意図を知っているか，または知ることができたときは，法人に効果が帰属しない。

　監事は，理事の職務の執行を監査して監査報告を作成し，計算書類および事業報告並びにこれらの附属明細書を監査するのに対し，会計監査人は計算書類およびその附属明細書を監査して会計監査報告を作成する（一般法人99条・107条・124条）。また，監事は，一般社団法人またはその子法人の理事または使用

84）大判大9・10・21民録26・1561。
85）大決昭9・2・2民集13・115。
86）最判昭58・6・21判時1082・45。
87）最判昭60・11・29民集39・7・1760（ただし，正当の理由を否定）。

人を兼ねることができない（一般法人65条2項）。

　役員等がその職務を行うについて悪意または重大な過失があったときは，当該役員等はこれによって第三者に生じた損害を賠償する責任を負う（一般法人117条1項）。また，役員等は一般社団法人と委任関係に立ち（一般法人64条），善管注意義務を負い（644条），具体的には，法令・定款・社員総会の決議を遵守し，一般社団法人のため忠実にその職務を行わなければならないが（一般法人83条），役員等がその任務を怠ったときは，一般社団法人に対し，当該役員等はこれによって生じた損害を賠償する責任を負う（一般法人111条1項，責任の免除・軽減につき一般法人112条以下）。そして，役員等が一般社団法人または第三者に生じた損害を賠償する責任を負う場合において，他の役員等も当該損害を賠償する責任を負うときは，これらの者は連帯債務者とされる（一般法人118条）。

　(3)　理事会非設置一般社団法人　　社員総会は，一般法人法に規定する事項および一般社団法人の組織，運営，管理その他法人に関する一切の事項について決議をすることができる（一般法人35条1項）。

　(4)　理事会設置一般社団法人　　社員総会は，法人の合理的運営という見地から，一般法人法に規定する事項および定款で定めた事項に限り決議をすることができる（一般法人35条2項）。理事会は，法人の業務執行の決定，理事の職務の執行の監督，代表理事の選定および解職を行う（一般法人90条2項）。とりわけ，理事会は，①重要な財産の処分および譲受け，②多額の借財，③重要な使用人の選定および解任，④重要な組織の設置・変更・廃止，⑤理事の職務の執行が法令および定款に適合することを確保するための体制の整備，⑥役員の責任免除について，理事に委任することができず，大規模一般社団法人では，理事会が⑤の事項を決定しなければならない（一般法人90条4項・5項）。

5　計　　算

　一般社団法人は，会計帳簿，および，計算書類（貸借対照表および損益計算書を指す）・事業報告並びにこれらの附属明細書を作成・保存しなければならず，貸借対照表等を公告しなければならない（一般法人120条・123条・128条）。理事は，計算書類と事業報告を定時社員総会に提出し，事業報告の内容を報告するとと

もに，計算書類についてはその承認を受けなければならない（一般法人126条）。

6　基　　金

　一般社団法人は，定款で定めるところにより，基金制度（一般社団法人に拠出された金銭その他の財産であって，当該一般社団法人が拠出者に対して，一般法人法および当事者の合意に従い返還義務を負う制度）を設けることができる（一般法人131条）。この制度は，資金調達および財産的基礎の維持を図る制度で，株式会社の資本制度に代わるものである。一般社団法人は，一般法人法に従い，基金を募集するに際し，募集事項を定めて，基金の引受けの申込みをしようとする者に対し通知をし，申込者の中から基金の割当てを受ける者および割り当てる基金の額を定め，基金の引受人に基金の拠出を履行させる（一般法人132条以下）。基金の返還は，定時社員総会の決議により行われ，純資産額が基金の総額等を超える場合にその超過額を限度として行うことができる（一般法人141条1項・2項）。そして，基金を返還する場合，利息を付すことはできないし，また，返還をする基金に相当する金額を代替基金として計上しなければならず，この代替基金は取り崩すことができない（一般法人143条・144条）。破産時には，基金の返還にかかる債権は，劣後的破産債権及び約定劣後破産債権に後れる（一般法人145条）。また，清算時，他の債権者への弁済が行われた後でなければ，基金の返還を行うことはできない（一般法人236条）。そして，一般社団法人が合併する場合，基金の返還にかかる債権者は，催告を受けず，異議を述べることはできないとされる（一般法人248条6項）。

7　大規模一般社団法人

　貸借対照表の負債の部に計上した額の合計額が200億円以上の一般社団法人を大規模一般社団法人という（一般法人2条2号）。大規模一般社団法人は，監事の設置が義務づけられ，会計監査人の設置も義務づけられる（一般法人15条2項・61条・62条）。また，大規模一般社団法人は，理事の職務の執行が法令および定款に適合することを確保するための体制の整備も義務づけられる（一般法人76条4項・90条5項）。

一般財団法人

1 設　立

　一般財団法人を設立するには，設立者が財団法人の根本規則である定款を作成し，公証人の認証を受けなければならない（一般法人152条・155条）。また，設立は，遺言によっても行うことができ，この場合に定款作成は遺言執行者が行う（一般法人152条2項）。

　設立者は，合計300万円以上の財産の拠出が必要とされ（一般法人153条2項），事業年度2期連続して純資産額が300万円未満となることは解散事由とされているから（一般法人202条2項），純資産が300万円以上であることが存続要件でもある。目的財産の拠出は一種の財産処分行為であり，拠出者（設立者ないし遺言執行者）が単独でなし得るから，一般財団法人の設立行為は相手方なき単独行為である。また，一般財団法人の設立行為は，定款という書面の作成が必要であるので要式行為であり，財産の拠出が現実に必要な要物行為である。そして，生前の処分で財産の拠出をしたときは，一般財団法人の成立のときから法人に帰属し，遺言で財産の拠出をしたときは，設立者の死亡後法人成立まで拠出財産を相続財産に帰属させておくことは弊害が生じる恐れがあるので，遺言が効力を生じたときに法人に帰属したものとみなされる（一般法人164条）。また，一般財団法人の設立は無償で財産を拠出する行為を含んでいるから，生前処分の財産の拠出の場合は贈与の規定が，遺言による財産の拠出の場合は遺贈の規定が準用される（一般法人158条）。さらに，設立者またはその相続人は，一般財団法人の成立後は，財産の拠出に関し，錯誤取消し（95条）や詐欺・強迫による取消し（96条）を主張することができないとされる（一般法人165条）。

　定款で設立時理事等を定めなかったときは，定款の認証後，設立時理事等を選任し（一般法人159条），設立時理事等は，選任後遅滞なく，財産の拠出の履行が完了していることと一般財団法人の設立の手続きが法令または定款に違反していないことを，調査しなければならない（一般法人161条1項）。こうした調査が終了した日または設立者が定めた日のいずれか遅い日から2週間以内に，主

たる事務所の所在地において設立の登記を行い（一般法人302条1項），これにより一般財団法人は成立する（一般法人163条）。

2 定 款

定款には，以下の事項を必ず記載しなければならない（これを必要的記載事項という）。すなわち，①目的，②名称，③主たる事務所の所在地，④設立者の氏名または名称および住所，⑤設立に際して設立者が拠出をする財産およびその価額，⑥設立時評議員，設立時理事，設立時監事（および設立時会計監査人）の選任に関する事項，⑦評議員の選任および解任の方法，⑧公告方法，⑨事業年度である（一般法人153条1項）。この中の一つを欠いても定款は無効である。なお，理事または理事会が評議員を選任または解任する旨の定款の定めや，設立者に剰余金または残余財産の分配を受ける権利を与える旨の定款の定めは，効力を有しないとされる（一般法人153条3項）。一般財団法人の定款の場合も，任意的記載事項を記載することが，一般社団法人の定款の場合と同様に可能である（一般法人154条）。定款の変更は，評議員会の決議により行うが，設立者が原始定款に定めた「目的」および「評議員の選任および解任の方法」は，原則として変更することはできないとされる（一般法人200条）。

3 機 関

(1) 機関の設置　一般財団法人は，評議員，評議員会，理事，理事会，監事が必要的機関であり，定款で定めることにより，会計監査人を設置することもできる（一般法人170条）。もっとも，負債総額が200億円以上の大規模一般財団法人は，会計監査人も必要的機関である（一般法人171条）。

(2) 評議員等の選任・任期・権限・責任　評議員は，定款で定めた方法（ただし理事または理事会が選任することはできない）により3人以上選任される（一般法人153条1項8号・同条3項1号・173条3項）。評議員の任期は，4年を原則とするが，定款により6年まで伸長することができ（一般法人174条1項），再任も妨げない。なお，評議員は，一般財団法人またはその子法人の理事，監事または使用人を兼ねることができない（一般法人173条2項）。

評議員会は，すべての評議員で組織され，一般法人法に規定する事項および

定款で定めた事項に限り，決議をすることができるが，同法により評議員会の決議を必要とする事項について，理事・理事会その他の評議員会以外の機関が決定できる旨の定款の定めは効力を有しないとされる（一般法人178条）。評議員および評議員会は一般社団法人における社員および社員総会に代替する機関であって，評議員会は一般財団法人の基本的な事項を決定する意思決定機関であり，業務執行機関を監督する機関である。なお，学校法人などでも，評議員会を常置機関として置くよう定めており（私学41条），私立学校法では，評議員会を諮問機関であるとし，寄附行為の定めによっては議決機関とすることもできるとしている（私学42条2項）。

　理事，監事，会計監査人は，評議員会の決議により選任する（一般法人177条，63条1項）。また，評議員会は，これらの機関に職務上の義務違反・職務懈怠などがあるときは，解任することができる（一般法人176条）。

　理事は3人以上であり，任期は原則として2年である（一般法人177条・65条3項・66条）。

　理事会は，すべての理事で組織し，業務執行の決定・理事の職務の執行の監督・代表理事の選定および解職を行う（一般法人197条・90条1項・同条2項）。そして，代表理事または理事会の決議により業務を執行する理事として選定された者が一般財団法人の業務を執行し，代表理事が一般財団法人の業務に関する一切の裁判上または裁判外の行為をする権限を有する（一般法人197条・91条1項・77条4項）。また，一般財団法人が，代表理事の代表権の制限に関し善意の第三者に対抗できない点，および，表見代表理事の行為に関し善意の第三者に責任を負う点は，一般社団法人の場合と同様である（一般法人197条・77条5項・82条）。

　監事は，理事の職務の執行，計算書類・事業報告・附属明細書を監査する機関であり監査報告を作成し（一般法人197条・99条1項・199条・124条），任期は原則として4年である（一般法人177条・67条1項）。なお，監事は，一般財団法人またはその子法人の理事または使用人を兼ねることができない（一般法人177条・65条2項）。

　会計監査人は，計算書類およびその附属明細書を監査して会計監査報告を作成する（一般法人197条・107条1項）。その任期は，1年である（一般法人177条・69条1項）。

　役員等と一般財団法人との関係，役員等の一般財団法人に対する損害賠償責任，役員等の第三者に対する損害賠償責任は，一般社団法人の場合と同様である（一般法人172条1項・198条・111条1項・117条1項）。

4　計　　　算

　一般財団法人の計算については，一般社団法人の規定が準用される（一般法人199条）。

5　大規模一般財団法人

　貸借対照表の負債の部に計上した額の合計額が200億円以上の一般財団法人を大規模一般財団法人という（一般法人2条3号）。大規模一般財団法人は，会計監査人の設置が義務づけられる（一般法人171条）。また，大規模一般財団法人は，理事の職務の執行が法令および定款に適合することを確保するための体制の整備も義務づけられる（一般法人197条・90条5項・同条4項5号）。

第6節　公益法人法

Ⅰ　序　　　説

　一般社団法人および一般財団法人の中から行政庁の公益認定を受けることにより公益社団法人および公益財団法人になることが認められるが，公益法人法は，こうした手続き，公益法人の事業活動，監督などについて定めた法律である。公益法人法に基づいて公益法人であると認定されれば，公益目的事業を実施しなければならず，公益目的事業財産について公益目的を行うために使用等をしなければならない。そして，公益法人は，計算書類等を一般人の閲覧に供することや監督官庁（内閣総理大臣または都道府県知事）に提出する義務を負担し，また，監督官庁による監督を受けることになる。

総 則

1 公益目的事業

公益目的事業とは,「学術, 技芸, 慈善その他の公益に関する別表各号に掲げる種類の事業であって, 不特定かつ多数の者の利益の増進に寄与するもの」をいう (公益法人2条4号)。別表は,「第2節 法人の種類」の「Ⅲ1公益法人」の解説参照。

2 行 政 庁

特定の一般社団法人および一般財団法人について, 独立した民間有識者の「公益認定等委員会」(公益法人32条1項) または都道府県に置かれる「合議制の機関」(公益法人50条1項) の意見に基づき, 公益性を有する法人の認定 (以下「公益認定」という) およびその後の監督を行う行政機関 (以下「行政庁」という) は, 内閣総理大臣または都道府県知事である (公益法人3条)。二以上の都道府県の区域内で, 事務所を設置している場合あるいは公益目的事業を行う旨を定款で定めている場合, または, 国の事務・事業と密接な関連を有する公益目的事業を行う場合は, 内閣総理大臣が行政庁となり, それ以外の場合は, 都道府県知事が行政庁となる。

 公益法人の認定

1 総 説

公益目的事業を行う一般社団法人または一般財団法人は, 行政庁による公益認定 (許可や認可と異なる) を受けることができる (公益法人4条)。行政庁は, 公益認定の申請をした一般社団法人・一般財団法人が公益認定の定める基準に適合し, かつ, 法定の欠格事由が存在しなければ, 公益認定をすることになる (公益法人5条・6条)。こうして公益認定を受けた一般社団法人または一般財団法人は, 公益社団法人または公益財団法人の名称を用いなければならない (公益法人9条3項)。また, 公益社団法人・公益財団法人になると, 公益法人並びにこれに対する寄附を行う個人および法人に関する所得課税に関し, 税制上の

優遇措置がとられることになる（公益法人58条）。

　公益認定の基準に関し，以下の2〜5の基準の充足が必要とされる。

2　法人の目的および事業に関する基準

　公益認定を受けるためには，法人はその目的および事業に関し，以下の基準を充足することが必要である（公益法人5条1号〜7号）。

① 　公益目的事業を行うことを主たる目的とすること

② 　公益目的事業を行うのに必要な経理的基礎および技術的能力を有するものであること

③ 　当該法人の関係者に対し特別の利益を与えないものであること

④ 　営利事業を営む者等に対し寄附その他の特別の利益を与える行為を行わないものであること

⑤ 　投機的な取引・高利の融資その他の事業で公益法人の社会的信用を維持する上でふさわしくない事業，または，公序良俗を害するおそれのある事業を行わないものであること

⑥ 　当該公益目的事業に係る収入がその実施に要する適正な費用を償う額を超えないと見込まれるものであること

⑦ 　公益目的事業以外の収益事業等を行う場合には，それを行うことにより公益目的事業の実施に支障を及ぼすおそれがないものであること

3　法人の財務に関する基準

　公益認定を受けるためには，法人はその財務に関し，以下の基準を充足することが必要である（公益法人5条8号・同条9号・15条・16条）。

① 　公益目的事業比率が100分の50以上となると見込まれるものであること

② 　遊休財産額が一定の制限額を超えないと見込まれるものであること

4　法人の機関に関する基準

　公益認定を受けるためには，法人はその機関に関し，以下の基準を充足することが必要である（公益法人5条10号〜14号）。

① 　理事または監事について，一定の親族関係等にある者の合計数がその総数の3分の1を超えないものであること

② 理事または監事について，他の同一の団体（公益法人等を除く）の関係者である者の合計数がその総数の3分の1を超えないものであること

③ 収益の額，費用および損失の額等が一定の基準に達しない場合を除き，会計監査人を置いているものであること

④ 理事，監事および評議員に対する報酬等について，不当に高額なものとならないような支給の基準を定めているものであること

⑤ 一般社団法人の場合は，

　(ア) 社員の資格の得喪に関して，不当に差別的な取扱いをする条件等の不当な条件を付していないこと

　(イ) 社員の議決権に関して，不当に差別的な取扱いをしないものであり，かつ，社員が法人に対して提供した財産の価額に応じて異なる取扱いを行わないものであること

　(ウ) 理事会を置いているものであること

5　法人の財産に関する基準

公益認定を受けるためには，法人はその財産に関し，以下の基準を充足することが必要である（公益法人5条15号～18号）。

① 他の団体の意思決定に関与することができる株式等の財産を保有していないものであること

② 公益目的事業を行うために不可欠な特定の財産がある場合，その旨並びにその維持および処分の制限について　必要な事項を定款で定めているものであること

③ 公益認定の取消しの処分を受けた場合や合併（権利義務を承継する法人が公益法人であるときを除く）により法人が消滅する場合に，公益目的取得財産残額に相当する額の財産を，類似の事業を目的とする他の公益法人，学校法人・社会福祉法人・独立行政法人等や，国もしくは地方公共団体に贈与する旨を定款で定めているものであること

④ 清算をする場合に，残余財産を類似の事業を目的とする他の公益法人，学校法人・社会福祉法人・独立行政法人等や，国もしくは地方公共団体に

　　帰属させる旨を定款で定めていること

 Ⅳ　公益法人の事業活動

1　公益目的事業の実施

　公益法人は，以下の基準を遵守するように事業活動を実施しなければならない（公益法人14条～17条）。

　①　公益目的事業を行うに当たり，当該公益目的事業の実施に要する適正な費用を償う額を超える収入を得てはならないこと

　②　毎事業年度における公益目的事業比率が100分の50以上となるように公益目的事業を行わなければならないこと

　③　毎事業年度の末日における遊休財産額が一定の制限額を超えないものであること

　④　寄附の募集に関する禁止行為を行わないこと

2　公益目的事業財産

　公益法人は，公益目的事業財産を，公益目的事業を行うために使用し又は処分しなければならない（公益法人18条）。

　公益目的事業財産とは，①公益認定を受けた日以後に寄附を受けた財産，②公益認定を受けた日以後に交付を受けた補助金その他の財産，③公益認定を受けた日以後に行った公益目的事業に係る活動の対価として得た財産，④公益認定を受けた日以後に行った収益事業等から生じた収益に一定割合を乗じて得た額に相当する財産，⑤以上の財産を支出することにより取得した財産，⑥定款で公益目的事業を行うために不可欠な財産である旨を定めている財産，⑦公益認定を受けた日の前に取得した財産であって同日以後に公益目的事業の用に供するものである旨を表示した財産，⑧これ以外の当該公益法人が公益目的事業を行うことにより取得し，または公益目的事業を行うために保有していると認められる財産のことをいう。

3　公益法人の計算等の特則

　公益法人は，①収益事業等に関する会計を，公益目的事業に関する会計から

区分して特別会計として経理をし，②理事・監事・評議員に対する報酬等を，公表された支給基準に従って支給をし，③事業計画書，収支予算書，財産目録，役員等名簿，理事・監事・評議員に対する報酬等の支給基準を記載した書類等を作成して事務所に備え置き，④前記書類，定款，社員名簿，計算書類等を一般の者の閲覧に供し（正当な理由がある場合を除く），これら（定款を除く）を事業年度ごとに行政庁に提出しなければならない（公益法人19条〜22条）。

　公益法人の監督

1　報告および検査

　行政庁は，公益法人の事業の適正な運営を確保するために必要な限度において，公益法人に対し，その運営組織および事業活動の状況に関し必要な報告を求め，または公益法人の事務所に立ち入り，その運営組織および事業活動の状況もしくは帳簿・書類その他の物件の検査・質問をすることができる（公益法人27条）。

2　勧告，命令等

　行政庁は，公益法人について，①公益認定の基準に適合しない，②公益法人の事業活動の規制を遵守していない，③法令または法令に基づく行政機関の処分に違反しているといった事由に該当すると疑うに足りる相当な理由がある場合には，当該公益法人に対し，必要な措置をとるべき旨の勧告をすることができ，公益法人が正当な理由がなくその勧告に係る措置をとらなかったときは，勧告に係る措置をとるべきことを命ずることができる（公益法人28条）。

3　公益認定の取消し

　行政庁は，公益法人が，①法定の欠格事由に該当するに至ったとき，②偽りその他不正の手段により公益認定・変更の認定・合併による地位の承継の認可を受けたとき，③正当な理由がなく勧告に係る措置をとるべき旨の行政庁の命令に従わないとき，④公益法人から公益認定の取消しの申請があったときのいずれかに該当するときは，その公益認定を取り消さなければならない（公益法人29条1項）。また，行政庁は，公益法人が，①公益認定の基準に適合しなくな

ったとき，②公益法人の事業活動の規制を遵守していないとき，③法令または法令に基づく行政機関の処分に違反したときは，その公益認定を取り消すことができる（公益法人29条2項）。

　公益認定の取消しの処分がなされると，公益社団法人または公益財団法人という文字をそれぞれ一般社団法人または一般財団法人と変更する定款の変更をしたものとみなされ，行政庁は登記所に公益法人の名称の変更の登記を嘱託しなければならない（公益法人29条5項・6項）。さらに，公益認定の取消しを受けた公益法人は，定款の定めに従い，公益目的取得財産残額に相当する額の財産を，類似の事業を目的とする他の公益法人，学校法人・社会福祉法人・独立行政法人等や，国もしくは地方公共団体に贈与することになるが，公益認定の取消しの日から1ヵ月以内にその旨の贈与に係る書面による契約が成立しないときは，国または都道府県が同額の金銭の贈与を受ける旨の書面による契約が成立したものとみなされ，また同期間内に一部に相当する額の財産についてしか前記贈与に係る書面による契約が成立しないときは，国または都道府県は残余の部分の金銭の贈与を受ける旨の書面による契約が成立したものとみなされる（公益法人30条）。

第7節　一般法人整備法

I　序　　説

　一般法人法および公益法人法の施行に伴い，中間法人法を廃止し（一般法人整備法1条），民法ほか関係法律について規定の整備を行うとともに，所要の経過措置を定めている。

II　民法法人の存続

1　社団法人・財団法人の存続

　一般法人整備法施行の際に現に存在していた改正前の旧34条により設立され

た公益法人は，一般法人法の規定による一般社団法人または一般財団法人として存続することとされたが（一般法人整備法40条），5年間の移行期間（2008年12月1日から2013年11月30日）内に，公益法人法に規定する公益法人に移行するか（一般法人整備法44条・106条1項），あるいは，通常の一般社団法人または一般財団法人に移行することになった（一般法人整備法45条・121条1項）。この移行の登記をしていない法人を，一般法人整備法では，「特例社団法人」，「特例財団法人」（これらを総称して「特例民法法人」）とよんでいる（一般法人整備法42条1項・2項）。

2　移行期間満了による解散

　移行期間内に，行政庁の認定を受け公益法人に移行するか，行政庁の認可を受け通常の一般社団法人または一般財団法人に移行するかをしなかった特例民法法人は，移行期間内に移行の申請をしたが移行期間の満了の日までに当該申請に対する処分がなされない場合を除き，移行期間の満了の日に解散したものとみなされた（一般法人整備法46条）。

3　公益社団法人または公益財団法人への移行

　公益法人法に規定する公益目的事業を行う特例民法法人は，5年間の移行期間内に，移行の認定の申請を行い，行政庁の認定を受けて移行の登記をすることにより，公益法人法上に規定する公益法人になることができる（一般法人整備法44条・99条・106条1項・107条）。行政庁が公益法人への移行を認定する基準またはこうした認定にかかる欠格事由は，公益法人法の公益認定の基準または欠格事由と基本的に同じである（一般法人整備法100条・101条）。日本相撲協会は，力士暴行死事件や大麻事件，暴力団観戦，野球賭博，八百長など不祥事が相次いで改革を迫られ，認定申請が5年の移行期間が切れる2ヵ月前までずれ込んだものの，公益財団法人への移行が認められたが，平成29（2017）年の横綱による力士暴行事件があり，暴力廃絶への体質改善が求められている。なお，旧公益法人（特例民法法人）は2万4317法人が存在したが，新公益法人への移行認定を受けたのは37％にあたる9054法人にとどまっている。

4 通常の一般社団法人または一般財団法人への移行

　特例民法法人は，5年間の移行期間内に，移行の認可の申請を行い，行政庁の認可を受けて移行の登記をすることにより，通常の一般社団法人または一般財団法人になることができる（一般法人整備法45条・115条・121条1項）。通常の一般社団法人または一般財団法人に移行しようとする特例民法法人は，公益目的支出計画の作成と実施が義務づけられている（一般法人整備法119条・124条）。なお，旧公益法人（特例民法法人）として存在した2万4317法人のうち，一般法人への移行認可を受けたのは48％にあたる1万1682法人であった。

 ## Ⅲ　中間法人の存続および経過措置

　中間法人法は廃止されるが，同法に基づく有限責任中間法人・無限責任中間法人は，一般法人法の規定による一般社団法人とみなされて存続することとなった（一般法人整備法2条・24条）。しかし，無限責任中間法人は社員が無限責任を負担する点で（中間法人97条），一般社団法人と法的形態を基本的に異にすることから，特例無限責任中間法人については，新法施行日後1年（2009年11月30日）以内に通常の一般社団法人への移行の登記をしなければ解散したものとみなされた（一般法人整備法37条）。

第8節　法人の合併・解散・清算

 ## Ⅰ　法人の合併

　一般社団法人または一般財団法人は，合併契約を締結することにより，他の一般社団法人または一般財団法人と合併をすることができる（一般法人242条）。合併には，他の法人を吸収する吸収合併（一般法人244条以下）と新たな法人を新設する新設合併（一般法人254条以下）とがある。いずれも，社員総会または評議員会の決議により合併契約の承認を受けなければならない（一般法人247条・257条）。また，消滅法人の債権者には，異議を述べる機会が認められている（一般

法人248条・258条)。そして，合併をする法人が一般社団法人のみである場合には，合併後の法人は一般社団法人でなければならず，合併をする法人が一般財団法人のみである場合には，合併後の法人は一般財団法人でなければならないとされる（一般法人243条1項)。また，それ以外の合併の場合には，合併をする一般社団法人が合併契約の締結の日までに基金の全額を返還していないときは，合併後存続する法人または合併により設立する法人は，一般社団法人でなければならないとされる（一般法人243条2項)。

 法 人 の 解 散

1　一般社団法人・一般財団法人に共通の解散事由

①定款で定めた存続期間の満了，②定款で定めた解散事由の発生，③合併，④破産手続開始の決定，⑤解散を命ずる裁判，⑥休眠法人のみなし解散である（一般法人148条・149条・202条1項・203条)。解散命令は，裁判所が，公益を確保するため一般社団法人または一般財団法人の存立を許すことができないと認めるときに，法務大臣または社員，評議員，債権者その他の利害関係人の申立てにより，法人の解散を命ずることができるとするもので，解散事由としては，第一に，不法目的法人であること（法人の設立が不法な目的に基づいてされたとき)，第二に，休眠法人であること（法人が正当な理由がないのにその成立の日から1年以内にその事業を開始せず，または引き続き1年以上その事業を休止したとき)，第三に，業務執行理事が違法行為を継続または反復すること（業務執行理事が，法令もしくは定款で定める権限を逸脱しもしくは濫用する行為または刑罰法令に触れる行為をした場合において，法務大臣から書面による警告を受けたにもかかわらず，なお継続的にまたは反復して当該行為をしたとき）があげられている（一般法人261条)。

2　一般社団法人に特有の解散事由

①社員総会の決議，②社員が欠けたことである（一般法人148条)。

3　一般財団法人に特有の解散事由

①基本財産の滅失その他の事由による一般財団法人の目的である事業の成功

の不能，②貸借対照表上の純資産額が事業年度2期連続して300万円未満となった場合である（一般法人202条1項・2項）。

 Ⅲ　法 人 の 清 算

　法人が解散すると，財産整理の手続きである清算を行うことになる。なお，破産の場合も清算手続きが行われるが，この場合は破産管財人が選任され破産法の手続きによって行われることになる。

　清算をする解散法人を「清算法人」というが，「清算の目的の範囲内において，清算が結了するまではなお存続するものとみなす」とされる（一般法人207条）。清算法人には1人または2人以上の「清算人」が置かれ（一般法人208条1項），他に代表清算人その他清算法人を代表する者を定めた場合を除き，清算人が清算法人を代表する（一般法人214条1項）。清算人は，定款で定める者や社員総会または評議員会の決議によって選任された者がある場合を除き，理事が清算人となる（一般法人209条1項）。

　清算人は，①現務の結了，②債権の取立および債務の弁済，③残余財産の引渡しの職務を行う（一般法人212条）ほか，清算法人の財産がその債務を完済するのに足りないことが明らかになったときは，破産手続開始の申立てを直ちに行わなければならない（一般法人215条1項）。

　清算人がその任務を怠ったときは，清算法人に対し損害賠償責任を負い（一般法人217条1項），また，清算人がその職務を行うについて悪意または重過失があり第三者に損害を生じさせたときは，当該清算人は第三者に対し損害賠償責任を負う（一般法人218条1項）。さらに，清算人等が清算法人または第三者に損害賠償責任を負う場合に，他の清算人等で損害賠償責任を負う者があれば，これらの者は連帯債務者として責任を負うことになる（一般法人219条1項）。

第9節 外 国 法 人

 外国法人の意義

　外国法に準拠して成立した法人が，外国法人である。これに対し，日本法に
準拠して成立した法人を，内国法人ないしは日本法人という。

 外国法人の権利能力

　外国法人は，①外国，②外国の行政区画，③外国会社，④外国の非営利法人
で法律または条約の規定により認許されたものに限って，成立が認許される
（35条1項）。そして，外国法人は，日本に成立する同種の法人と同一の権利能
力を有するが，外国人が享有できない権利および法律・条約中に特別の規定が
ある権利については外国法人も享有できないとされる（35条2項）。

 外国法人の登記

　外国法人は，登記を要し（36条），日本に事務所を設けた場合には，3週間以
内にその事務所の所在地において，①外国法人の設立の準拠法，②目的，③名
称，④事務所の所在場所，⑤存続期間を定めたときはその定め，⑥代表者の氏
名および住所を，登記しなければならない（37条1項）。これらの登記事項に変
更が生じた場合や，代表者の職務執行の停止・職務代行者の選任の仮処分命令
またはその仮処分命令を変更ないし取り消す決定がなされた場合も，3週間以
内に登記しなければならず，登記前にあってはそれを第三者に対抗できないと
される（37条2項・3項）。なお，その登記すべき事項が外国で生じた場合，登
記の期間は，その通知が到達した日から起算する（37条4項）。また，外国法人
が初めて日本に事務所を設けたときは，その事務所の所在地において登記を行
うまで，第三者はその法人の成立を否認することができる（37条5項）。さらに，
外国法人が事務所を移転したときは，旧所在地においては3週間以内に移転の

登記をし，新所在地においては4週間以内に設立登記と同一内容の登記をしなければならないが，同一の登記所の管轄区域内において事務所を移転したときは，その移転を登記すれば足りるとされる（37条6項・7項）。こうした登記を外国法人の代表者が怠ったときは，50万円以下の過料に処せられる（37条8項）。

第4章

物

第1節　序　説

I　権利の客体

「物」が法律上問題とされるのは，権利の客体としてである。人が権利の主体とされていることに，対応する。「物」は物権において，特に重要な意味を有している。物権は，物を直接に排他的に支配する権利であるからである。もっとも，権利の客体は，「物」に限られない。たとえば，物権においても権利質（362条）のごとく権利の上に物権が認められるものもあるし，また債権は人の行為を目的とし，さらに人格権のごとく人の生命・身体・自由・名誉などを目的とする権利もある。したがって，民法典は，権利の客体一般について規定をおいたのではなく，ただ権利の客体の一つである「物」について規定を置いているにすぎない。

II　　物

1　有体物・無体物

「物」とは有体物をいう（85条）と民法は定めている。有体物とは，空間の一部を占めて，有形的な存在を有するものである。有形的な存在であるから，液体・気体・固体は「物」であるが，エネルギー（電気・熱・光など）・情報・データ・発明・著作権などの無体物は「物」ではないことになる。そこで，無体

136

物にも所有権の成立を認めるために，物概念を拡張して有体物を「法律上の排他的支配の可能性」を有するものと解する説[1]が有力に主張されるが，伝統的見解は無体物をそれぞれ特別法で処理すればよいと反対する。

2　非　人　格　性

人は「物」ではないから，所有権は成立しない。もっとも，切り離された身体の一部，たとえば歯，毛髪などは「物」である。また，死体は，埋葬・供養・解剖をなす権利の対象として認められる。なお，医療技術の発達は，補助生殖医療（人工授精，体外受精，代理母，試験管ベイビー）や臓器移植を可能にし，「物」の「人」化（体外受精の受精卵は胎児か）や，「人」の「物」化（臓器移植のための臓器）をもたらしている。人由来物である血液・臓器・受精卵などを「物」と扱うかについては，個人の尊厳の観点から慎重に検討する必要があろう。また，医療技術の発達が，男女の区別を困難にしたり（性転換），父母の確定を困難にして親権の問題を提起する（人工授精・体外受精・代理母）など難しい問題を提起していることも注意を要する。

3　排他的支配可能性

法律上「物」として扱われるためには，人が支配しうるものでなければならない。日・月・星などは「物」ではない。また，空気や海洋のように，自由に誰でも利用することが予定されているものも，「物」ではない。もっとも，国が一定範囲を区画し，他の海面から区別して排他的支配を可能にした上で，公用を廃止し，私人の所有に帰属させた場合には，その区画部分は所有権の客体たる土地に当たるとされる[2]。

4　独　立　性

「物」は商品として取引の対象となっていることからも明らかなように，一個の物としての独立性が要求される。したがって，原則として物の一部は独立の権利の客体とはならない。もっとも，建物の区分所有（建物の区分所有等に関

1）我妻・講義 I 202頁。
2）最判昭61・12・16民集40・7・1236。

する法律），付合物（242条ただし書）など若干の例外がある。

第**2**節　動産・不動産

Ⅰ　意　　義

　民法は土地およびその定着物を不動産としている（86条1項）。不動産は，動産に対立する概念である。両者が区別される理由は，第一に，不動産は経済的価値において動産より高いこと，第二に，不動産は動産と異なって所在が一定しており容易に場所を変えることができないこと，第三に，法的取扱いが異なることがあげられる。しかし，第一の理由は，今日では有価証券が登場し経済的重要性はそれ程ではない。今日において両者を区別する主な理由は，第三の理由にある。たとえば，物権変動の対抗要件（177条・178条，なお，動産債権譲渡特3条1項），即時取得の適用（192条）等で両者は重要な相違がある。

Ⅱ　不　動　産

1　土　　地

　(1)　意義　　土地は不動産の典型であり，一定の範囲の地面に，その上下（空中・地下）を含めたものをいう（207条参照）。したがって，地中の岩石・土砂などは，分離しない限り土地の構成部分である。ただし，鉱業法は，国家経済上の観点から一定の種類の未採掘の鉱物を土地所有権から分離して，その採取・取得する権能を国家の手に留保している（鉱業2条）。

　(2)　単位　　土地は，自然的に区分されていないが，人為的に区分して一筆ごとに地番をつけて，登記される。これを一筆の土地という。したがって，分筆手続きをしない限りなお一筆の土地であるが，判例は，分筆手続き未了の土地の一部が売却された事案で，一筆の土地の一部が当事者間で特定していれば

所有権は買主に移転するとしている[3]。

2 定 着 物

(1) 意義　定着物は継続的に土地に固着され，取引通念上固着されて使用される物をいう。建物はその代表的なものであり，樹木・石垣・沓脱石も定着物である。また，土地・建物に据え付けられた機械も固着性の如何によっては定着物となる[4]。しかし，石灯籠・仮小屋・仮植中の植物[5]，工場内にボルトで固着された機械類[6]，土地に砂を盛っておかれた石油タンク[7]などは定着物ではない。また，定着物であるといっても，そのなかには，土地から独立している物（建物），土地の構成部分とされている物（石垣・岩石），中間的な物（立木・未分離の果実）がある。

(2) 建物　建物は常に土地とは別個独立の不動産とされ，土地とは別の登記簿が設けられている（不登44条以下）。建物の個数は，土地と異なり登記簿によって定まるのではなく，社会通念により決まる。一般には一棟の建物をもって一つの物と数えるのが原則である（建物の区分所有等に関する法律は例外）。ところで，建築中の建物はどの程度に達したら建物となるか。判例は，屋根を葺上げただけでは建物とはいえないが，屋根および囲壁ができれば，床や天井をまだ張らなくとも建物として登記しうるとしている[8]。結局は取引の実際に即して社会観念により決すべきである。

(3) 立木・未分離の果実　立木や未分離の果実（稲立毛・みかん・桑葉）は，元来土地の構成部分にすぎないが，わが国では古くからこれらの定着物を土地とは別個独立の物として取引する慣行があった。そこで，立木については立木法（明治42年）を制定して，立木登記をした樹木の集団を土地とは別個独立の不動産とした。この方法をとらない立木や未分離の果実については，「明

---

3) 最判昭30・6・24民集9・7・919。
4) 大判明35・1・27民録8・77。
5) 大判大10・8・10民録27・1480。
6) 大判昭4・10・19新聞3081・15。
7) 最判昭37・3・29民集16・3・643。
8) 大判昭10・10・1民集14・1671。

認方法」を施せば土地とは別個独立の物となるとするのが，通説・判例である。

1 意　　義

不動産以外の物が動産である（86条2項）。土地に付着する物でも，定着物でない物は動産である（たとえば，仮植中の植木）。また，動産の個数は，社会通念によって決まる。米・醬油などは容器により個数が決まる。また，船舶・自動車・建設機械・農業用動産などは動産であるが，特別法（船舶については商法686条・687条・848条，自動車については道路運送車両法・自動車抵当法，建設機械については建設機械抵当法，農業用動産については農業動産信用法など）により不動産に準じた取扱いがなされている。

2 特殊な動産である貨幣

貨幣は特殊な動産で，物としての個性がなく抽象的な価値そのものである。そこで，判例[9)]・学説は，価値としての金銭にあっては，「占有のあるところに所有あり」と解されるから，192条を適用すべきではないとする。

第3節　主物・従物

ある物の経済的効用を完全にするため，他の物を結合させて補助的に利用しなければならないことがある。たとえば，鞄と鍵，家屋と畳・建具，母屋と納屋などで，前者を主物といい，後者を従物という。判例では，石灯籠および取外しのできる庭石等は，宅地の従物とされ[10)]，地下タンク，ノンスペース型計量機，洗車機等は，ガソリンスタンド用建物の従物とされた[11)]。

9）最判昭29・11・5刑集8・11・1675，最判昭39・1・24判時365・26など。

10）最判昭44・3・28民集23・3・699。

11）最判平2・4・19判時1354・80。

Ⅱ　要　　件

　主物・従物関係が認められるためには，次の要件が必要である。すなわち，①両者はともに独立の物であること，②従物が継続して主物の経済的効用を助けること，③従物が主物に付属されているという場所的関係にあること，④両者は同一の所有者に属すること（もっとも，所有者が同一であればよいので，主物の所有者が付属させなくてもよい）である。これらの要件が備われば，主物・従物は，動産であっても不動産であってもよい。

Ⅲ　効　　果

　主物と従物を区別する実益は，従物が主物の処分に従うということにある（87条2項）。すなわち，両者の法律的運命を結合せしめることによって，経済的な主従の結合関係をより強固ならしめた。したがって，主物について売買契約がなされれば，当事者の別段の意思表示がない限り，従物も包含される。また，主物の上の抵当権も，特に従物を除くという意思表示がない限り，当然にその効力は抵当権設定前の従物に及ぶが，抵当権設定後に付属された従物については，議論がある。370条の「付加一体物」に従物も含まれると解されるので，抵当権設定前の従物であろうと，抵当権設定後に付属された従物であろうと，370条により抵当権の効力が及ぶと解すべきである。

Ⅳ　主たる権利と従たる権利

　主物・従物は，物の相互間の関係であるが，判例は主従のある権利相互間も，主物・従物と同じように扱うことを認めている。たとえば，元本債権と利息債権[12]，建物とその敷地の借地権[13]などである。

---

12) 大判大10・11・15民録27・1959。
13) 大判昭2・4・25民集6・182，最判昭40・5・4民集19・4・811。

第**4**節　元物・果実

意　　義

　物から生ずる経済的収益を果実といい，果実を生ずる物を元物という。民法は，果実に天然果実と法定果実の二種類を認めている。両者は物から生ずる経済的収益であるという点では共通しているが，法律的取扱いは異にする。

Ⅱ　天　然　果　実

1　意　　義

　物の用法に従って収益される産出物が，天然果実である（88条1項）。米・果物・牛乳などのように自然的・有機的に産出された物に限らず，鉱物・石材・土砂などのように人工的・無機的に収取される物も天然果実である。天然果実は，元物から分離される前は元物の構成部分であるが，分離によって独立の物となる。それでは，分離した場合，天然果実は誰に帰属するか。民法は，分離の時にこれを収取する権利を有する者に帰属すると定めている（89条1項）。こうした収取権者は，原則として所有権者（206条）であるが，例外として善意占有者（189条），地上権者（265条），永小作権者（270条），売主（575条），賃借権者（601条）などの場合もある。

2　未分離の天然果実

　未分離の天然果実は，一般に元物の一部であって独立の物ではないが，慣習上未分離のままで取引の客体とされることがある。たとえば，みかん，桑葉，稲立毛などがそれである。この場合に，判例は，その独立性を認め，取得者の所有権を認めている（対抗要件として明認方法は必要）。

法 定 果 実

1 意　　義

　物の使用の対価として受ける金銭その他の物が法定果実である（88条2項）。たとえば，不動産使用の対価である家賃・地代・小作料や，元本債権の収益である利息[14]などがそれである。

2 帰　　属

　法定果実の帰属については，民法は，これを収取しうる権利の存続期間に応じて日割をもって取得するとした（89条2項）。たとえば，賃貸中の家屋が他人に譲渡されると，譲渡の日以前の家賃は旧家主が取得し，それ以後の家賃は新家主が取得する（これと異なる特約があるときはそれに従う）。

---

14) 大判明38・12・19民録11・1790。

第5章

法 律 行 為

第1節 序 説

 法律行為の意義

1 権利変動の原因

法律行為とは，1つまたは数個の意思表示を要素とする法律要件であって，行為者が意欲した法律効果を発生させるものをいう[1]。

民法の規範は，一定の法律要件が充足されると，一定の法律効果，すなわち権利変動（権利義務関係の発生・変更・消滅）が生ずるという構造をとる。たとえば，売買契約（555条）では，「当事者の一方がある財産権を相手方に移転することを約し，相手方がこれに対してその代金を支払うことを約する」という法律要件が充足されると，その法律効果として，代金支払請求権（代金支払義務）と目的物引渡請求権（目的物引渡義務）等の権利や義務が発生することとなる。

権利変動の原因としては，契約と不法行為がとくに重要である。契約では法律効果を発生させようとする当事者の意思に基づいて法律効果が発生し，不法行為では当事者の意思に関係なく一定の違法行為や事実に基づいて法律効果が発生する。

---

1) 我妻・講義Ⅰ238頁，幾代・総則183頁など。平井・注民③5頁も参照。

144

2 法律効果と法律要件

法律効果すなわち権利変動発生の原因を，法律要件という。

法律要件は，法律効果に関係がある個々の客観的な法律事実から構成される。そして，法律事実のうちで最も重要なものは，法律効果の発生を意欲してなされる意思表示である。たとえば，代表的な法律要件である契約であれば，申込みと承諾という意思表示の合致が法律事実である。契約以外に，遺言などの1人の意思表示により法律効果を発生させる単独行為や，会社設立のように複数の者が一定の目的に従って意思表示をすることにより法律効果を発生させる合同行為なども，法律要件である（詳細は，後記第2節Ⅰ参照）。ここでは，契約・単独行為・合同行為の上位に，意思表示を要素とする法律行為（権利変動の要件）という概念が認められている。換言すれば，契約などの法律要件が権利変動を発生させる根拠は，契約を成立させるという当事者の意思表示に求められるということになる。

3 法律行為と準法律行為

準法律行為とは，意思の表明を伴う行為によって，法に定められた効果が発生する行為である。法が独自の観点から一定の法律効果の発生を認めているのであり，意思に従って法律効果が発生するわけではない点で，法律行為と区別される。

準法律行為は，表現行為と非表現行為とに分かれる。

表現行為には，意思の通知と観念の通知とがある。意思の通知とは，意思の発表により，法律効果が発生するのではないが，法律に定められた一定の効果が生じる行為をいう。たとえば，催告（20条・150条・412条3項・541条）や受領の拒絶（493条ただし書）などがある。観念の通知とは，一定の事実の通知であり，意思の発表を伴わない行為をいう。たとえば，債務の承認（152条1項），債権譲渡の通知（467条）などがある。表現行為に属する準法律行為は，意思表示・法律行為にきわめて似ていることから，通説は，意思表示・法律行為に関する諸規定は，性質の許す限り，準法律行為に類推適用されるべきと解している[2]。

2）我妻・講義Ⅰ235頁，幾代・総則181頁。

　他方，非表現行為とは，先占（239条1項），拾得（240条），事務管理（697条）
などの事実行為をいう。

 ## Ⅱ　法律行為と意思表示

1　法 律 行 為

　法律行為は，冒頭で述べたように，当事者の意思に基づき権利変動という法
律効果を発生させる行為である。そこでは，当事者の意思表示が不可欠の要件
とされ（効果の点に着目すると，行為者が意欲したとおりの法律効果を発生させる
のが意思表示である），法律行為の内容は，その意思表示の内容により定まるこ
ととなる。最も代表的な法律行為である契約でいうと，法律効果としては，契
約の内容どおりの債権・債務が発生する。ある物の売買契約を例にとると，売
主には目的物引渡義務（債務）が，買主には代金支払義務（債務）が発生する
ことになる。なお，民法上，義務（債務）と権利（債権）は対応しているので，
これは，売主には代金支払請求権（債権）が，買主には目的物引渡請求権（債
権）が発生するとも言い換えることができる。

　法律行為には，少なくとも1つ以上の意思表示が，必ず含まれている（要素
となっている）。取消しや追認，契約の解除のような単独行為の場合は，1つの
みの意思表示が法律行為の唯一の要素となっているが，2つ以上の意思表示が
必要な法律行為もある。たとえば，売買契約では，売主・買主間で，申込みと
承諾という2つの意思表示の合致が必要である（555条）。この場合，一方当事
者の意思表示だけでは，売買契約の法律効果は生じない。

　また，法律効果を発生させるために，物の引渡しや一定の方式など，意思表
示以外の法律事実をも必要とする法律行為もある。たとえば，消費貸借契約
（諾成的消費貸借を除く）では，借主・貸主間で互いの意思表示が合致するこ
とのほかに，貸主から借主への目的物の引渡しが必要である（587条。要物契
約）。また，遺言では，遺言者の意思表示のほかに，それが民法の定める方式
を具備していることが必要である（960条。要式行為）。

2 意思表示

(1) 意思表示の意義　　意思表示とは，人がある法律効果の発生を意欲し，かつ，その旨を外部に表示する行為である。

　意思表示は，法律行為の構成要素である。法律行為には，必ず，意思表示が含まれており，法律行為が有効であるためには，意思表示が有効に成立していなくてはならない。したがって，申込みと承諾の意思表示が合致して成立する売買契約を例にとると，申込みの意思表示の効力が否定される事態が生じると，承諾の意思表示が有効だとしても，相対立する意思表示の合致があったとはいえないので，売買契約は成立しない。売主や買主に売買契約から生じる権利や義務が帰属することもないのである。

　(2) 意思表示の構造　　(a) 意思表示のプロセス　　伝統的に，意思表示は，そのなされる心理的経過に従って，動機，効果意思，表示意思，表示行為の4つの概念を用いて説明されてきた[3]。

　動機は，意思表示をする理由・きっかけで，動機に基づいて生じる一定の法律効果を欲する意思が効果意思である。表示意思は，効果意思を外部に表示しようとする意思であり，表示行為は，効果意思の外部への表明である。たとえば，友人に自慢したいと思って，将来プレミアがつきそうなレアもののスニーカーを2万円で購入するという場合であれば，「レアもののスニーカーを友人に見せびらかしたい」という欲望（動機）に導かれて，「それではこのスニーカーを2万円で購入しよう」と決める効果意思が形成され，「買うという意思を外部に表示しよう」と意識する表示意思を媒介して，実際に「このスニーカーを買います」という表現（表示行為）がなされるというわけである。表示行為は，他人が意思の存在を推測できる社会的に意味のある行為でなくてはならないが，言語（文書や口頭での伝達）だけでなく，競りのように手振りである場合や，黙示で行われる場合もある。

　(b) 動機の取扱い　　動機は，意思表示にとり重要なものではあるが，き

3）我妻・講義Ⅰ239頁，幾代・総則236頁。我妻・講義Ⅰ297〜298頁も参照。

わめて個人的なものであり，外部からは窺い知ることができない。したがって，伝統的な考え方によれば，動機に導かれて効果意思が形成されるのが当然であり，最終的に認められる法律効果に対応する効果意思を考慮することが重要とされ，動機について特別な考慮をしなくてもよいとされる。また，実際には動機と効果意思とを厳密に区別することが難しい場合も少なくない。こうしたことから，動機は意思表示の構成要素から除外されてきた。そのため民法も，動機が意思表示の効力に影響しないことを原則としている。もっとも，例外的に，動機が決定的に重要な意味をもつ場合があり，これについては次章で取り扱う。

　(c)　意思表示の成立　　意思表示の効力を考えるにあたり，表示意思をとくに考慮する必要はないと解するのが一般的である[4]。そうすると，結局のところ，効果意思と表示行為を考慮すればよいということになる。

　なお，表示行為から客観的に推測される（当然あるべきと考えられる）効果意思が，表意者の真意（動機ないし内心の効果意思）と食い違う場合（95条1項2号など）の問題も次章で取り扱うこととする。

Ⅲ　法律行為自由の原則

　近代市民社会は，自由競争を前提とする商品交換の論理が支配する社会である。そこでは，各個人は自己の意思に基づいて自由に法律行為を行うことができ，その私法上の法律効果を享受することができる。これを，とくに国家や他人からの介入を受けないという観点からは，法律行為自由の原則という。また，法律効果が発生する根拠を各個人の自由な意思に求める観点からは，私的自治の原則という（個人の自由な意思で同意したからこそ法的な拘束を受けるという法的拘束力の根拠も私的自治の原則から説明可能である）。なお，法律行為のうち，最も代表的なものは契約であるから，法律行為自由の原則を指して，契約自由の原則（521条参照）という表現が使われることもある[5]。

4）我妻・講義Ⅰ241～242頁，幾代・総則237頁，四宮＝能見・総則224頁。
5）我妻・講義Ⅰ237頁，平井・注民③23頁参照。

第2節　法律行為の分類

 単独行為・契約・合同行為

　法律行為は，さまざまな権利変動原因を含んでおり，それぞれに特徴があるが，一般的には，単独行為，契約，合同行為の3つに分類される。これは，法律行為を構成する意思表示の態様（結びつき方）による分類である。

1　単　独　行　為

　単独行為とは，1個の意思表示だけで成立する法律行為である。単独行為には，相手方のある単独行為と，相手方のない単独行為とがある。相手方のある単独行為としては，取消し・追認（123条），債務の免除（519条），契約の解除（540条1項）などがあり，相手方のない単独行為としては，財団法人の設立行為（一般法人152条），所有権の放棄，遺言（960条以下）などがある。

2　契　　　約

　契約とは，複数当事者（2人のことが多い）の相対立する意思表示の合致によって成立する法律行為である。売買（555条），消費貸借（587条），賃貸借（601条），雇用（623条），委任（643条）など，たくさんの例がある。先になされた一方の意思表示を申込み，これを受けてなされた他方の意思表示を承諾といい，申込みと承諾が合致することによって契約が成立する。

　契約は，複数当事者の意思表示を必要とする点で単独行為と異なり，複数当事者の意思表示の方向が対立的である点で，後述の合同行為と異なる。なお，意思に基づいて法律効果を発生させるのが法律行為であり，法律行為を行うと，権利義務が変動し，通常2人以上の者に影響が及ぶこととなる。このとき，基本的には当事者間での意思の合致が必要とされるので，単独行為・契約・合同行為のうち，契約が原則的な形態であるといえよう（契約は，最も代表的な法律行為であるので，法律行為が論じられるほとんどの場合に契約が念頭に置かれている。本章および次章でも，主として契約を中心に叙述を進めることとする）。

3 合 同 行 為

合同行為とは，複数当事者の同じ目的をもった同一方向の意思表示の合致によって成立する法律行為である。社団法人の設立行為がその典型例である。複数当事者の行った意思表示のうち一部が取り消されたり，無効となったりした場合でも，全体としての法律効果の発生に影響を及ぼさない点に特徴がある。

 要式行為・不要式行為

法律行為は，それを構成する意思表示に一定の方式を要するか否かによって分類されることもある。

1 要 式 行 為

要式行為とは，法律行為の構成要素である意思表示が，書面の作成など，一定の方式にしたがってなされなければならない法律行為をいう。保証契約（446条2項），婚姻（739条），認知（781条），遺言（960条以下），一般社団・財団法人の定款の作成（一般社団10条・152条），任意後見契約（任意後見3条），手形行為（手形1条）などがある。

まず，契約自由の原則からすると，契約に方式の要求はなされないのが原則（522条2項参照。方式自由の原則）であるが，意思表示をとくに慎重に行わせたり，法律関係をとくに明確化しておく必要があるような場合には，一定の方式が要求される場合も少なくない（保証契約，任意後見契約など）。次に，単独行為では，取消しや解除に方式は要求されないが，遺言などは要式行為である。また，合同行為では，一般社団法人の設立行為などは要式行為である。なお，要式行為とされる行為について，要求されている方式を満たしていない場合には，その行為は不成立または無効となる。

2 不 要 式 行 為

不要式行為とは，法律行為の構成要素である意思表示に一定の方式を必要としない法律行為をいう。法律や当事者の特約で要式行為とされていない限りは不要式行為であるのが原則である。

なお，贈与は要式行為ではないが，書面によらない贈与は解除することがで

き（550条），要式行為に近いといえるので，これを準要式行為と呼ぶことがある（特定商取引9条・24条なども参照）。

債権行為・物権行為・準物権行為

　財産上の効果の発生を目的とするいわゆる財産行為（後記Ⅴ3参照）については，債権行為・物権行為・準物権行為というように，発生する効果の種類によって分類されることがある。

　債権行為とは，債権債務の発生を目的とする行為である。債権行為については，発生した債権が履行されてはじめてその目的が実現される。贈与や売買，賃貸借，委任，請負などがある。

　物権行為とは，物権の変動を目的とする行為である。物権行為については，履行を必要とせずに直接にその目的が実現される。所有権の移転（後述のように，売買契約では債権行為が行われると，債権債務の発生とともに原則として所有権も移転すると考えられている［176条参照］）や地上権・抵当権の設定などがある。準物権行為とあわせて，処分行為ということがある。

　準物権行為とは，物権以外の権利の変更を目的とする行為である。準物権行為については，履行を必要とせずに直接にその目的が実現される。債権譲渡や債務免除などがある。

　ところで，わが国では，物権変動に関して意思主義が採用されており（176条），ある物の売買契約が締結されると，これにより債権債務が発生するとともに，原則として所有権も移転すると考えられている。ここでは，債権行為と物権行為が同時になされたことになる。しかし，売買契約において，当事者が特約により所有権は直ちに移転しないと取り決めた場合など，先に債権行為を行っておいて，後に物権行為（所有権移転行為）を行うケースもある。

有因行為・無因行為

　ある法律行為の効力が，財産上の出捐をする原因となった他の法律行為ないし法律関係（法的原因関係）の存否や効力の有無により，影響されるか否かに

より分類されることもある。

　有因行為とは，ある法律行為の効力が法的原因関係の影響を受けるものをいう。多くの法律行為は有因行為である。たとえば，売買契約が無効になると，所有権移転行為も無効となるという場合である。

　無因行為とは，ある法律行為の効力が法的原因関係の影響を受けないものをいう。たとえば，手形の振出行為がある。売買代金の支払いのために手形を交付した場合，何らかの理由により法的原因関係である売買契約が無効となり，債務が存在していなくても，振り出された手形は有効である。

 その他の分類

1　有償行為・無償行為

対価的出捐を伴うか否かによる分類である。

　売買や賃貸借のように，対価的出捐を伴う法律行為を有償行為（契約の場合には有償契約）といい，贈与や使用貸借のように，対価的出捐を伴わない法律行為を無償行為（無償契約）という。有償契約一般については，原則として，有償契約の典型とされる売買の規定が準用されることになる（559条）。

2　生前行為・死因行為（死後行為）

　遺言（985条）や死因贈与（554条）など，行為者の死亡によってその効力が生ずる行為を，とくに死因行為（死後行為）という。その他の行為が生前行為である。

3　財産行為・身分行為

法律行為によって変動する法律関係による分類である。

　売買や賃貸借のように，財産上の効果の発生を目的とするのが財産行為であり，婚姻のように身分上の効果の発生を目的とするのが身分行為である。民法典第1編第5章の法律行為に関する規定は，一般に財産行為を前提としており，身分行為に当然に適用されるものではない。

第**3**節　法律行為の解釈

 法律行為の解釈の意義

　法律行為の解釈とは，法律行為の内容（意味）を確定する作業のことである。

　法律行為は，行為者が意欲したとおりの法律効果を発生させる意思表示である。最も代表的な法律行為である契約を締結すると，当事者は，締結した契約内容どおりの債権・債務を取得することとなる。もっとも，契約が成立しても，当事者が細かい契約条件を確定していなかったり，当事者の合意した内容をめぐって双方の捉え方が異なっていたりして，当事者間でトラブルが生じたりする場合がある。こうしたケースでは，契約の解釈によって契約の内容を確定することになる。

　法律行為の解釈にあたっては，まず，当事者がした法律行為の意味を把握し，その内容を確定する作業を行う（狭義の法律行為の解釈）。次に，当事者がとくに定めていなかった事項について，その部分を補充する作業を行う（法律行為の補充）。そして，当事者の合意どおりの法律効果を付与すると不当・不適切な結果を招来すると判断される場合には，当該法律行為の内容を合理的なものに修正する作業が行われる（法律行為の修正）。

　法律行為がどのような内容（意味）を有しているかを判断するにあたっては，そもそも当事者の内心の意思がどのようなものであったかがポイントであることはいうまでもないが，問題となっている法律行為や契約が，相手方や社会一般からどのように受け止められているのかという観点からその意味を見きわめることが重要である。

 法律行為の解釈の基準

　法律行為の解釈は，たとえば契約の履行の場面などでは，当事者が意識していなくても，当事者自身によって一般に行われている。

　もっとも，ある法律行為や契約の内容をめぐって，当事者間でトラブルが生じることがある。そのような場合，民法には，法律行為の解釈の基準に関する一般的な条文がないため，最終的には裁判所（より具体的には裁判官）が法律行為の解釈を行うことになる。その際の解釈の基準としては，以下のようなものがある。

1　当事者が意図した目的

　当事者が法律行為により達成しようとした目的を把握し，法律行為の内容をこれに適合するように解釈する。これは，狭義の法律行為の解釈の段階である。
　初めに，当事者が共通して付与した意味を見出すことができれば，表示の客観的意味と異なっていたとしても，当事者の共通の意思（主観的意味）を尊重すべきである。
　次に，各当事者が表示に付与した意味が異なる場合には，表示の客観的な意味を確定すべきである。その際には，法律行為がなされた事情，慣習・取引慣行，社会通念などが考慮される。判例は，大豆粕の売買契約書における「塩釜レール入」で引き渡すとの文言の意味が争われた事案で，売主がまず大豆粕を塩釜駅に送付する義務を負い，商品が到着するまで代金を請求できない商慣習があるとしたうえで，当事者がその慣習を知りながら反対の意思を表示しなかった場合，当事者にはこれによる意思があると推定すべきとした（当該取引の商慣習を考慮して，売主に先履行義務があるとした）[6]。ここでは，当事者が契約の際に用いた文言の意味を確定するにあたり，慣習が考慮されている。

2　慣　　習

　(1)　慣習による補充　　次に，法律行為の補充の段階となる。法律行為の当事者が取り決めていなかった事項がある場合には，取引社会の慣習によって，法律行為の内容を補充して決定する。ただし，利用される慣習は，慣習一般ではなく，取引社会でそこに属する者により反復して行われる取引社会の慣習に

6）大判大10・6・2民録27・1038。大判大14・12・3民集4・685（「深川渡」の解釈に関するケース）も参照。

154

限られる[7]。また，強行規定に反するものであってはならない（法適用3条，民法92条）。ここでは，慣習と任意規定との関係が問題となり得るが，民法92条は，慣習が任意規定に優先するとしている。これは，慣習が，当事者にとってより身近な行動基準として存在しているからである。

　なお，民法92条は，「当事者がその慣習による意思を有しているものと認められるときは，その慣習に従う」としており，当事者が，慣習に従う意思を明確に示しておかなくてはならないようにも思われる。しかし，判例・通説は，明確な意思表明は不要で，とくに反対の意思を表明しない限り，慣習による意思があるものと推定するとしている[8]。

　(2)　民法92条と法適用3条との関係　　法適用3条は，公序良俗に反しない慣習は，「法令の規定により認められたもの又は法令に規定されていない事項に関するものに限り，法律と同一の効力を有する」と規定しており，制定法が慣習に優先するとしているようにみえる。そこで，慣習が任意規定に優先するとする民法92条との関係が問題になるが，従来の通説は，法適用3条の慣習は社会の法的確信によって支持された「慣習法」であり，民法92条の慣習は法的確信によって支えられる必要がない「事実たる慣習」であるとしてそれぞれの対象となる慣習を区別していた[9]。しかし，この見解によると，規範性の強い慣習法が任意規定に劣り，規範性の弱い事実たる慣習が任意規定に優先することになってしまう。そこで，最近では，法適用3条は法令に規定がない事項に関する慣習であり，民法92条は法令に規定のある事項に関する慣習なので両者の対象は異なるとする見解[10]や，法適用3条は制定法が慣習法に優先することを一般的に定めていて，民法92条がとくに私的自治の認められる分野における慣習の優先を認めている（民法92条は法適用3条の特則）とする見解[11]が有力に

7）平井・注民③74頁。
8）大判大3・10・27民録20・818（地代値上げに関する慣習のケース），大判大10・6・2前掲注6）。我妻・講義Ⅰ252頁。
9）我妻・講義Ⅰ252頁。
10）近江・総則170頁，中舎寛樹『民法総則［第2版］』（日本評論社，2018年）84頁。
11）四宮＝能見・総則216頁。

主張されている。

3 任意規定

　当事者の意図を確定できず，慣習も適用できないときには，任意規定によって法律行為の内容を補充する。民法91条は，当事者が任意規定（公の秩序に関しない規定）と異なる意思を表示したときは，その意思が優先することを定めている。たとえば，賃貸借契約における借主の賃料支払時期について，民法614条は，「賃料は，動産，建物及び宅地については毎月末に，その他の土地については毎年末に，支払わなければならない」と規定しているところ，当事者が月初または年初に賃料を支払うことも認められるので，こうした規定は任意規定といえる。したがって，当事者が任意規定に従わない意思を表示していない場合で，当事者の意思を明らかにする必要があり，しかもそれに関する任意規定があるときには，任意規定により法律行為の内容が補充される。前例でいえば，当事者が賃料支払い時期を定めなかった場合には，民法614条に従って，賃借人は月末または年末に支払いをすることになる。

4 条　　理

　当事者の意図を確定することができず，慣習や任意規定も適用できないときには，条理（物事の道理または信義則）による補充が行われる[12]。

　条理はまた，法律行為の修正の場面（修正的解釈）でも標準となる。契約の内容に合理的でない部分がある場合に，例文解釈（契約の一部の条項について，当事者にはそれに従う意思がない単なる例文だとして，その拘束力を否定する方法）などによってその効力を否定し，空白となった部分を合理的な内容で補充するにあたり，任意規定がなければ，条理が用いられる[13]。

---

12) 最判昭32・7・5民集11・7・1193参照。この判決は，信義則が，権利の行使や義務の履行についての基準となるだけでなく，契約解釈の基準にもなるとした。
13) 四宮＝能見・総則219頁。

第**4**節　法律行為の有効要件

　法律行為が成立するためには，当事者・意思表示・目的（法律効果）の3つが存在することが必要である。当事者については，行為者が権利能力・意思能力・行為能力を有していること（代理の場合には，代理関係が有効に成立していること），意思表示については，法律行為を構成する意思表示が有効であることが必要となる。したがって，たとえば売買契約における売主の意思表示が心裡留保（93条）や虚偽表示（94条）で無効となったり，錯誤（95条）や詐欺・強迫（96条）により取り消されたりすると，売買契約自体の効力も失われる。意思表示に問題がある場合については，次章で取り扱う。

　以下では，法律行為の目的（内容）に関する3つの有効要件[14]（確定可能性・適法性・社会的妥当性）についてみていくこととする。

I　確定可能性

　法律行為が有効であるためには，その目的，すなわち当事者が意欲した法律効果（内容）が確定され得るものでなければならない。たとえば，売買の目的物である土地につき，当該土地の2分の1とのみ表示し，どの部分がその2分の1にあたるのかを明示しないときには，契約は有効に成立したとはいえないであろう。

　法律行為の目的の一部に不明瞭な点や未確定な部分があって法律行為の内容を確定できない場合には，法律行為の解釈によってこれを補充・確定し，当事者の権利義務の内容を確定できるよう努めるべきである。法律行為の解釈を行

---

14) 2017年の民法改正（以下，「2017年改正」とする）前は，この3つの有効要件に加えて，内容の実現可能性も有効要件とされていたが，改正民法412条の2第2項が，原始的に不能な給付を目的とする債権を成立させる契約も，有効に成立する可能性があり，債権者は債務不履行による損害賠償を請求することができると定めるに至り，現在では，この要件は法律行為の有効要件ではなくなっている。

っても法律行為の内容を確定できない場合には，当該法律行為の全部または一部を無効とするほかない。

II　適　法　性

　法律行為が有効であるためには，その目的（内容）が法律の精神に適ったものでなければならない。法律行為の内容は，基本的に当事者の自由な意思に委ねられている（法律行為自由の原則，契約自由の原則）。しかし，どのような法律行為であってもすべて認められるということではなく，社会の基本的な秩序に反していてはならない。そこで，この点につき，もう少し詳しく説明することとする。

1　強行規定違反

　(1)　強行規定と任意規定　　民法91条は，「法令中の公の秩序に関しない規定」と異なる内容の意思表示の効力を認めている。ここから，民法の規定の中には，公の秩序に関する規定と，公の秩序に関しない規定とがあること，また，前者と異なる内容の意思表示の効力は認められないが，後者と異なる意思表示は可能であることが分かる。前者を強行規定，後者を任意規定という。

　法律行為の当事者は，強行規定に従わなくてはならないが，すでにみたように（前記第3節II3），任意規定には従わなくてもよい（特約による排除が可能である）。そのため，強行規定と任意規定の区別が重要であるが，ある規定が強行規定であるか任意規定であるかは，その文言からだけでは判別できない場合も少なくない。一般的な傾向としては，法律関係を画一的に処理する必要性が高いと考えられる物権法や家族法の規定，経済的弱者を保護するための特別法の規定は強行規定であることが多く（175条，利息1条，借地借家9条・16条・21条，労基13条など），契約自由の原則が妥当する債権法の規定は任意規定であることが多いとされるが，最終的には，その規定の趣旨に従って個別的に判断するほかない。

　(2)　強行規定違反の法律行為の効力　　強行規定違反の法律行為は，不適法であり，無効となる。民法はこのことを直接に規定しておらず，従来の通説は

これを，民法91条の反対解釈によると説明してきた[15]。すなわち，この見解によると，強行規定違反は適法性の問題，公序良俗違反は後述の社会的妥当性の問題として区別される（二元論）。これに対し，近時の有力説は，強行規定違反の法律行為の無効も，公序良俗違反の法律行為を無効とする民法90条から導かれるとしている（一元論）[16]。この見解によると，強行規定違反は，公序良俗違反の一類型ということになる。

　判例では，やむを得ない事由があっても任意脱退を禁止する旨のヨットクラブを結成するために締結された組合契約の規約の趣旨が民法の保障する基本的な自由との関係で争われた事案において，組合員の脱退に関する民法678条のうちやむを得ない事由がある場合には常に組合から任意に脱退することができる旨を規定している部分は強行規定であり，これに反する約定は効力を有しないとしたものがある[17]。ここでは，当事者の合意の効力が，強行規定と抵触する限度で否定されている（一部無効）。なお，この判決は，やむを得ない事由があっても任意の脱退を許さない旨の組合契約は，「組合員の自由を著しく制限するものであり，公の秩序に反する」としている。ここでは，民法90条に直接言及してはいないが，個人の自由を著しく侵害する行為が公序良俗違反とされていることに留意すべきである。

2　取締規定違反

　取締規定とは，行政上の取締りを目的として，一定の行為を禁止または制限する規定である。取締規定違反に対しては，罰則や科料などが科されることが多い。

　取締規定には，違反すると私法上の効力に影響が及ぶことになる規定（効力規定）と，違反しても私法上の効力に影響が及ばない規定（狭義の取締規定。単なる取締規定ともいう）とがある。効力規定は，違反した場合に私法上の効力

15）我妻・講義Ⅰ262頁，四宮＝能見・総則301頁。

16）内田Ⅰ279頁，近江・総則177頁，佐久間・基礎186頁，平野・総則141頁，森田・注民③244頁，山本Ⅰ254頁など。

17）最判平11・2・23民集53・2・193。

を否定するものなので，強行規定でもある。

　ある取締規定が効力規定であるか狭義の取締規定であるかは，条文の文言か
らだけでは判別できないことが多く（そもそも私法上の効力について言及してい
ないものも少なくない），当該規定の趣旨に従って，解釈により個別的に判断す
るほかない。通説は，この判断にあたっては，規定の目的や倫理的非難の程度，
取引の安全，当事者間の信義・公平などの要素を総合的に考慮して判断すべき
とする[18]。このように考えると，取締規定に違反する行為についても，民法90
条によりその効力を判断すべきということになろう。

　判例は，アラレの製造販売業者が，有毒性物質である硼砂を混入して製造し
たアラレを，食品衛生法に違反することを知りながら継続的に販売したという
事案で，当該販売契約について，食品衛生法に抵触するという理由だけで民法
90条に反し無効となるものではないが，有毒アラレを一般大衆の購買のルート
に乗せたもので，その結果公衆衛生を害するに至るとして，民法90条により無
効とした[19]。ここでは，有毒な食品の流通を禁止するという取締規定の目的か
らして，違反行為の効力を認めるべきではないこと（当該販売契約の無効）が
考慮されている。

　これに対し，食品衛生法による営業許可が必要であるにもかかわらず，許可
を受けずに行われた食肉の買入契約の効力が争われた事案では，食品衛生法の
規定は単なる取締規定にすぎないとして，取引の効力が否定される理由はない
（食肉の売買契約は有効）とした[20]。ここでは，営業許可という資格の要求が，
食肉販売業を営む者を制限するという政策的な見地からなされていることが考
慮されている。また，弁護士資格のない者が締結した弁護士法72条に違反する
委任契約を，民法90条に照らして無効であるとした[21]。ここでは，弁護士資格
の公益的性格が考慮されている。ほかに，宅地建物取引業法17条1項・2項に

18）我妻・講義I 264頁。
19）最判昭39・1・23民集18・1・37。
20）最判昭35・3・18民集14・4・483。
21）最判昭38・6・13民集17・5・744。

よる仲介報酬の制限に違反する仲介報酬契約の効力が争われた事案で，これらの条項は，当該制限により一般大衆を保護する趣旨をも含んでいるものと解すべきであるから強行規定であり，所定の最高額を超える契約部分は無効であるとした[22]。ここでは，強行規定違反から契約の一部無効が導かれている。

3 脱 法 行 為

脱法行為とは，強行規定が禁じている内容を，強行規定に直接には抵触しない他の適法行為を手段として用いることにより，これを実質的に実現しようとする行為である。たとえば，恩給法11条により，恩給債権の譲渡や恩給担保は原則として禁止されているところ，恩給受給者の債権者にその取立てを委任し，受給した恩給を債務に充当するとともに，債務の完済まで委任を解除しないとの特約をさせることは，実質的に恩給を担保に入れるのと同じであり，脱法行為として無効とされる[23]。

脱法行為は，形式的には強行規定に違反していないが，強行規定が禁止した結果を別の方法でもたらすものであり，原則として無効とすべきである。ただし，譲渡担保のように，一見すると強行規定である質権に関する規定（345条・349条）の脱法行為のようにみえても，法の制度不備を補うための合理的な社会的必要性があるとされる場合には，脱法行為にはあたらないとされる[24]。

 社会的妥当性

1 公序良俗による規制

法律行為が有効であるためには，その内容が強行規定に反していないことに加え，さらに社会的にみて妥当なものでなければならない。法律行為の内容が，社会的に許されない，すなわち「公の秩序又は善良の風俗に反する」ものであるときは，その法律行為は無効となる（90条）。

---

22) 最判昭45・2・26民集24・2・104。
23) 大判昭16・8・26民集20・1108，最判昭30・10・27民集9・11・1720。
24) 大判大5・9・20民録22・1821（345条に反しないとしたケース），大判大8・7・9民録25・1373（349条に反しないとしたケース）。

「公の秩序」とは国家や社会の秩序のことをいい，「善良の風俗」とは社会一般の道徳観念のことをいうが，両者は必ずしも明確に区別されているわけではなく，またその必要もないと考えられているため，一般に両者をあわせて「公序良俗」と呼ばれている。

　公序良俗違反という概念は，きわめて一般的・抽象的であるとともに，時代や道徳観念の変遷の影響を受ける。そのため，民法90条も，包括的かつ価値的な内容の規定になっている。このように内容が一義的に定まらない規定を一般条項という。

　一般条項としての公序良俗概念を用いることにより，予見することが困難なさまざまなケースに対応することが可能となる。しかし，他方で，具体的にどのような場合であれば公序良俗違反に該当するのかがはっきりとせず，法的安定性を害するおそれもある。そのため，学説は，公序良俗違反となるかが争われたこれまでの裁判例を分析して一定の類型化をすることにより，その判断基準をできるだけ明確にしようとする作業を試みてきた。かつては性風俗に関する行為や反倫理的な契約が問題とされることが多かったが，最近の傾向としては，営業の自由や労働の自由などの経済的自由を制限する行為や，一方当事者の無知や無経験につけ込んだ不公正な取引をめぐり，公正や当事者間の公平の観点から，公序良俗に反するか否かが問題とされることが多くなっている。

2　公序良俗違反の諸類型

　(1)　正義の観念に反する行為　　刑法上の犯罪などの不法な行為に関わることを内容とする法律行為は，ほとんどの場合において公序良俗違反となる。したがって，報酬を条件に殺人を請け負う契約をしたとしても，その契約は民法上無効となる。この場合，実際に殺人を行ったとしても，請負人に報酬請求権は生じない。賭博行為や臓器売買なども，正義の観念に反するもので，公序良俗に違反するとされる[25]。

---

25)　大判昭13・3・30民集17・578，最判昭46・4・9民集25・3・264，最判平9・11・11民集51・10・4077。

　また，不法な行為をしないことの対価として金銭を支払う契約も，公序良俗違反となる[26]。不法な行為をしないことと対価が結びつけられていることは，正義の観念に反するからである（不法な行為をしないことは当然である）。

　(2)　取引法秩序に反する行為　　(a)　不公正な取引行為　　自由で公正な競争の確保を阻害する行為は，公序良俗違反となる。たとえば，談合契約や裏口入学にかかわる契約などが問題となる[27]。また，契約の内容そのものは不当とはいえなくても，相手方の知識や経験等に照らして不適当とされる勧誘行為がなされたという事情が存在するなど，契約締結に至る手段・方法が著しく不公正な場合には，当該契約全体が公序良俗違反とされる可能性がある[28]。

　ほかに，クラブのホステスが店に対する客の飲食代金債務についてした保証契約について，クラブの経営者の優越的地位を利用した不公正な取引であり，公序良俗違反となるかが争われた事案で，多くの下級審裁判例は，こうした保証契約を無効としている[29]。もっとも，最高裁の判例には，この保証契約は，ホステスが，自己独自の客としての関係の維持継続を図ることにより，クラブから支給される報酬以外の特別の利益を得ることを目的として任意に締結したものであり，公序良俗に反しないとするものもある[30]。

　　(b)　経済的自由を制限する行為　　営業の自由や労働の自由などの活動の自由を過度に制限する行為は，公序良俗に反し，違法である。たとえば，従業員と使用者との間でされた，従業員に対し特定の労働組合から脱退する権利を行使しないことを義務付ける合意の効力が争われた事案で，脱退の自由という

26）大判明45・3・14刑録18・337（名誉毀損をしないことの対価として金銭の授受を約束したケース）。
27）大判昭14・11・6民集18・1224（談合のケース）。
28）最判昭61・5・29判時1196・102（非公認市場における金地金の先物取引のケース）。
29）東京地判昭39・12・17下民15・12・2956，大阪高判昭55・11・19判タ444・127など多数。
30）最判昭61・11・20判時1220・61。なお，この判決の事案の背景には，ホステスと客との間に他の客とは異なるとくに親密な関係（情交関係）があったことから，ホステスが，その関係を維持することによって報酬以外の特別の利益を得る目的で，クラブ側に通常の10倍近くの掛け売りを容認してもらっていたという事情があった。

重要な権利を奪い，組合の統制への永続的な服従を強いるものであるから，脱退する権利をおよそ行使しないことを義務付けて脱退の効力そのものを生じさせないとする部分は，公序良俗に反し，無効であるとした[31]。これに対し，牛乳販売会社と牛乳配達人との間でされた，解雇後も，会社の存続期間中は会社の営業地域内で牛乳販売業をしない旨の合意の効力が争われた事案では，当該特約に定める程度に期間と区域が限定されているのであれば，競業禁止特約が牛乳配達人の営業の自由を過度に制限したことにはならず，公序良俗に反しないとされた[32]。ここでは，活動の自由を制限する合意に，実質的な合理性と必要性があるかがポイントとなっている。

　また，財産処分の自由を過度に制限する行為も，公序良俗に反し，違法となる。たとえば，不動産を他人に贈与する際に，永久にその処分を禁止するのは公序良俗に反する[33]が，自己の終身の間に限ってその処分を禁止するのは公序良俗に反しないとされている[34]。

　(c)　暴利行為　　相手方の無思慮や窮迫・無経験などにつけこんで不当な利益を得ようとする行為は，強者による弱者への搾取を防止する観点から，公序良俗違反となる[35]。たとえば，高利，過大な違約金の予定や過剰な担保の設定などが，問題となる。この類型では，取引価格や報酬が過剰であるような場合に，契約の一部分のみが無効とされることがある。また，利息制限法などの特別法による規制がなされている場合もある。

　(3)　家族法秩序に反する行為　　家族秩序や性道徳に反する行為（反倫理的な行為）は，公序良俗違反となる。たとえば，配偶者のある男性が，別の女性と婚姻予約をし，配偶者との婚姻を解消してその女性と婚姻するまで扶養料を支払うという契約は，婚姻継続中に行った婚約の維持を目的とした扶養契約で

31)　最判平19・2・2民集61・1・86。
32)　大判昭7・10・29民集11・1947。
33)　大判明45・5・9民録18・475。
34)　大判大6・10・10民録23・1564。
35)　大判昭9・5・1民集13・875参照。

あり，公序良俗に反し，無効である[36]。これに対し，妻子のある男性が，妻との婚姻関係が事実上破綻した状態で，別の女性と半同棲関係を6年間継続したのちに，不倫関係の維持継続でなく，その女性の生活の保全をする目的でした遺産の3分の1を包括遺贈するとの遺言は，その内容が，相続人である妻と子の生活の基盤を脅かすものではなく，公序良俗に反しないとされた[37]。

(4) 憲法秩序に反する行為　憲法の核心的な価値である個人の尊厳や法の下の平等を否定し，個人の自由や人権を著しく侵害するような私法上の行為は，公序良俗違反となり得る。たとえば，定年年齢を男性60歳，女性55歳とする会社の就業規則とそれに基づく契約は，性別のみによる不合理な差別を定めたものであり，公序良俗に反し，無効である[38]。また，親の借金の返済方法として娘に芸娼妓をさせるという契約（芸娼妓契約）について，生活に困窮した親が置屋から借金をする消費貸借契約（前借金契約）の部分と，それを前提に，その返済方法として娘を置屋で働かせるという稼働契約の部分とは，相互に密接不可分であり，酌婦としての稼働契約部分が公序良俗に反し無効である以上，消費貸借契約も無効であるとされた[39]。ここでは，芸娼妓契約によって娘の自由が著しく制限されることから（親の借金のためのいわば人身売買），公序良俗違反となる。

3　動機の不法

　法律行為の内容それ自体は公序良俗に反しないが，当事者の一方または双方が法律行為をした動機が公序良俗に反するという場合に，その法律行為の効力が問題となる。たとえば，殺人の目的でナイフを購入したり，賭博資金に充てるために借金をしたりするような場合である。このような場合，殺人や賭博という法律行為の動機が公序良俗に反しており，招来される結果（法律行為の目

---

36) 大判大9・5・28民録26・773。

37) 最判昭61・11・20民集40・7・1167。

38) 最判昭56・3・24民集35・2・300。

39) 最判昭30・10・7民集9・11・1616。この判決により，酌婦としての稼働契約部分は無効だが，金銭消費貸借部分は有効であるとしていた戦前の判例（大判大7・10・12民録24・1954，大判大10・9・29民録27・1774など）は変更された。

的）も到底許容することはできないので，法律行為全体を無効にする必要があると思われる。他方で，動機は主観的なものであり，契約の相手方である売主や貸主が，買主や借主の不法な動機を知らない場合にも，不法な動機をもってただちに契約全体を無効にすると，取引の安全を害することになってしまう。この点につき，かつては，動機が表示されている場合に限り無効となるとする見解[40]が有力であったが，最近の多数説は，動機の違法性の程度と，相手方の関与の程度や認識の有無を総合的・相関的に考慮して，公序良俗違反により無効となるか否かを判断すべきとしている（相関関係説）[41]。判例は，借主が賭博による借金の返済に充てることを知りながら金銭を貸し付けた事案で，将来的に賭博を助長する恐れがあるとして，契約全体を無効としている[42]。

4　公序良俗違反の効果

（1）原則的効果　　（a）無効の意味　　民法90条は，公序良俗違反の法律行為は無効であると規定する。この無効は，いわゆる絶対的無効と解されている。したがって，公序良俗違反の法律行為を追認により有効とすることはできないし，善意無過失であったとしても第三者は保護されない。また，行為者自身のみならず，相手方や第三者からも無効を主張することができる。

　公序良俗違反の法律行為は全部無効となるのが原則である。ただし，当事者間に給付の不均衡がみられ，全部無効とすると当事者の一方のみを害するような場合には，一部を無効とすることで当事者間の公平を実現できるので，全部を無効としない（一部を無効とし，残りは有効とする）ことが考えられる[43]。

　　（b）返還請求　　公序良俗違反で無効の法律行為からは，履行義務は生じない。それにもかかわらず履行がなされた場合について，民法708条は，「不法な原因のために給付をした者は，その給付したものの返還を請求できない。ただし，不法な原因が受益者についてのみ存したときは，この限りでない。」と

40）我妻・講義Ⅰ284頁。
41）内田Ⅰ288頁，佐久間・基礎193頁など。
42）大判昭13・3・30前掲注17）。
43）最判昭45・2・26前掲注22）。

している。したがって，原則として返還請求は否定され，不法の原因がもっぱら受益者のみに存在する場合に限って，返還請求が認められることになる。この点につき，学説では，返還請求が認められるか否かは，返還請求をする者（給付者）と相手方（受益者）の不法性を比較考量して判断すべきとする見解[44]が有力であり，判例も同様の立場を採用している[45]。ここでは，公序良俗に反する行為であっても，不法原因給付にあたらなければ，既履行の給付に関する返還請求を認められる場合があることに注意を要する。

(2) 公序良俗違反の判断基準時　どのような法律行為が公序良俗違反となるかについての判断基準は，時代や道徳観念の変遷とともに変化し得る。そこで，法律行為（契約締結）の時点では公序良俗違反でなかったが，判断基準が変化したことにより，履行時には公序良俗違反とされるようになった場合などに，その処理が問題となる。

判例は，たとえば，商社Aと証券会社Bとの間で締結された損失保証契約が，1985年の契約締結時点には公序良俗に反していなかったが，1993年の履行請求時には公序良俗違反となるという事案で，公序良俗違反になるか否かは，法律行為の時点を基準に判断すべきであり，行為時に有効であった法律行為が，履行時に公序良俗違反で無効となることはないとした[46]。そのうえで，この判決はまた，Aからの履行請求について，履行時の証券取引法が損失補償を禁止し利益提供行為を禁止しているから，履行請求は許容できないとしている。この点につき，学説では，契約時には有効であっても，履行時に公序良俗違反とされる場合には，契約全体を無効と解すべきとする見解が有力である[47]。

---

44) 幾代・総則221頁，森田・注民③218頁などを参照。
45) 最判昭29・8・31民集8・8・1557（給付者と受益者の双方に不法な原因が存在するケース）。この判決は，消費貸借成立のいきさつにおいて，貸主の側に多少の不法があったとしても，借主の側にも不法の点があり，前者の不法性が後者のそれに比しきわめて微弱なものに過ぎない場合には，民法90条・708条を適用しないとした。
46) 最判平15・4・18民集57・4・366。
47) 四宮＝能見・総則315頁。

5　消費者契約法の不当条項規制

　消費者契約法は，消費者と事業者とでは，持っている情報の質・量および交渉力に格差があることに鑑み，事業者により一方的に定められた契約内容が不当である場合に，その不当な契約条項の効力を否定することにより，消費者の利益を守るための規定を置いている（消費契約8条〜10条）。ここでは，民法90条の公序良俗に反していなくても，消費者契約法の不当条項に該当することにより，当該条項は無効とされる。

　(1)　個別不当条項規制　　(a)　免責条項　　消費者契約において，事業者の債務不履行責任や不法行為責任にもとづく損害賠償責任の全部を免除する条項（消費契約8条1項1号・3号）や，事業者の故意または重過失に起因する損害賠償責任の一部を免除する条項（同項2号・4号）は，無効となる。消費者の解除権を放棄させる条項も，無効となる（消費契約8条の2・8条の3）。

　　(b)　損害賠償額の予定　　消費者が支払う損害賠償の額を予定したり，違約金を定める条項は，事業者に生ずべき平均的な損害の額を超える場合に，その超えた部分について無効となる（消費契約9条1号）。なお，判例は，この場合に，平均的な損害の額を超えることの主張・立証責任は，消費者側にあると解している[48]。

　また，消費者が債務を履行しない場合の損害賠償額の予定や違約金は，年14.6％を超える部分について無効となる（消費契約9条2号）。

　(2)　一般規制　　個別の不当条項規制に該当しなくても，消費者契約法10条により，法令中の公の秩序に関しない規定の適用による場合と比べて消費者の権利を制限したり，消費者の義務を加重する消費者契約の条項で，信義則に反し，消費者の利益を一方的に害するものは，無効とされる。

---

48) 最判平18・11・27民集60・9・3437。

第**6**章

意 思 表 示

第**1**節 序　　説

 意思表示とは

　第5章でみたように，法律行為とは，当事者の意思に基づき権利の発生・移転・消滅（権利の変動）という法律効果をもたらす行為である。意思表示は，この法律行為の構成要素であり，人がある法律効果の発生を意欲し，かつその旨を外部に表示する行為である。たとえば，法律行為の典型である売買契約を例にして，八百屋さんで見かけた真っ赤に熟れたイチゴを買うことにした買主の意思表示のプロセスをみると，まず動機（八百屋さんで真っ赤に熟れたイチゴを見て抱いた美味しそうだから食べたいという思い）に導かれて効果意思（1パック400円で買おうとの心の中での思い）が形成され，表示意思（八百屋さんにこのイチゴを買いますと言おうという思い）に媒介されて表示行為（このイチゴ1パックをくださいと実際に八百屋さんに告げる）に至る，というように分析される。

　意思表示は，法律行為の要素である。したがって，法律行為が有効に成立するためには，意思表示が有効に成立していなくてはならない（意思表示が不成立，効力不発生または意思表示が無効ないし取り消された場合には，法律行為は成立しない，あるいは無効である）。しかし，実際の意思表示では，表意者の真意と表示とが一致していないなどのことがあり得る。そのため，その意思表示が有効であるか否かをどのように判断するのかが問題となる。

Ⅱ　意思表示の効力判定基準

　意思表示の効力が問題となる（有効か否かを判断する必要がある）場合，その対処の仕方は，意思表示の効力の根拠（意思表示に効力が認められるのはなぜか，また何を基準に意思表示の効力を認めるのか）をめぐる考え方の違いにより異なってくる。すなわち，意思表示を構成する要素のうち，表意者の意思と表示のいずれを重視するかに応じて，意思主義と表示主義の考え方の対立がある。

1　意思主義と表示主義

　意思主義は，私的自治の原則を強く意識して，表意者の内心の効果意思を重視するという考え方である。これによれば，意思と表示が一致しない場合，その意思表示は原則として無効となる。しかし，意思は表意者の内心にとどまっている限りは外部からは認識されず，意思表示の相手方が表示された意思を信頼したところ，実際には内心の意思とその表示が異なっていた場合，意思表示が無効とされたのでは，相手方が害されること甚だしい。

　そこで，表意者の表示を重視するという考え方が登場するわけである。すなわち，これが表示主義であり，取引の安全を強く意識して，表示から推断される意思を重視する考え方である。この考え方では，表示があれば，原則としてその意思表示は表示どおりの効力を生ずる。

　いずれの立場に重きを置くにせよ，表意者の真意と表示から推断される意思とが食い違っていて，しかもその食い違いが大きい場合には，その意思表示を無効とするか，または取消しを認めることによって，意思表示の効力が否定され得ることになる。

2　民法の立場──意思主義と表示主義の調和

　意思表示の効力を考えるにあたり，表意者の内心の意思と取引の安全のどちらか一方のみが強調されるべきではない。すなわち，意思主義の背景にある自己決定の原理や帰責性（自己責任）の原理，表示主義の背景にある取引の安全原理や信頼保護の原理は，二者択一的に決せられるべきものではない。

　そこで民法は，基本的には，表意者の内心の意思を重視して表意者を保護す

る意思主義的な立場に立脚しつつ，相手方や第三者を保護する必要があるような場面では，表示主義によって適宜修正を施すという，意思主義と表示主義の折衷的な立場（折衷主義）を採用したのである。

第2節　意思表示の効力否定原因

　心裡留保

1　意　　義

心裡留保とは，表意者が，表示行為に対応する意思がないことを知りながらする意思表示である。たとえば，Aが，本当は贈与するつもりがないのに，Bに対して冗談で「車をあげるよ」というような場合である。表意者が，意思表示の相手方の関与なく，単独で真意ではない意思表示を行っている点で，後述の虚偽表示（後記Ⅱ）と異なる。心裡留保の場合，意思主義によれば，表意者が真意でないことを知っている（表示に対応する内心の効果意思がない）以上，その意思表示の効力は否定されるはずであるが，真意（内心の効果意思）は外部から認識され得ないので，表示を信頼した相手方を保護するとして，ここでは表示主義をとってそうした意思表示を原則として有効とした（93条1項本文）。ただし，相手方が表意者の真意を知っている，または知ることができたにもかかわらず知り得なかった（知らないことに過失がある）場合には，相手方を保護する必要はないので，その意思表示は無効となる（同項ただし書）。

2　要　　件

心裡留保による意思表示が有効とされるためには，①意思表示が存在すること（意思表示が，客観的に意味のある行為として存在していること），②真意と表示行為が一致しないこと（表意者の主観的な意思［内心の効果意思］と，表示行為から表意者が有していたと客観的に推断される意思が一致しないこと），③表意者が真意と表示行為の不一致を知っていること（表意者が，真意でないことを自覚していながらあえて意思表示をすること。この点で，表意者が，真意でないことを

自覚せずに意思表示を行う錯誤による意思表示［後記Ⅲ］と異なる），④相手方が表意者の真意でないことを知らなかった，またはそのことに過失がないことが必要である。

逆に，表意者が意思表示の無効を主張するためには，①内心の効果意思がないこと，②そのことを表意者自身が認識していたこと，③相手方がそのことを知っていた，または知らないことに過失があることを証明する必要がある。

なお，表意者が不一致を知りながらあえて意思表示を行った理由（動機）は，心裡留保の成否に影響しない。

3　効　果

(1)　原則　　心裡留保による意思表示は，原則として有効であり，表示行為どおりの効果を生ずる（93条1項本文）。

(2)　例外　　心裡留保による意思表示は，相手方が，「表意者の真意ではないことを知り，又は知ることができたとき」は，例外的に無効となる（93条1項ただし書）。相手方が悪意または有過失（一般人の注意をもってすれば表意者が真意でないことに気づくことができた）の場合にまで，意思表示を有効として相手方を保護する必要はないからである。善意・悪意や過失の有無は，心裡留保による意思表示がなされた時点を基準に判断される。

なお，すでに述べたように，相手方の悪意または有過失は，無効を主張しようとする表意者において証明しなくてはならない。

(3)　第三者との関係　　表意者が相手方の悪意または有過失の証明に成功すると，心裡留保による意思表示は，例外的に無効となる。ただし，表意者は，心裡留保による意思表示の無効を，善意の第三者に主張することはできない（93条2項）。たとえば，AB間における甲土地の売買契約で，「甲土地を売る」とのAの真意ではない意思表示は，相手方Bが悪意または有過失の場合に，当事者間では無効となる。しかし，無権利者Bが甲土地をさらに，事情を知らない第三者C（相手方からの転得者）に売却してしまうと，Aは，意思表示の無効を，意思表示が無効であることを知らない善意の第三者Cに主張することができなくなる。ここでは，Aの真意でない意思表示は，善意の第三者Cとの関

係では有効なものとして扱われるので，AB 間の売買契約により B が甲土地の所有権を取得し，次いで BC 間の売買契約に基づいて，C が甲土地の所有権を取得することができると考えられるのである。

　基本的に，後述する虚偽表示における善意の第三者（94条2項）と同様に考えればよい。

4　民法93条の適用範囲

　(1)　単独行為・合同行為への適用　　民法93条は，単独行為や合同行為にも，適用される。

　相手方のない単独行為（所有権の放棄，認知，遺言，一般財団法人の設立のための財産の拠出など）では，民法93条1項ただし書適用の余地がないので，法律行為は常に有効となる。ただし，相手方のない単独行為であっても，共有持分の放棄のように，放棄によって利益を受ける者（他の共有者）がいることも考えられる。こうしたケースでは，民法93条1項ただし書の類推適用を考えるべきであろう。

　(2)　身分上の行為への適用　　民法93条は，身分上の行為，たとえば婚姻・離婚・養子縁組・離縁など，当事者の真意を尊重すべき行為には適用されない。したがって，真意に基づかないこれらの行為は，同条1項ただし書の適用をまつことなく，常に無効となる[1]。

 虚 偽 表 示

1　意　　義

　虚偽表示とは，表意者が，相手方と通謀してする真意でない意思表示である。たとえば，債権者 C による差押えを免れるために，債務者 A 所有の不動産について，それを売却したようにみせかけて（実際には存在しない売買を仮装して），B との間で売買契約書を作成したり，登記名義を移転したりするような場合である。表意者が，真意ではない意思表示を行うことについて相手方と合意して

1）最判昭23・12・23民集2・14・493（養子縁組のケース）。

いる点で，心裡留保と異なる。ここでは，民法は意思主義の考え方に立脚して，当事者間ではその意思表示を無効とする。

2　要　件

虚偽表示による意思表示が無効となるには，①意思表示が存在すること（意思表示が，客観的に意味のある行為として存在していること），②真意と表示行為が一致しないこと（表意者の主観的な意思［内心の効果意思］と，表示行為から表意者が有していたと客観的に推断される意思が一致しないこと），③表意者が真意と表示行為の不一致を知っていること（表意者が真意でないことを自覚していながらあえて意思表示をすること。この点で，表意者が真意でないことを自覚せずに意思表示を行う錯誤による意思表示と異なる），④表意者が相手方と通謀していること（相手方が，表意者には表示に対応する効果意思がないことを知っているだけではなく，表意者が真意と異なる表示行為を行うことを了承していること）が必要である。

3　効　果

(1)　原則　虚偽表示は，当事者間では，常に無効である（94条1項）。表意者が，また相手方も，表示どおりの法律効果を発生させる意思を有していない以上，意思表示を有効とすべき理由がないからである。また，当事者には表示どおりの法律効果を発生させない合意があるので，通謀の相手方を保護する必要もないのである。したがって，AB間における仮装の土地売買契約は無効であり，買主Bが売主Aに土地の引渡しを求めることはできないし，AがBに未払いの代金を請求することもできない。他方で，この売買契約が無効である以上，AはB名義の所有権移転登記を抹消して自己に戻すよう請求することができ，Bはすでに支払った代金の返還を請求することができる（121条の2第1項）。

(2)　例外　虚偽表示の無効は，善意の第三者に対抗することができない（94条2項）。虚偽表示による外形を信頼して取引関係に入った者がいる場合に，第三者の信頼が保護されないとなると，取引の安全が害される結果となってしまうので，第三者を保護する必要がある。また，自ら虚偽の外形を作り出した虚偽表示の当事者が権利を失うことはやむを得ないと考えられるからである。

　たとえば，AB 間における甲土地の売買契約が虚偽であることを知らずに，B名義の所有権登記を信頼してBから甲土地を購入した第三者Cがいる場合に，Aは，AB 間の売買契約が虚偽表示により無効であることをCには主張できない。したがって，Cは甲土地の所有権を取得することができる。ここでは，AB 間の売買契約が無効なので，Cは無権利者からの譲受人であって甲土地の所有権を取得できないということにはならない。Aが，AB 間の売買契約の無効をCには主張できないということは，Cとの関係ではAB 間の売買契約が有効になされたものとして扱われることを意味するので，Cは甲土地の所有権を有効に取得することができると考えるのである。このような無効を，相対的無効という。

　なお，虚偽表示の無効を善意の第三者に対して主張できないのは，善意の第三者を保護するためであるので，Cの側から，AB 間の売買契約の無効を主張することは許される。

　　(a)　第三者　　「第三者」とは，虚偽表示の当事者およびその包括承継人（相続人など，当事者の権利義務を包括的に承継した者）以外の者で，虚偽表示の目的（虚偽の外観）につき，新たに法律上の利害関係を有するに至った者をいう[2]。

　第三者にあたるのは，たとえば，不動産の仮装譲受人からさらに目的物を譲り受けた者[3]，不動産の仮装譲受人からその目的物に対して抵当権などの設定を受けた者[4]，仮装譲受人の一般債権者で，虚偽表示の目的物に対して差押えをした者[5]，仮装譲受人が破産した場合の破産管財人[6]などである。また，こ

2）大判大5・11・17民録22・2089，大判大9・7・23民録26・1171。
3）最判昭28・10・1民集7・10・1019。なお，仮装売買による架空の売買債権を仮装売主＝譲渡人(B)が善意の譲受人(C)に譲渡した場合，仮装買主＝債務者(A)は，民法94条2項により，仮装売買の無効を譲受人に対抗できないとされている（大判大3・11・20民録20・966）。
4）大判昭6・10・24新聞3334・4。
5）最判昭48・6・28民集27・6・724。
6）最判昭8・12・19民集12・2882。

れらの者からの転得者も第三者に含まれる[7]。

　これに対し，仮装譲受人の一般債権者は，債務者である仮装譲受人の一般財産全体に対する抽象的な利害関係を有するものの，仮装譲渡された目的財産そのものに対し，独立した法律上の利害関係を有しているとはいえないので，第三者にあたらない。また，債権の仮装譲受人から取立てのために債権を譲り受けた者[8]，土地の賃借人が自己所有の借地上の建物を他人に仮装譲渡した場合の土地賃貸人[9]，土地の仮装譲受人からその土地上に建てた建物を賃借した者[10]などは，虚偽の外形を信頼して新たに法律上の利害関係を有するに至ったとはいえないので，やはり，第三者にあたらない。

　(b)　善意　「善意」とは，虚偽表示であることを知らないことをいう。善意か否かは，第三者が虚偽の外観について，新たに法律上の利害関係を有するに至った時点を基準に判断される[11]。第三者が善意であることの主張・立証責任は，第三者が負う[12]。

　なお，判例は，第三者に，無過失までは要求していない[13]。学説では，通説は無過失を不要とするが[14]，無過失を要求すべきとする見解も有力である[15]。この点，2017（平成29）年の民法改正（以下，「2017年改正」とし，改正前の民法の条文表記については，「改正前民法○○条」とする）に際し，無過失を要求すべきか否かが議論され，虚偽表示では表意者の帰責性が大きいことから，従来と同じく，無過失を要求しないことが明らかとされた。

---

7 ）最判昭45・7・24民集24・7・1116。

8 ）大判昭8・6・16民集12・1506。

9 ）最判昭38・11・28民集17・11・1446。

10）最判昭57・6・8判時1049・36。

11）最判昭55・9・11民集34・5・683。

12）最判昭35・2・2民集14・1・36，最判昭41・12・22民集20・10・2168。

13）大判昭12・8・10新聞4181・9。

14）我妻・講義Ⅰ292頁，川島281頁，佐久間・基礎127頁など。

15）四宮・総則163頁，内田Ⅰ55頁，山本・総則174頁など。虚偽表示を行った者の帰責性が高い場合に無重過失を要求するものとして，鈴木・総則136頁，平野・総則160頁。稲本・注民③355頁も参照。

(c) 登記の要否　判例・通説は，民法94条２項の第三者として保護されるために，登記その他の対抗要件を備えることは不要としている[16]。前記(2)冒頭の例で，Cからみると，AB間の売買契約は有効になされたものであり，甲土地はAからB，BからCへと有効に移転しているとされるので，CとAが対抗関係に立つことはないからである。Cは，Aに対して完全な所有権を主張することができ，登記の移転も請求することができる。

(d) 第三者からの転得者　民法94条２項の「第三者」には，直接の第三者だけでなく，第三者からの転得者も含まれる[17]。当事者が作出した虚偽の外観に基づいて，自己の前者が権利者であると信頼したという点では，第三者も転得者も同じだからである。

したがって，前記(2)冒頭の例で，第三者Cからの転得者Dがいる場合に，Cが悪意であっても，D自身が善意であれば，Dは保護される。

それでは，第三者は善意であるが転得者が悪意のケースはどのように考えたらよいだろうか。この点については，相対的構成と絶対的構成という２つの考え方がある。相対的構成によると，転得者も第三者であり，無効主張の可否はその第三者ごとに個別的・相対的に判断すべきとされるので，悪意の転得者は保護されない[18]。これに対し，絶対的構成によると，善意の第三者は絶対的・確定的に権利を取得するのであり，転得者は前主である善意の第三者の権利を承継するのだから，悪意であっても保護されるということになる。

相対的構成を採用すると，悪意の転得者Dは権利を取得できず，Aからの甲土地の返還請求に応じなくてはならないことになる。そこで，Dが，善意の前主であるCに対し，他人の物を譲渡したとして，CがDに負っている所有権移転義務（561条）の履行不能を理由に，DがCに対して契約を解除して（542条１項１号），売買代金の返還を求めるという事態が生じ得る。これに対しては，Dの主張が権利の濫用として許されない場合もあり得るであろう。

---

16) 最判昭44・5・27民集23・6・998（94条２項の類推適用のケース）。
17) 最判昭和45・7・24前掲注7）。
18) 川島・281頁，近江・総則196頁。

判例・多数説は，このような法律関係の複雑化を回避するために，絶対的構成を採用している[19]。なお，判例・多数説によると，悪意の転得者が善意の転得者をいわば「わら人形」として介在させることで権利取得を企図する可能性のあることが批判されている。このような場合には，信義則で対応する（Dの権利取得の主張は，信義則上許されないとする）のが妥当であろう。

4　虚偽表示の撤回

虚偽表示は，当事者の合意によって撤回することができる。

ただし，いったん虚偽表示の外形が作出されている以上，撤回を知らない第三者が不測の損害を被るおそれがあり，その外形を取り除かない限り，外形を信じ，その撤回を知らずに取引をした善意の第三者には対抗することができないとされている[20]。

5　民法94条の適用範囲

(1)　単独行為・合同行為への適用　　民法94条は，単独行為や合同行為にも適用される。

虚偽表示は相手方と通謀してなすものなので，債務免除や契約の解除など，相手方がある単独行為にも適用される。

相手方のない単独行為や合同行為であっても，虚偽の意思表示によって直接利益を得る者がいて，その者と通謀して意思表示がなされた場合には，民法94条1項を類推適用することができると解されている[21]。

(2)　身分上の行為への適用　　民法94条2項は，当事者の意思を尊重すべき身分上の行為には，同93条と同じく，適用されない[22]。虚偽表示による行為は，民法94条の適用をまつまでもなく無効であり，このことは，たとえ善意の第三

---

19)　大判昭6・10・24新聞3334・4，大判昭10・5・31民集14・1220。内田I57頁，佐久間・基礎134頁，平野・総則161頁，山田など・民法I130頁など。
20)　最判昭44・5・27前掲注16)参照。
21)　最判昭42・6・22民集21・6・1479（共有持分権の放棄を他の共有者と通謀したケース）。
22)　大判明44・6・6民録17・362（養子縁組のケース），大判大11・2・25民集1・69（離婚のケース）。

178

者があらわれたとしても変わらない。ただし，遺産分割協議や相続放棄など，身分関係と財産上の効果が密接に関連している行為については，民法94条を適用する余地があると解されている[23]。

(3) 要物契約への適用　書面によらない金銭消費貸借契約は，要物契約であるので，金銭の授受がされない限り，契約が成立しない（587条）。そこで，たとえば，AがBに金を借りる契約を口頭で行ったが金銭の授受はなかったという場合に，Bからこの債権を譲り受けたり，Bのこの債権を差し押さえたりした善意の第三者Cが，民法94条2項によって保護されるのかが問題となる。AB間の消費貸借契約が要物性の要件を充たしていないので，契約は不成立であり，同条2項適用の余地はないのだろうか。この問題につき，判例・通説は，金銭の授受があったかのような外形が作出され，それを第三者が善意で信じたのであれば，民法94条2項で保護するとしている[24]。したがって，CはBにその債権の履行を請求できる可能性がある。

6　民法94条2項の類推適用

民法94条2項は，虚偽表示による外形を信頼して取引関係に入った第三者がいる場合に，第三者を保護する規定である。ここには，虚偽の外観（外形）の作出について，真の権利者に帰責性が認められる場合に，その外観を信頼して取引関係に入った第三者を保護し，もって取引の安全を図ろうとする考え方をみて取ることができる。このような考え方を，一般に，権利外観法理（表見法理ともいう）という[25]。

本来の意味における通謀がない場合や，虚偽の外形はあるが意思表示があるといえない場合には，民法94条を直接適用して善意の第三者を保護することはできない。とくに，わが国では，不動産取引について公信の原則が採用されて

---

23) 我妻・講義I294頁。
24) 大判昭6・6・9民集10・479（質権のケース），大決昭8・9・18民集12・2437（消費貸借のケース）。我妻・講義I289頁，四宮＝能見・総則237頁。
25) 権利外観法理の考え方は，ほかにも，民法110条や同192条，同478条などにおいてみられる。

いないので，真の所有者が虚偽の登記を名義人と通謀せずに単独で作出した場合などに，善意の第三者が真実の権利関係と符合しない登記の名義人を所有者と信じてその者と取引をしたとしても，所有権等の物権を取得することはできず，不都合である。そこで，判例・通説は，真の権利者が虚偽の登記などの実体と符合しない表示を自ら作出したり，他人が作出した外形を承認・存続させていたりしたというような事情がある場合に，民法94条2項を類推適用して，善意の第三者を保護している。すなわち，①虚偽の外形が存在していること，②虚偽の外形作出につき真の権利者に帰責性があること，③その虚偽の外形を第三者が信頼したこと（第三者の善意）の要件を充足すれば，民法94条2項が類推適用されるというわけである。以下では，特に②の要件をめぐる判例法理の展開について，順にみていくこととする。

　(1)　意思外形対応型への類推適用　　真の権利者が虚偽の外形を作出したと評価できる場合である。これは，真の権利者の意思と第三者の信頼の対象となった虚偽の外形とが対応する類型（意思外形対応型：この類型は，(a)真の権利者自らが，虚偽の外形を積極的に作出し，それを認識している場合［外形自己作出型］と，(b)真の権利者が，自ら外形を作出したわけではないが，後でその他人作出の外形を承認・放置するにあたってはその外形を認識している場合［外形他人作出型］とに分かれる）といえる。これらの類型では，真の権利者の外形作出への帰責性を重視して，通謀の要件を緩和することにより，民法94条2項を類推適用して善意の第三者を保護するとされている。

　　(a)　外形自己作出型　　判例はまず，Dから家屋を購入したA（妻）が，B（Aの夫の妾）に所有権を移転する意思がないにもかかわらず，Bの承諾のもとにDからBへの移転登記をしていたところ，後にBが勝手にこの家屋を第三者Cに売却してしまったという事案で，Bへの所有権移転登記がAの意思に基づくものならば，実質においては，AがDからいったん所有権移転登記を受けた後で，Bと通謀して虚偽の所有権移転登記をした場合と何ら変わらないから，民法94条2項を類推適用して，AはBが実体上所有権を取得しなかったこ

とを善意の第三者Cに対抗することができないとした[26]。この判決は，同条項の類推適用を用いた初めての最高裁判決である。ここでは，虚偽の外形作出に真の権利者自身が積極的に関与していた点に，真の権利者の帰責性が認められよう。

　(b)　外形他人作出型　判例は次に，A所有の甲不動産について，Bが勝手にB名義への所有権移転登記をなしたところ，Aがこれに気づきながらその登記抹消等の回復手続に必要な費用を捻出できないため不実の登記を抹消せずに長年これを放置し（後にAとBは婚姻した），その間B名義のままでAのD銀行への債務を担保するために甲不動産に抵当権を設定したりしていたが，その後AとBが不仲となり，Bが甲不動産を第三者Cに売却してC名義に登記も移転したという事案で，Aが不実の所有権移転登記を明示または黙示に承認していたとして，民法94条2項を類推適用し，Aは善意の第三者Cに対して，登記名義人（B）が甲不動産の所有権を取得していないことを主張できないとした[27]。ここでは，虚偽の外形作出に真の権利者が積極的に関与していたわけではないが，虚偽の外形の存在を事後に承認していた点に，自己が虚偽の外形作出に関与したのと同等の帰責性をAに見出すことができよう。

　(2)　意思外形非対応型への類推適用　判例はまた，通謀によって作出された外形を越えた外形が作出された場合や，通謀はないが真の権利者に重大な過失がある場合など（意思外形非対応型：真の権利者が認識していない虚偽の外形が存する場合）にも，民法94条2項と同110条を併用して，善意無過失の第三者を保護しようとするに至っている。

　たとえば，AとBが通謀して不動産売買の予約を仮装して所有権移転請求権保全の仮登記手続をしたところ，外観上の仮登記権利者であるBが，所有権移転の本登記手続を勝手に行ったうえで，この不動産をCに売却したという事案で，民法94条2項・110条の法意に照らし，外観尊重および取引保護の要請か

26）最判昭29・8・20民集8・8・1505。
27）最判昭45・9・22民集24・10・1424。

ら，Aは本登記の無効を善意無過失の第三者Cに対抗できないとした[28]。ここでは，第三者が信頼した虚偽の外形である売買を原因とする本登記（第2の外形）は，真の権利者Aが作出した虚偽の外形である売買予約の仮登記（第1の外形）ではなく，それを超えた（真の権利者は第2の外形を認識していない）ものである（この点で，本人が代理人に与えた基本代理権の範囲を越えて代理行為がなされた民法110条の場合に類似している）。しかし，Aは，Bと通謀して，Cが信頼した虚偽の外形である本登記をBが勝手に行う基礎・原因を作り出しており，この点でAの帰責性は大きいといえよう。ただし，意思外形対応型にくらべると，真の権利者Aの帰責性は小さく，民法110条を併用することにより，第三者の保護要件に善意のほかに無過失までも要求して，真の権利者と第三者のバランスをとったということがいえよう（民法94条2項・110条の法意併用型）。

　さらに，近時の判例は，真の権利者Aから，Aが所有する甲不動産の賃貸事務などを任せられていたBが，Aから預かっていた登記済証や印鑑登録証明書等を利用して勝手にBへの所有権移転登記手続を行ったうえで，第三者Cに甲土地を売却したという事案につき，Aが合理的な理由なく登記済証をBに預けたままにしたり，Bにいわれるままに印鑑登録証明書を交付したり，売買契約書に署名・押印するなどしていた事情のもとでは，Aには，不実の所有権移転登記がされたことにつき，Aが自ら積極的に関与した場合や知りながらあえて放置した場合と同視し得るほど重い帰責性があるとして，民法94条2項・110条の類推適用により，Aは，Bから当該不動産を買い受けた善意無過失のCに対し，Bが甲不動産の所有権を取得していないことを主張することができないとした（民法94条2項・110条の類推適用型）[29]。ここでは，虚偽の外形の作出につ

28）最判昭43・10・17民集22・10・2188。ほかに，最判昭45・11・19民集24・12・1916など。
29）最判平18・2・23民集60・2・546。なお，判例は，Aがその所有不動産につき，Bに地目変更のためと騙されて登記申請書類等をBに交付し，Bがそれらの書類を用いて虚偽のB名義登記をし，これを善意の第三者Cに売却したという事案では，Aの帰責性が小さいことを理由に，Aは当該土地の所有権が移転していないことをCに対抗できる（民法94条2項・110条の類推適用はできない）としている（最判平15・6・13判時1831・99）。この判決と本文で紹介した平成18年最判との差異は，虚偽の外形作出に関する本人の帰責性↗

いて真の権利者Aは何らの関与も承認もしていないが，Aがあまりにも不注意だったことにより虚偽の外形が作出されたところにAの帰責性が見出されるとしている（Aの重大な不注意をA自身の虚偽の外形作出への関与と同視するという論理）。これまでの判例による，民法94条2項類推適用の範囲をさらに拡大するものといえよう。ただし，この民法94条2項・110条の類推適用型と，前述の両条の法意併用型における違いは，前者の類型では真の権利者に何らの外形作出（B名義の登記）への関与がない（その外形の承認・黙認すらない）のに対し，後者の類型では真の権利者による，部分的であるにせよ外形作出ないしその外形に対する事前または事後の承認があるという点にある。そこで，真の権利者のあまりにも不注意な行為をもって，外形作出または外形の承認と同視し得るとしてよいかは問題であるとして，近時の判例の展開に批判的な学説も少なくない[30]。

 錯誤による意思表示

1 意　義

錯誤とは，日常用語では，思い違い，勘違いをすることである。錯誤による意思表示とは，表示行為から客観的に推断される意思と表意者の内心の意思が食い違っていて，そのことを表意者自身が認識しないでする意思表示をいう。意思と表示の不一致について表意者自身が知らない点で，心裡留保や虚偽表示と異なる。そうした意思表示は，一定の要件のもとで取り消すことができるとされている（95条）。

2 錯誤の態様

錯誤には，表示（表示行為）の錯誤と動機の錯誤とがある。

の度合い，つまり本人の「余りにも不注意な行為」であるか否かが決め手となっているが，その判断基準は程度問題といえるのではなかろうか（本人の虚偽の外形作出ないしその承認と，本人の不注意には質的に差があり，これらを同視してよいかは問題であるように思われる）。

30）四宮＝能見・総則240頁以下，山田など・民法Ⅰ134頁。

　表示の錯誤とは，「意思表示に対応する意思を欠く錯誤」（95条1項1号）であり，効果意思と表示行為の不一致（意思の不存在）があって，表意者がそれを知らなかった場合である。表示の錯誤には，表示上の錯誤と，内容の錯誤とがある。

　これに対して，動機の錯誤とは，「表意者が法律行為の基礎とした事情についてのその認識が真実に反する錯誤」（同項2号）である。

　(1)　表示上の錯誤　　表示上の錯誤とは，言い間違えや書き間違えなど，表示行為自体に錯誤がある場合をいう。たとえば，ある商品を100ドルで買うつもりであったが，相手方に対し「100ユーロで買う」と言い間違えてしまったような場合である。ここでは，「100ドルで買う」という内心の効果意思と「100ユーロで買う」という表示とが食い違っており，意思の不存在となっているといえる。

　(2)　内容の錯誤　　内容の錯誤とは，表示の意味を誤解したためにそうした表示をしてしまった場合をいう。たとえば，ドルとユーロを同じ価値であると勘違いして，ある商品を買うに際して100ドルと書くべきところを100ユーロと書いてしまったような場合や，甲地（日陰の土地）を購入する契約を締結したが，実は甲地だと思っていた土地は隣の乙地（日あたりのよい土地）であったような場合である。ここでも，内心の効果意思（「100ドルで買う」，「乙地を買う」）と表示（「100ユーロで買う」，「甲地を買う」）に食い違いがあり，意思の不存在ということができる。

　(3)　動機の錯誤　　動機の錯誤とは，効果意思が形成される前の動機の段階で錯誤が生じてしまった場合をいう。効果意思と表示行為との間に不一致が存在していない点で，表示の錯誤と区別される。たとえば，良馬を産む血統でかつ受胎していると思ってある馬を購入したが，実際には受胎していない駄馬だった場合[31]（性質についての錯誤）や，借家人が立ち退くと信じて家屋を購入したが実際には立ち退かなかった場合[32]，近くに新駅ができると信じて地価があ

31）大判大6・2・24民録23・284。
32）最判昭29・11・26民集8・11・2087。

がるだろうと考え土地を購入したが実際には新駅の計画はうわさ話に過ぎなかった場合（理由についての錯誤）などである。ここでは，馬が受胎しているかどうか，借家人が立ち退くかどうか，新駅ができるかどうかといった契約に影響を与える事実（法律行為の基礎とした事情＝動機）を誤認しているといえる。これらの場合，馬・家屋・土地を購入しようと思ってそれらの物を買っているので，効果意思と表示との間に食い違いは生じておらず，しかも人の動機や内心は外からはみえない。それゆえ，動機レベルの誤認を一切考慮せず，これらの意思表示には問題がないとすると，受胎していない駄馬，人が居住している借家，地価が値上がりしない土地を高額で購入する契約が有効になり，（受胎していなければ，立ち退かなければ，単なるうわさ話と知っていたならば，これらの物を購入しなかったであろう）表意者にとっては酷な結果となる。そこで，民法は，こうした動機レベルの誤認を「法律行為の基礎とした事情」についての錯誤として，民法95条の錯誤に含めることとした。

　ただし，いかなる動機の錯誤であっても意思表示の効力に影響を与えるとすると，動機は本来表示されないものであるので，取引の相手方に不測の損害を生じさせるおそれがある。そこで，相手方の保護との調整の見地から，動機の錯誤による意思表示の取消しには，通常の錯誤による場合の要件に加え，特別な要件，すなわち，相手方に「その事情が法律行為の基礎とされていることが表示されていた」場合に限定して（ただし，その基礎とされた事情に関する認識が合意の内容になっていることも必要と解される［後記3(2)参照］），意思表示を取り消すことができるとしたのである（95条2項）。

3　錯誤取消しの要件

(1)　その錯誤が重要なものであること（重要性）と因果関係　　これらの要件は，表示の錯誤と動機の錯誤に共通して必要とされるものである。

　錯誤による意思表示の取消しには，その錯誤が，「法律行為の目的及び取引上の社会通念に照らして重要なものである」ことが必要である（95条1項柱書）。これにより，軽微な錯誤による意思表示の取消しは認められないことになる。改正前民法95条では，法律行為の「要素」に錯誤があるときと規定されており，

判例・通説は要素の錯誤を，意思表示の主要な部分の錯誤であって，その錯誤がなかったならば，表意者はその意思表示をしないであろうと認められ（因果関係），かつ，表意者だけでなく通常人もその意思表示をしなかったであろうと認められるほどにその錯誤が重要である（客観的重要性）場合をいうと解していた[33]。この理解は，現行法においても異ならない。したがって，錯誤が重要であるといえるのは，法律行為の目的および社会通念からして，表意者も，また一般人も，その錯誤がなかったならば表意者がそのような意思表示をしなかったであろうと認められるような場合ということになる。

　もっとも，どのような錯誤であれば重要性があるといえるのかは，具体的な事案ごとの判断とならざるを得ない。人の同一性に関する錯誤について，売買契約であれば，目的物や代金などが契約の主たる目的であり，相手方が誰であるかは一般的には重要ではないといえるが，場合によっては重要な錯誤となり得る。たとえば，戦時中に，軍が使用するのであれば仕方がないと考えて，買主は軍すなわち国であると誤信して，所有する土地を売却したところ，実際には財団法人が買主であったという事案で，買主が国であるか否かは主観的にも客観的にも重要であり，重要な錯誤になるとした[34]。他方，物の同一性に関する錯誤について，目的物を取り違えた場合，どのような物であるかは契約の主たる目的であり，重要な錯誤といえよう。ただし，重過失があるとして錯誤の主張が認められない可能性が少なくない。

　物の性状に関する錯誤については，従来から動機の錯誤の一種とされており，物の性状は契約内容そのものにならないとも考えられるが，判例は，それ（性能・品質など）が契約（意思表示）の内容になっており，しかも重要な意味を有する場合には，重要な錯誤になるとしている（後記(2)参照）[35]。

33）大判大3・12・15民録20・1101，大判大7・10・3民録24・1852。我妻・講義Ⅰ300頁。
34）最判昭29・2・12民集8・2・465。
35）大判大6・2・24前掲注31）（良馬を産むかどうか），最判昭33・6・14民集12・9・1492（代物弁済の対象物が特選品であるか），最判昭45・3・26民集24・3・151（購入した絵画が真作か否か。共通錯誤のケース）など。

(2) 動機が表示され，法律行為の内容となっていること　　この要件は，すでに述べたように，動機の錯誤についてのみ必要とされている付加的要件である。また，動機の錯誤では，その錯誤が重要なものであるだけでは，錯誤取消しの対象にならないことに留意する必要がある。

　まず，動機の錯誤による意思表示の取消しには，「その事情が法律行為の基礎とされていることが表示されていた」ことが必要である（95条2項）。これは，動機の錯誤はその動機が相手方に表示されて意思表示の内容となっている場合に限り，改正前民法95条の対象となるとしていた従来の判例法理を明文化したものである[36]。

　次に，動機は，相手方に表示され，法律行為の内容になっていなくてはならない。単に動機が表示されているだけでは不十分である。また，動機が表示されていても，当事者の意思解釈上，動機が法律行為の内容となっていると認められない場合には，錯誤取消しの対象とならない。これも，2017年改正前の動機の錯誤に関する判例法理を承継したものである（判例は，「動機は，たとえそれが表示されても，当事者の意思解釈上，それが法律行為の内容とされたものと認められない限り，表意者の意思表示に要素の錯誤はない」とした)[37]。

　さらに，相手方に対する動機の表示は，明示でなく，黙示でもよい[38]。

(3) 表意者に重大な過失がないこと　　この要件は，表示の錯誤と動機の錯誤に共通して必要とされるものである。

　錯誤が表意者の重大な過失によるものであった場合には，その表意者は意思表示の取消しをすることができない（95条3項柱書）。表意者の帰責性が大きい場合には，表意者よりも相手方の保護を優先すべきと考えられるからである。

　重大な過失（重過失）とは，表意者の職業や地位・経験，取引の種類や目的に応じて，一般に要求される注意を標準として，その注意を著しく欠いている状態をいう。表意者に重過失があったことの主張・立証責任は，相手方にあ

---

36) 大判大6・2・24前掲注31)，前掲最判昭29・11・26前掲注32)。
37) 最判平28・1・12民集70・1・1，最判平28・12・19判時2327・21。
38) 最判平元・9・14判時1336・93。

る[39]。

　ところで，表意者に重過失があっても，錯誤による意思表示の取消しを主張できる場合がある。すなわち，相手方が表意者の錯誤につき悪意または重過失の場合（95条3項1号）や，相手方が表意者と同一の錯誤に陥っていた場合（共通錯誤。同項2号）には，相手方の信頼を保護する必要はないので，表意者は錯誤の意思表示を取り消すことができる。

4　効　果

　(1)　意思表示の取消し　　錯誤による意思表示は，取り消すことができる（95条1項）。改正前民法95条は，錯誤の効果を意思表示の無効と規定していたが，改正により，意思表示の取消しに改められたものである。

　錯誤による意思表示の取消しができるのは，表意者またはその代理人もしくは承継人に限られる（120条2項）。すなわち，表意者を保護するための規定であるから，意思表示の効力を否定するかどうかは表意者の判断に委ねられるというわけである。

　たとえば，AB間でAが所有する甲土地の売買契約を締結し，登記も移転したが，Aには重要な錯誤があったという場合，Aは，錯誤を理由に意思表示を取り消し，Bへの所有権移転登記の抹消を請求することができる。逆にいえば，Aが取消しを主張しない場合には，相手方B（または第三者）が取消しを主張することを認める必要はない。

　もっとも，2017年改正前の判例であるが，債権者代位権行使の前提として当事者間の契約につき第三者（債権者代位権を行使する者）からの無効主張を認めたものがある[40]。

---

39)　大判大7・12・3民録24・2284。
40)　最判昭45・3・26前掲注35)。この判決は，著名な画家の絵画の贋作がAからB，BからCと譲渡された後（譲渡の時点で真作であるとの基礎事情が表示されたのでいわゆる動機の錯誤のケースといえる），贋作に気付いたC（第三者）がBから代金債権を回収しようとしたところ，Bが無資力であったため，BがAに支払った代金を取り戻させるためにBのAに対する錯誤無効（現行法では取消し）をCが主張できるかが問題となった事案で，当該第三者において自己の債権を保全するため必要があり，かつ表意者が錯誤を認めてい↗

188

(2)　第三者との関係　　錯誤による意思表示の取消しは，善意無過失の第三者に対抗することができない（95条4項）。ここでの「第三者」は，錯誤による意思表示によって形成された法律関係を前提に，新たに法律上の利害関係を有するに至った者をいう。保護される第三者には，詐欺取消しの場合と同様，善意だけでなく無過失までも要求されている。これは，表意者があえて真意ではない意思表示を行った心裡留保や虚偽表示の場合とくらべると，錯誤や詐欺による意思表示を行った表意者の帰責性が小さいためと考えられる。

　前記(1)の例で，Bが甲土地をCに転売した後で，Aが錯誤を理由に意思表示を取り消したとしても，Aは，意思表示の取消しを善意無過失の第三者Cに対抗することはできない（いわゆる「取消し前の第三者」の問題。Cが登記を備えている必要があるか否かについては，考え方が分かれよう［詐欺取消しに関する後記Ⅳ3(2)(b)参照］）。これに対し，Aが錯誤を理由に意思表示を取り消し，その後，Bが甲土地をCに売却したというときには，Cは95条4項の「第三者」にあたらない（いわゆる「取消し後の第三者」の問題[41]）。

5　民法95条の適用範囲

　当事者の真意を尊重すべき身分上の行為（婚姻や養子縁組）において，人違いなどの錯誤がある場合にはその行為は無効となる（742条1号・802条1号参照）が，人違いをしたことに重大な過失があっても，民法95条3項柱書は適用されず，表意者は婚姻無効・縁組無効を主張できると解されている[42]。

　株式の引受け，一般社団法人の基金の引受けについては，錯誤を理由に取り消すことができない旨の規定がある（会社51条2項，一般法人140条2項）。

　また，インターネットにより消費者が商品やサービス購入を行う電子消費者契約については，クリックミスなどの操作ミスが起こりやすいことを勘案して，

＼るときは，表意者自らは当該意思表示の無効を主張する意思がなくても，第三者が錯誤による無効を主張することが許されるとした。
41）　錯誤取消しの後の第三者については，詐欺取消し後の第三者と同様に処理されることになる。
42）　我妻・講義Ⅰ306頁，四宮＝能見・総則264頁。

民法95条3項の適用を排除する特例が設けられている（電子消費者契約3条本文。ただし，同条ただし書では，事業者がその申込等に対して確認画面などを設置するなどの措置を講じた場合には，その特例の適用がないとされている）。

 ## 詐欺による意思表示

1　意　　義

　詐欺とは，人を故意に欺罔して，錯誤に陥らせる行為である。詐欺による意思表示とは，相手方または第三者からの欺罔行為により，表意者が錯誤に陥り，その錯誤にもとづいてした意思表示をいう。したがって，詐欺による意思表示は，動機の錯誤を伴っている。

　詐欺による意思表示では，内心の効果意思と表示とは一致しているが，その形成過程に他人の違法な干渉・関与があった点で表意者に配慮すべき事情があることから，一定の要件に基づき表意者に取消し可能性が与えられる。

2　要　　件

　詐欺を理由とする取消しが認められるためには，次の要件を充足しなければならない。ここでは，欺罔行為を相手方が行った場合と第三者が行った場合とに分けて考察することとする。

　(1)　欺罔行為を相手方が行った場合

　　(a)　詐欺者に故意があること　　詐欺者には，相手方を欺罔して錯誤に陥れようとする故意（だます意思）と，その錯誤によって意思表示をさせようという故意（表意者に意思表示させる意思）との二段の故意が必要である。したがって，たとえば，生命保険契約の締結に際して，既往症がないとの虚偽の事実を告げたとしても，その陳述により保険会社に保険契約を締結させようとする意思がない場合には，詐欺にはあたらない[43]。

　　(b)　違法な欺罔行為が存在すること　　欺罔とは，真実でないことを真実として表示したり，真実を隠蔽したりすることをいう。欺罔行為があり，その

43）大判大6・9・6民録23・1319，大判大11・2・6民集1・13。

欺罔行為が違法であることが必要である。欺罔行為は，作為に限られず，不作為であっても構わない。

　なお，社会生活上，とくに取引の場面では，いわゆるセールストークや駆け引きのように，客に商品を購入してもらおうとして売主が誇張的な表現を用いることは少なくない。こうした場合にすべてが詐欺となるわけではなく，その行為が社会通念や取引観念からして許される限度を超えた場合に，そこで初めて違法と評価されることになる。この意味では，単なる沈黙や意見の陳述は，多くの場合に違法性を欠き，欺罔行為とならないといえよう。ただし，沈黙も，それが信義則に反するものである場合などには，欺罔行為になり得る[44]。

　(c)　表意者が錯誤に陥ったこと　　相手方または第三者の欺罔行為により，表意者が錯誤に陥ったことが必要である。すでに錯誤に陥っている表意者の錯誤の程度が，欺罔行為により，さらに深められた場合もここに含めてよい。

　ところで，詐欺による意思表示では，動機の錯誤が生じている。したがって，詐欺によって生じた動機の錯誤が重要なものであり，民法95条所定の要件を充たす場合には，錯誤による取消しと詐欺による取消しの競合が生じることになる。この点，以前は，錯誤と詐欺とでは，その効果（錯誤は無効で詐欺は取消し）や第三者保護規定の有無（錯誤にはなく，詐欺にはあった）について大きな違いがあったために問題とされていた。しかし，2017年改正により，錯誤と詐欺の効果は，両方とも取消しとなり，第三者保護規定も同様とされた（95条4項と96条3項）ので，現行法のもとでは，表意者は，いずれか，または双方を任意に選択して主張することができる。

　(d)　表意者が錯誤によって意思表示をしたこと（詐欺と意思表示の間の因果関係）　　表意者が，欺罔行為によって錯誤に陥り（欺罔行為と錯誤との間の因果関係），それによって意思表示をした（錯誤と意思表示との間の因果関係）という二段の因果関係が必要である。表意者が，錯誤に陥らなくてもその意思表示をしたと考えられる場合には，因果関係が認められないので，詐欺による取消

---

44)　大判大6・9・26民録23・1495，東京地判昭53・10・16判時937・51。

しをすることはできない。また，この因果関係は，表意者の錯誤と意思表示の間に具体的に存在すれば足り，その錯誤がなかったならば，一般通常人もその意思表示をしなかったであろうと認められることまでは必要ない。

(2) 欺罔行為を第三者が行った場合　この場合には，上記の(a)～(d)の要件に加えて，(e)意思表示の相手方が第三者による詐欺の事実を知り，または知ることができたことが必要である（96条2項）。相手方は自ら詐欺を行ったわけではないので，取引の安全を考慮して取消しの範囲を限定したものである。したがって，表意者は，相手方が第三者詐欺の事実を知っていた，または知ることができたことを立証すれば，取消権を行使することができる。

3 効　果

(1) 意思表示の取消し　(a) 相手方による詐欺　相手方が詐欺を行った場合，表意者はその意思表示を取り消すことができる（96条1項）。たとえば，Aが，Bの詐欺によってAが所有する甲土地をBに売却する契約を締結した場合，AB間の売買契約は一応有効に成立するが，詐欺を受けたAを保護するために，Aは意思表示を取り消すことができる。そして，Aが意思表示を取り消すと，AB間の売買契約は初めから無効であったものとみなされる（遡及的無効。121条）。ただし，表意者Aは，意思表示を追認することよって，売買契約を有効に確定させることができる（122条）。また，詐欺による意思表示の取消しができるのは，表意者またはその代理人もしくは承継人に限られる（120条2項）。なお，この取消権には期間制限がある点（126条）で，心裡留保・虚偽表示による無効とは異なる。

(b) 第三者による詐欺　意思表示の相手方ではなく，第三者が詐欺を行った場合，表意者は，相手方がその詐欺の事実について知っていた（悪意）か，または知ることができた（善意だが有過失）場合に限り，その意思表示を取り消すことができる（96条2項）。たとえば，Aが，主たる債務者であるCに騙されて，債権者Bとの間で，CのBに対する債務の保証人となる保証契約を締結したという場合，相手方であるBが，Cによる詐欺の事実を知っていたか，知ることができたときでなければ，Aは，保証契約を取り消すことができない。

192

第三者による詐欺も，表意者の意思形成過程に他人の違法な干渉・関与があった点では，相手方による詐欺と変わるところはない。しかし，第三者による詐欺では，すでに述べたように，表意者の取消しによる影響を受けるのは，詐欺を行った第三者ではなく，詐欺を行っていない相手方であるので，取引の安全を考慮して，騙された表意者よりも，相手方の保護が重視されている。

(2) 第三者との関係　(a) 善意無過失の第三者　詐欺による意思表示の取消しは，「善意でかつ過失がない第三者」に対抗することができない（96条3項）。詐欺の場合には，騙された表意者にも多少なりとも一定の落ち度（帰責性）があると考えられており，取引の安全のためには，詐欺の事実を知らず，かつ知らないことに過失がない第三者を保護する必要性が高いと考えられていることによる。

民法96条3項の「善意」とは，詐欺の事実を知らないこと，「無過失」とは，詐欺の事実を知らないことについて過失がないことをいう。

また，「第三者」とは，詐欺の当事者以外の者で，詐欺による意思表示によって生じた法律関係に基づいて，取消前に新たに法律上の利害関係を有するに至った者をいう[45]。ここでは，第三者は，表意者の取消し前に利害関係を有している必要がある。たとえば，Bが売主Aを騙して甲土地を買い受け，事情を知らない第三者Cに転売したところ，その後Aが売買契約を取り消したという場合のCは，民法96条3項の第三者にあたる（取消前の第三者）。これに対し，Aが売買契約を取り消した後で，BがCに転売したという場合のCは，同条項の第三者にあたらない（取消後の第三者）[46]。

民法96条3項により第三者が保護されると，その反面で，表意者は権利を失うことになる。そこで，詐欺によって作出された外形に対する第三者の信頼は，法的保護に値するものでなくてはならないとして，取消原因について善意であるだけではなく，無過失であることが要求されている。第三者に無過失も要求

---

45) 最判昭49・9・26民集28・6・1213。
46) 大判昭17・9・30民集21・911。

することについては，詐欺による意思表示をした者は，心裡留保や虚偽表示を
した者とくらべて帰責性の度合いが少ないので，表意者と第三者の利益調整の
見地から，第三者に無過失まで要求すべきとの考慮もある（改正前民法96条3項
は，第三者に善意のみ要求していたが，2017年改正により無過失が付加されている）。

　(b)　登記の要否　　目的物が不動産である場合に[47]，第三者（取消前の第
三者）が民法96条3項により保護されるためには，登記が必要であろうか。た
とえば，Bが売主Aを騙して購入した不動産をCに転売したという場合に，C
が保護を受けるために，善意無過失に加えて，登記も必要かという問題である。

　判例は，Aを騙して農地を含む数筆の土地を買い受けたBが，農地につき農
地法5条の許可を条件とする所有権移転仮登記を得たうえで，契約上の権利を
第三者Cに譲渡してCが付記登記を得た事案で，「必ずしも，所有権その他の
物権の転得者で，かつ，これにつき対抗要件を備えた者に限定しなければなら
ない理由は，見出し難い」とした[48]。この判決を素直に読む限りでは，登記を
不要としているように見受けられるが，本件の第三者は，まったく登記を備え
ていなかったわけではなく，仮登記についての付記登記を有していた（Cは本
件農地につき仮登記移転の付記登記は行っており，できる最大限のことはやってお
り，現に農地以外の土地は本登記を経由していた）事案であり，ここでの判旨を
一般化できるかどうか，疑問視する見解もある。

　学説は，当初，この問題につき2つの見解が対立していた。1つは，取り消
した原権利者Aと第三者Cは，実質的には物権法上の対抗問題類似の関係に立
つと理解した上で，Cが保護されるためには対抗要件としての登記を要すると
の見解[49]である（登記＝対抗要件必要説）。これに対して，もう1つは，民法96
条3項は，取消しの遡及効を制限することにより，詐欺による意思表示が有効
であると信じて新たに利害関係を有するに至った第三者を保護しようとする趣
旨の規定であり，AとCは対抗関係に立つわけではないので，Cは登記なくし

47）目的物が動産である場合には，第三者は即時取得（192条）によって保護され得る。
48）最判昭49・9・26前掲注45）。
49）我妻・講義I 312頁，我妻＝有泉・講義II 64頁・96頁。

194

てAに対抗することができるとする見解（登記不要説）[50]で，これが従来の通説
であった。そして，近時，対抗要件としての登記は不要であるが，第三者が民
法96条3項により保護されるためには，自らの権利を保護するためになすべき
こととして登記（権利保護資格要件としての登記）をしておく必要があるとする
見解（登記＝権利保護資格要件必要説）が有力となっている[51]。

　なお，取消し後に登場した第三者（取消後の第三者）について，判例は，A
の取消しによる，BからAへの復帰的な物権変動と，BからCへの物権変動と
を二重譲渡の関係と捉え，民法177条を適用して，いずれか早く登記を具備し
た方が優先するとしている[52]。この判例法理に対しては，第三者の出現が取消
しの前か後かによって，取消しから生ずる法律効果の理解が異なることや，取
消し前の第三者は善意無過失でなければ保護されないのに，取消し後の第三者
は悪意でも保護されることとのアンバランスが問題視されている。そこで，学
説では，取消し後の第三者についても，取消しの遡及効を貫徹して，民法94条
2項の類推適用により保護しようとする見解[53]や，取消しの前後を問わず，第
三者を民法96条3項で保護しようとする見解[54]などが主張されている。詳細は，
物権法に譲る（新・マルシェ物権法・担保物権法・第1章第3節Ⅲ2参照）。

 V　強迫による意思表示

1　意　　義

　強迫とは，他人に害悪を加えることを示して畏怖を生じさせる行為である。
強迫による意思表示とは，他人から害悪を告知されて畏怖したことにより行っ
た意思表示をいう。強迫による意思表示も，詐欺による意思表示と同じく，意

50）川島・総則301頁，下森・注民③488頁。
51）内田Ⅰ85頁，鎌田・百選Ⅰ［6版］49頁。
52）大判昭17・9・30前掲注46）。
53）内田Ⅰ83頁，下森・注民③494頁。
54）四宮＝能見・総則274頁。取消し後の第三者を民法96条3項の類推適用で保護するもの
　として，鎌田薫『民法ノート物権法①［第3版］』（日本評論社，2007年）131頁，平野・総
　則237頁。

思表示の形成過程に他人の違法な干渉・関与があったという点で共通するので，一定の要件に基づき表意者に取消し可能性が与えられる（96条1項）。ただし，強迫の場合は，詐欺にくらべて表意者の帰責性の度合いが小さいといえるので，詐欺における民法96条2項・3項のような取消しの範囲を限定する規定が存しない（表意者保護を重視）。

2 要 件

強迫を理由とする取消しが認められるためには，次の要件を充足しなければならない。

(1) 強迫者に故意があること　強迫者には，表意者に畏怖を生じさせようとする故意と，この畏怖によって意思表示をさせようとする故意との二段の故意が必要である[55]。

(2) 違法な強迫行為が存在すること　強迫行為が違法なものであることが必要である。違法性の有無は，強迫の手段と目的の正当性を相関的に考察して，行為全体として判断される。たとえば，会社取締役の不正行為を告発すると通知して，ほとんど価値のない株式を不当に高く買い取らせた場合に，株式を売却する行為自体はそれだけでは違法なものではないが，強迫によって不正な利益を得ようとする不当な目的によるものであり，全体として違法性を帯びるとされる[56]。

(3) 表意者が畏怖したこと　相手方または第三者の強迫行為により，表意者が畏怖したことが必要である。すでに畏怖している表意者の畏怖の程度が，強迫行為によりさらに深められた場合も，ここに含めてよい。

畏怖の程度としては，表意者の自由な意思形成が妨げられていることが必要であり，表意者が完全に選択の自由を失ったことまでは必要とされない[57]。畏怖の程度が強く，表意者が自由な意思決定を完全に妨げられている場合には，

---

55) 大判昭11・11・21民集15・2072。
56) 大判大6・9・20民録23・1360。
57) 最判昭33・7・1民集12・11・1601。

196

その意思表示は当然に無効になると解されている[58]。

(4) 表意者が畏怖によって意思表示をしたこと（強迫と意思表示の間の因果関係）　表意者が，強迫行為によって畏怖し（強迫行為と畏怖との間の因果関係），それによって意思表示をした（畏怖と意思表示との間の因果関係）という二段の因果関係が必要である。

3　効　　果

強迫による意思表示は，取り消すことができる（96条1項）。取り消すことができるのは，表意者またはその代理人もしくは承継人である（120条2項）。取り消されると，詐欺取消しと同じく，その意思表示は，初めから無効となる（121条）。また，表意者による追認（122条），取消権の存続期間（126条）についても，詐欺の場合と同様である。

強迫の場合，詐欺とは異なり，第三者による強迫についての規定がないため，相手方Bの知・不知にかかわらず，その意思表示を取り消すことができる（96条2項の反対解釈）。また，強迫による意思表示の取消しは，遡及効を制限する規定がないため，善意無過失の第三者にも対抗することができる（96条3項の反対解釈）。したがって，第三者による強迫のケースでの契約の相手方や，善意無過失の第三者も，保護されない。ただし，善意無過失の第三者については，目的物が動産である場合には，即時取得の規定（192条）によって，不動産である場合には，民法94条2項の類推適用によって保護される余地があるであろう。このように，強迫の場合の表意者をより厚く保護するのは，強迫においては意思決定の自由に対する干渉の度合いが強く，表意者本人には帰責性が少ないと考えられていることによる。

なお，取消し後の第三者については，詐欺の場合と同様の議論がある。

58）前掲注57）最判昭33・7・1。

Ⅵ　消費者契約法

1　意　義

　消費者契約法は，消費者と事業者の間には，持っている情報の質・量および交渉力に格差があることに鑑みて，消費者の利益を守るために，民法の錯誤，詐欺や強迫を理由とする取消しの要件を充たしていなくても，事業者の一定の行為により，消費者が誤認し，または困惑した場合等について，契約の申込みまたはその承諾の意思表示を取り消すことができるとしている（消費契約1条）[59]。この契約取消権について，以下で簡単にみることとする。

　事業者と消費者の間で締結される契約を「消費者契約」といい（消費契約2条3項），消費者契約法は，原則としてすべての消費者契約をその対象としている。

2　取消しの原因

　(1)　誤認による取消し　　事業者が，消費者契約の締結について勧誘をするに際し，消費者に対して，重要事項について事実と異なることを告げ（不実告知），それによって消費者が告げられた内容が事実であると誤認した場合に，消費者は，その契約を取り消すことができる（消費契約4条1項1号）。ここでは，事業者の故意は不要である。

　また，事業者が，消費者契約の締結について勧誘をするに際し，消費者に対して，物品，権利，役務その他の当該消費者契約の目的となるものに関し，将来におけるその価額，将来において消費者が受け取るべき金額その他の将来における変動が不確実な事項につき断定的判断を提供し（断定的判断の提供），それによって消費者が提供された断定的判断の内容が確実であると誤認した場合に，消費者は，その契約を取り消すことができる（消費契約4条1項2号）。消費者の契約締結の動機に対する不当な働きかけを規制するものの，錯誤の場合の

---

59)　同時に，事業者により一方的に定められた契約内容が不当である場合に，その不当な契約条項の効力を否定することにより，消費者の利益を守るための規定も置いている（消費契約8条〜10条）。

198

ように動機が表示されることは必要とされていない。

　さらに，事業者が，消費者契約の締結について勧誘をするに際し，消費者に対して，重要事項またはそれに関連する事項について，消費者の利益となる事実を告げ，かつその重要事項について当該消費者の不利益となる事実を故意または重大な過失によって告げず（不利益事実の不告知），それによって消費者が誤認をして，消費者契約の申込みまたは承諾の意思表示をした場合に，消費者は，その意思表示を取り消すことができる（消費契約 4 条 2 項）。

　(2)　困惑による取消し　　事業者が，消費者契約の締結について勧誘をするに際し，消費者が事業者に対し，その住居等から退去すべき旨の意思表示をしたにもかかわらず，事業者がそれらの場所から退去せず（不退去），そのことにより消費者が困惑して，消費者契約の申込みまたはその承諾の意思表示をした場合に，消費者は，その意思表示を取り消すことができる（消費契約 4 条 3 項 1 号）。同様に，事業者が，消費者の退去を妨害することによって消費者の困惑を惹起した場合にも，取消権が認められる（同項 2 号）。ここでは，強迫のように表意者が畏怖したことまでは必要とされていない。

　その他，事業者が，不安をあおる告知や恋愛感情等に乗じた人間関係の濫用，加齢等による判断力の低下の不当な利用，霊感等による知見を用いた告知，契約締結前に債務の内容を実施して原状回復を困難にする等により，消費者が困惑して消費者契約の申込みまたはその承諾の意思表示をしたときにも，消費者はその意思表示を取り消すことができる（消費契約 4 条 3 項 4 号〜8 号）。

　(3)　過量な内容の契約であることによる取消し　　事業者が，消費者契約の締結について勧誘をするに際し，契約の目的である物品，権利，役務などの分量，回数，期間などが，その消費者にとっての通常の分量等を著しく超えるものであることを知っていた場合において（過量取引），消費者がその勧誘により，消費者契約の申込みまたはその承諾の意思表示をしたときは，消費者は，その意思表示を取り消すことができる（消費契約 4 条 4 項）。

3　取消しの効果

　消費者契約法 4 条により，困惑・誤認したり，過量取引をした消費者には，

取消権が発生する。ただし，この取消しは，善意無過失の第三者に対抗することができない（消費契約4条6項）。なお，民法の錯誤や詐欺・強迫の要件をも充たす場合には，民法による取消権を行使することも可能である。

取消権は，追認することができる時から1年，または契約締結から5年のいずれか早い時期が経過すると，時効により消滅する（消費契約7条1項）。

第3節　意思表示の効力発生時期と受領能力

 意思表示の効力発生時期

1　到達主義の原則

(1)　到達主義　　意思表示は，原則として，その通知が相手方に到達した時から，その効力を生ずる（到達主義。97条1項）。

相手方のある意思表示では，まず，表意者が意思を表白し，次に，それを発信し，それが相手方に到達し，最後に相手方がそれを了知するというプロセスを経る。たとえば，表意者が，まず，意思表示の内容を文書に記載し，次に，これを郵便ポストに投函し，その文書が相手方に配達され，最終的に相手方がこれを読んでその内容を知るということになる。

民法が，通知の相手方への到達により意思表示の効力が発生することを原則としたのは，到達を基準とすることで，相手方が意思表示の内容を了知することが可能になるからである。したがって，契約であれば，申込みの意思表示が相手方に到達し（申込みの意思表示の効力が発生し），それに対応する承諾の意思表示が，申込みをした者に到達した時に，承諾の意思表示が効力を生じ，契約が成立する[60]。解除であれば，解除の意思表示が相手方に到達した時に，解

---

60)　2017年改正前には，契約の成立に関し，承諾の意思表示を発信した時に契約が成立すると規定されていた（発信主義。改正前民法526条1項）が，これは，隔地者間の取引を前提としており，今日の取引実情に合わないことから，削除された。

除の効力が生ずる。

　意思表示は，相手方に到達しなければその効力を生じないので，到達しなかったり，遅れて到達した場合には，法律や特約で特別な定めがない限り，そのリスクは表意者が負担することになる。また，意思表示を発信した後であっても，その意思表示が相手方に到達していなければ，意思表示を発信した表意者は，任意にこれを撤回することができる。相手方に到達したら，その後は撤回できないのが原則である（523条1項参照）。

　(2)　到達の意味　　到達とは，社会通念上，意思表示が相手方の了知することができる状態（支配圏内）におかれることをいい，実際に相手方が了知したことを要しない。意思表示を受領したのが相手方本人である必要もないので，たとえば，会社の代表取締役に対する通知をたまたま会社に遊びにきていた代表取締役の娘が受領したが，娘が父の机の引き出しに入れ，そのままになっていたという事案で，到達があるとされた[61]。また，相手方が，遺留分減殺の意思表示が記載された内容証明郵便を，不在のために受け取らなかったが，配達通知書の記載などから，その内容を十分に推知することができたという事案では，遺留分減殺の意思表示は，遅くとも留置期間が満了した時点で到達があったものと認められた[62]。

2　到達主義の例外

　意思表示の効力は，通知が到達しなければ生じないのが原則であるが，相手方が正当な理由なく意思表示の通知が到達することを妨げた場合には，その通知は，通常到達すべきであった時に到達したものとみなされる（97条2項）。到達を妨害した場合のほか，留守を装ったり，他人のふりをするなどして受領を拒絶した場合も，ここに含まれる[63]。

3　表意者の死亡・行為能力の喪失

　意思表示は，表意者による通知の発信後に，表意者が死亡したり，意思能力

---

61) 最判昭36・4・20民集15・4・774。
62) 最判平10・6・11民集52・4・1034。
63) 最判平10・6・11前掲注62) 参照。

を喪失，または行為能力を制限されるというような事態が生じた場合でも，その効力を妨げられない（97条3項）。意思表示はすでに成立していると考えられるからである。ただし，契約の申込みについては例外が定められていて，そうした事態が生じたら契約を取りやめる意思を申込者が表示していたり，そうした事態が発生したことを相手方が承諾の通知を発する前に知った場合には，その申込みは効力を失うことになる（526条）。

4 公示による意思表示

表意者が，意思表示の相手方を知ることができなかったり，相手方を知っているが，その所在が不明な場合には，意思表示を到達させることができない。こうした場合には，公示による意思表示の方法を利用することができる（98条）

公示による意思表示は，公示送達に関する民事訴訟法の規定に従い，簡易裁判所の掲示場に掲示し，かつ，その掲示があったことを官報に少なくとも一回掲載して行う（98条2項本文）。ただし，裁判所が相当と認めるときは，官報への掲載に代えて，市役所，区役所等の施設の掲示場に掲示すべきことを命ずることができる（98条2項ただし書）。

公示による意思表示は，最後に官報に掲載した日またはその掲載に代わる掲示を始めた日から2週間を経過した時に，相手方に到達したものとみなされる（98条3項）。

 意思表示の受領能力

意思表示は，相手方に到達，すなわち相手方が了知可能な状態になることによって効力を生ずる。ただし，相手方が，その意思表示の内容を理解する能力（受領能力）がない者である場合には，到達しても，そのまま意思表示の効力を発生させることは妥当とはいえない。そこで，意思表示の相手方がその意思表示を受けた時に，意思無能力者，または未成年者や成年被後見人であったときは[64]，表意者は，その意思表示の効力が発生したことを相手方に主張するこ

64）被保佐人および被補助人には，受領能力が認められる（98条の2の反対解釈）。

とができないとされている（98条の2本文）。このような場合には，相手方の法定代理人がその意思表示を知った時，または相手方が意思能力を回復するか，行為能力者となった時から，その意思表示の効力が認められる（98条の2ただし書）。

第7章

代　　理

第1節　序　　説

 　代 理 の 意 義

1　代理とは

　代理とは，ある人（本人）と一定の関係にある他人（代理人）が，本人のために意思表示をし，またはこれを受けることによって，その法律効果を直接本人に帰属させる制度である。たとえば，Bが本人Aの代理人としてA所有の土地をCに売却する場合，売却の申込みは代理人Bが相手方Cに対して行い，また，その承諾はBがCから受けることになり，売買契約はB・C間で締結されるが，その効果はすべてAについて生じ，売買契約はB・C間ではなくA・C間に成立したことになり，Aを売主，Cを買主とする売買契約が成立する。

　近代法のもとでは，法律行為の効果はその行為をした当事者について生じるのを原則とするが，代理では行為当事者と効果を受ける者（効果帰属当事者）が別であり，この点に特色がある。このような特色をもつ代理制度の確立には商業の発達等により，次に述べる代理制度機能の社会的要請があった。

2　代理制度機能

　代理制度の主な機能は次の二つである。(i)私的自治の拡張：社会的取引関係が複雑・多岐となり，その規模が拡大・発展してくると，とうてい自分一人ではそのすべてを処理できない場合が多くなり，専門的な能力をもった者に自己

の法律関係を処理してもらった方が合理的であるといった場合や，企業の所有と経営の分離，財産の帰属と管理の分離に伴い，同時に複数の企業を経営する等幅広い社会的・経済的活動を行っていくといった場合に，それらを可能にする制度として機能する。この場面の代理は本人の意思に基づいて生じる代理であり，任意代理という。(ⅱ)私的自治の補充：自然人であっても，意思無能力者，制限行為能力者は，自らは単独で完全に有効な法律行為を行うことはできないとされており，社会生活を営むなかで，これらの者に代わって法律行為を行ってくれる者が必要である。この必要にこたえる制度として機能する。この場面の代理は法律の規定に基づいて代理人や代理権の範囲が決められ，法定代理という（なお任意後見制度は，私的自治の補充の機能を果すものであるが，本人が，判断能力が不十分になる場合に備えて本人自身が後見人を定めておくもので，特殊な任意代理である）。

3 代理の本質

代理人の行う法律行為（代理行為）の効果が直接本人に帰属する根拠をどのように把握するかについては，以下の諸説がある。(ⅰ)本人行為説：代理人の意思表示を本人の意思表示と擬制し，法律行為の当事者はあくまでも本人であると考える　(ⅱ)共同行為説：本人と代理人が共同して法律行為をなすものとみる　(ⅲ)代理人行為説：法律行為を行う者は純粋に代理人のみであって，代理人のなした法律行為の効果が法的に本人に帰属すると捉える　(ⅳ)統一要件説：本人の代理権授与行為と代理人の代理行為が一体となって一個の法律行為を構成し，本人がその主体となるとする。判例[1]・通説は(ⅲ)をとる。

4 代理における三面関係（代理の要件と効果）

代理では，(ⅰ)本人と代理人との関係，(ⅱ)代理人と相手方との関係，(ⅲ)相手方と本人との関係という三面関係が成立し，(ⅰ)では代理権が，(ⅱ)では意思表示ないし法律行為（代理行為）が，(ⅲ)では法律効果の帰属が問題となる。代理人のなした意思表示の効果が本人に帰属するためには，代理権（第2節Ⅰ参照）と

---

1) 大判大 2・4・19民録19・255。

代理行為（第2節Ⅱ参照）の二つの要件が充たされる必要がある。代理権の要件を欠いてなされた代理行為は無権代理（第3節参照）であり，原則として本人に法律効果の帰属はない。ただし，例外的に，表見代理（第4節参照）の成立が認められ本人は正常な代理権があったと同様な責任を負わされることがある。また，代理行為の要件が満たされない場合（民法は本人のために代理行為をする旨を示す［これを顕名という］ことを要求しており，顕名がなされない場合，つまり代理意思の表示がない場合）は，原則として，代理人のなした法律行為は代理行為としては無効であって，その行為自体は，代理人が自己のためになしたものとみなされ，代理人を当事者とする契約が成立することになる（100条）。

 ## Ⅱ　代理と類似する制度

代理と社会的機能においては類似しているが，法律的には異なるものがある[2]。

1　使　　者

使者には，(i)本人の完成した意思表示をそのまま伝達するもの（たとえば，本人の書いた書面を渡すだけ）と(ii)本人の決定した意思を相手方に表示してその意思表示を完成させるもの（たとえば，本人の意思を口頭で伝える）がある。(i)を伝達機関の使者，(ii)を表示機関の使者という。代理と異なる点は，使者は，本人が決定した意思表示（効果意思）をそのまま相手方に伝達・表示するだけで，代理のように意思表示の決定は代理人が行い，その効果が本人に帰属するというものではない。したがって，代理と使者では次のような法的処理の相違がでてくる。①意思表示の効果に影響を及ぼす錯誤，詐欺・脅迫などの事情の存否は，代理ではもっぱら代理人を基準として判断されるが（101条1項2項），

2）本文1～3以外にも「授権」（権限を授けられた者が自己の名において法律行為をすることにより，他人効果を発生させる権能・権限をいう。ドイツでみられる概念であるが，わが国では規定はなく，2017年改正では制度の導入が見送られている。），「代理占有」（他人が所持することによってその効果である占有権が本人に帰属する場合をいう。しかし，占有は物を所持するという事実状態だから，意思表示の代理とは何の関係もない。）などがある。

使者の場合は，本人を基準として判定される。②能力については，代理では本人の能力の有無は問題にならないが，使者では本人の意思能力と行為能力が必要とされる。また，代理では代理人の行為能力は不要とされるが（102条本文），意思能力は必要とされるのに対して，使者では使者の意思能力すら必要でないとされる。

2 間接代理

間接代理とは，問屋（商法551条）の行為に見られるように，自己の名をもって法律行為をしながら，その経済的効果だけを委託者に帰属させる制度をいう。たとえば，問屋Bは他人（委託者である本人）Aの計算で物品の販売や買い入れを行うが，その際の売買契約はBの名前で行う。したがって，売買契約の効果はすべてB（間接代理人）に帰属し，改めて本人Aに移転することになる。行為の効果が直接本人に帰属する代理とは，この点が異なる。

3 代　　表

法人は，理事その他の代表機関の行為によって，直接，権利・義務を取得するが，代表機関は代理人のように本人（法人）と相対立する地位になく，代表機関の行為はそのまま法人の行為とみられ，この点で代理と異なる。また，代表は準法律行為・不法行為についても認められるが，代理は意思表示ないし法律行為に限られる。

 ## 代 理 の 種 類

1 任意代理と法定代理

任意代理は代理権が本人の意思に基づいて発生する場合の代理であり，法定代理は法律の規定によって代理権が発生する場合の代理である。

2 能動代理と受動代理

能動代理とは代理人が意思表示をする場合の代理をいい，受動代理とは代理人が相手方の意思表示を受ける場合（承諾の受領など）の代理をいう。たとえば，本人所有の不動産の売買契約締結の代理権が与えられた代理人が相手方に「売ろう」と意思表示をするのが能動代理，相手方から「買おう」という意思

表示を受領するのが受動代理である。

3　有権代理と無権代理

　有権代理とは代理人が正当な代理権を有する場合の代理をいい（99条〜107条），無権代理とは代理人が正当な代理権を有しない場合の代理（広義の無権代理）をいう。無権代理ではあるが，相手方を保護するために代理行為とみなされる（本人に法律効果が帰属する）場合を表見代理（109条・110条・112条）といい，表見代理とはならない場合を狭義の無権代理という（113条〜118条）。

第2節　代理制度の法律関係

 代理権（本人と代理人の関係）

1　代理権の発生

　代理権は，代理人の法律行為の効果が本人に帰属するための要件（効果帰属要件）であり，その発生原因は，法定代理の場合と任意代理の場合とでは異なる。

　(1)　法定代理の場合　　法定代理権が発生するのは次の三つである。

　　①　本人に対して一定の親族身分を有するため法律上当然に代理権が生じる。未成年者に対する父母（親権者）（818条・819条3項本文）などである。

　　②　本人以外の一定の者の協議，指定による選任で代理権が生じる。協議離婚の際の協議で決められた親権者（819条1項・3項ただし書・4項），指定後見人（839条）などである。

　　③　裁判所による選任で代理権が生じる。不在者の財産管理人（25条・26条），裁判離婚による親権者の決定（819条2項），選定後見人（840条・843条），相続財産の管理人（918条2項・3項・952条）などである。

　(2)　任意代理の場合　　(a)　代理権授与行為　　任意代理権は，本人と他人（代理人）との間の代理権授与行為（授権行為）によって生じる。民法は「委任による代理」（104条・111条2項）と規定していることから，起草者は，任意代

理は委任契約から発生すると考えていたことがうかがえるが，たしかに実際上，委任に伴って授権行為がなされることが多いが，委任以外の事務処理契約（雇用・請負・組合などの諸契約）に伴ってなされる場合も少なくない。したがって，現在では代理権は広く委任・雇用・請負・組合などの事務処理契約から発生すると考えられている。

　　(b)　代理権授与行為の性質　　代理権が委任・雇用・請負・組合など各種の事務処理契約から生じるとして，代理権授与行為の性質をめぐっては，(i)これらの事務処理契約から直接に代理権が発生するのか，つまり，事務処理契約があればその効果として当然に代理権が発生するのか（授権行為の独自性を否定），それとも，(ii)事務処理契約とは別個独立の代理権授与行為によって生じるのか（授権行為の独自性を肯定），という問題がある。

　現在は代理（対外関係）と委任などの契約（内部関係）との制度的な峻別から，代理権の発生には独自の代理権授与行為が必要であるとするものが有力である。いわゆる授権行為の独自性を肯定する見解であるが，この見解に立って，さらに議論があり学説が分かれる。代理権授与行為は，①本人と代理人との無名契約であるとする説（無名契約説）と②本人の単独行為であるとする説（単独行為説）がある。通説は，本人と代理人との合意・承諾が必要であって，委任に類似した一種の無名契約であると解している。一方，単独行為説は，代理権授与は代理人に代理をなしうる資格を与えるものであって，なんら不利益・義務を課すものではないから，代理人の承諾（同意）を要しない本人の単独行為と解している。この説は，代理人側の行為能力の制限や意思表示の瑕疵が代理権授与行為の効力に影響しないため，取引の安全を図ることができるという利点はあるが，他の説においても表見代理などで取引の安全を図ることはできると考えられる。

　　(c)　代理権授与の方式　　代理権授与には，別段の方式を要しない。したがって，口頭によるものでも足りるが，社会一般では「委任状」とよばれる書面により代理権が授与されるのが普通である。委任状は本人だけが署名捺印するのが通常で，代理人は，代理行為をなすに際して，この書面を提示して相手方

に自分の代理権を証明する。委任状は受任者空欄の白紙委任状であってもよい。

2　代理権の範囲と制限

(1)　代理権の範囲　　(a)　法定代理の場合　　法定代理権の範囲は，各種の法定代理人に関する規定によって決められている。親権者・後見人は，子または被後見人のために必要な一切の財産管理行為をなす権限を有する（824条以下・859条以下）。保佐人・補助人については家庭裁判所の審判により決められた特定の法律行為についてのみ代理権を有する（876条の4・876条の9）。不在者の財産管理人については原則として保存行為等103条に定められた権限である（28条）。

(b)　任意代理の場合　　任意代理権の範囲は，代理権授与行為により決まる。その範囲に争いがあれば，代理権授与行為の解釈による。その際，委任状の記載文言，とくに委任事項の内容・種類とか，本人・代理人の地位・状況，代理事項の性質などが考慮される。たとえば，代理事項が不動産売買であれば，代理権は登記をする権限を含むなどである。

(c)　代理権の範囲が明確でない場合　　代理権授与行為から代理権の範囲を明らかにすることができない場合，最小限度の権限として，(i)保存行為（財産の現状を維持する行為——たとえば，家屋の修繕，消滅時効の中断，未登記不動産の登記，期限が到来した債務の弁済など），(ii)利用行為（物や権利の性質を変えない範囲で，財産の収益を図る行為——たとえば，現金を銀行預金にする，602条の期間を超えない賃貸借をするなど），(iii)改良行為（財産の使用価値または交換価値を増加させる行為——たとえば，家屋に電気・ガス・水道を設置，荒地を耕地にする，無利息消費貸借を利息付消費貸借にするなど）をなす権限が民法では認められている（103条）。これらの行為はまとめて管理行為という。

(2)　代理権の制限　　代理人は，信頼関係に基づいて他人の事務を処理する者として，代理行為を行うに際し，いくつかの義務[3]が要求されるが，その代理人が負う義務がそのまま直ちに代理権の制限となるわけではなく，代理権の

---

3)　①善管注意義務：代理人は，善良な管理者の注意をもって代理行為をしなければならず（644条・671条参照），代理人がそれに違反して本人に損害を与えた場合には，本人に対↗

210

制限となるのは，代理人の義務のうち，重要かつある程度その制限が外部からも認識しうるものに限られる。代理権の制限として次のものがあげられる。

(a) 自己契約・双方代理の禁止（108条1項），その他の利益相反行為の禁止（108条2項）　(ア)　(i)自己契約とは，代理人Bが本人Aのための法律行為（契約）をするに際して，自分自身が相手方となる契約を締結することをいう。たとえば，本人Aの代理人Bが，B自身の所有する土地をAが買い受ける契約をAの代理人として締結する，つまり，BはA（買主）の代理人としてかつ相手方である売主として売買契約を締結する場合である。このような場合に代理権が制限されるのは，もっぱら本人Aの利益のために行動すべき代理人の義務（忠実義務・注3）②参照）が全うされない危険性があるからである（売主Bとしてはできるだけ高く売りたいが，Aの代理人Bとしてはできるだけ安く有利な条件で買うべきであり，利害が対立し，代理人Bは本人Aの利益を害するおそれがある）。(ii)双方代理とは，ある法律行為（契約）に関して，「当事者双方の代理人」となることである。たとえば，本人AからA所有の家屋の売却について代理権を与えられている代理人Bが買主Cの代理人も兼ねてA・C間の売買契約を締結する場合である。この場合も，代理人BとしてはAの利益を図ろうとするとCの利益を害することになり，またCの利益を図ろうとするとAの利益を害することになり，代理人としての忠実義務に反することになる。(iii)その他の利益相反行為の禁止は，広く「代理人と本人の利益が相反する行為」について代理権を制限するもので，親権者と子の利益相反行為について親権者の代理権を制限する826条1項と同趣旨の規定である。2017年の民法改正（以後，改正法という）前の108条は自己契約・双方代理を禁止する文言のみであったが，形式的には自己契約・双方代理に該当しない行為であっても，代理人と本人との利益が相反する行為については，本人に不利益が生じるおそれがあるということで，

↘して損害を賠償する責任が生じる，②忠実義務：代理人は，もっぱら本人の利益のために行動すべきであり，自己や第三者のために行動してはならない，また，本人の利益と自己の利益が衝突するような地位に身をおいてはならない，③自己執行義務：代理人は，代理行為自体（契約内容の決定・契約締結についての意思決定）についてまで他人に行わせてはならない。

判例・学説は同条を本人と代理人の利益相反行為にも拡張解釈で適用ないし類推適用することを認めてきた。これを改正法で明文化した。どのような行為が「代理人と本人の利益が相反する行為」であるかについては，826条1項の解釈と同様，代理行為自体を外形的・客観的に考察して行われることになる。たとえば，Bの金銭債務について，Bが代理人となって本人Aと債権者Cとの間の保証契約を締結するような場合，Bの債務についてAC間の保証契約を締結するBの代理行為は，代理人B（債務者）の利益になるが，本人Aの利益にはならない，このようなケースは108条2項の適用で処理されることになる。

　　(イ)　自己契約・双方代理，その他の利益相反行為がなされた場合，その代理行為は「代理権を有しないものがした行為」とみなされ（108条1項・2項），無権代理行為であり，原則として無効である。2017年改正前の108条は，自己契約・双方代理は「できない」としており，それが当該法律行為を「無効」とする意味なのか，「無権代理」として扱うのかにつき解釈が分かれていたが，改正法は無権代理であることを明らかにした。したがって，一般の無権代理の場合と同様に，本人が事後に追認すれば本人に対して効果が帰属（つまり有効）し，追認を拒絶すれば確定的に無効となる（113条1項）。

　　(ウ)　例外として，(i)自己契約・双方代理に該当しても，代理権が制限されない場合がある。「債務の履行」は，新たに契約を締結する場合と違って，既に存在する債務の履行であり（たとえば，弁済期の到来した代金の支払い，不動産所有権移転の際の登記申請など），新たな利害関係をつくらず本人を害することがないから，禁止する必要はなく除外される（108条1項ただし書）。また，(ii)自己契約・双方代理，その他の利益相反行為に該当しても，「本人があらかじめ許諾した行為」については除外される（108条1項ただし書・2項ただし書）。ただし，本人による事前の同意があっても，利益相反が著しいときは公序良俗違反（90条）で無効とすべきである。

　　(b)　共同代理　　(ア)　共同代理とは，代理人が数人いて，かつ，それらの代理人が全員共同して代理行為をしなければならない場合をいう。したがって，代理人が数人いるというだけでは共同代理ではない。共同代理は，それぞれの

代理人が相互に規制し合うことによって代理権の濫用や軽率な代理権行使を防ぐ目的で利用されるが，代理人全員の意思が一致しない限り代理権の行使は許されないという意味で代理権に関する制限とみることができる。代理人が数人いる場合において，それが共同代理であるか単独代理であるかは，法律の規定または授権行為の解釈によって決められる。親権者である父母の法定代理が共同代理であることは，規定上，疑問の余地がない（818条3項）。問題はそれ以外の場合であり，本人による別段の意思表示がなく，いずれとも判断し難いときは単独代理とみるべきである。

　　(ｲ)　共同代理の場合，その代理人の一人が単独で行った代理行為は権限外の行為であるから無権代理となり，代理行為の効果は本人に帰属しない。しかし，共同代理による代理権の行使方法の制限を知らなかった相手方は保護されるべきであり，110条の表見代理の成立する可能性がある。なお，受動代理の場合には，単に意思表示を受領するにすぎず，代理権濫用その他本人に不利益をもたらす危険は少なく，各代理人は単独で受動代理を行うことができると解される。

3　復　代　理

　(1)　意義　　復代理とは，代理人が，自分の権限内の行為を行わせるため，自分の名でさらに代理人を選任して，その選任された者が直接に本人を代理して法律行為（代理行為）をする場合をいう。代理人によって選任された代理人を復代理人という。代理人が復代理人を選任する権限を復任権といい，どのような場合に復任権があるかについては，任意代理の場合と法定代理の場合とでは差異がある。

　(2)　復任権　　(a)　任意代理の場合　　(ｱ)　任意代理人の復任権　　任意代理では，信任を受けた代理人が自ら代理行為をなすのが原則であるから（自己執行義務・注3）③参照），任意代理人は原則として復任権を有せず，ただ本人の許諾を得たとき，またはやむを得ない事由があるとき（たとえば，代理人自身が代理行為をすることができない，本人の所在が不明で許諾を得られないなど）に限り復任権が認められる（104条）。

　⒝　復代理人選任の責任　　復代理人を選任した任意代理人の責任は，
代理権授与契約における債務不履行として，債務不履行の一般規定により処理
される。2017年改正前の民法は105条で任意代理人が復代理人を選任したとき
は，その選任，監督につき，本人に対して責任を負うことを規定していたが，
改正法において削除された（現行の105条は改正前の106条である）。改正前の105
条の定める代理人の責任軽減は適当でなく（復代理人を選任，監督するにあたっ
て代理人に過失があった場合に限って責任を負うなど），代理人の本人に対する責
任は，代理人の本人に対する債務不履行の問題として考え，415条の一般原則
のもとで，帰責事由があるか否かで判断するのが適当である[4]との考えに基づ
き削除した。

　⒝　法定代理の場合　　㋐　法定代理人の復任権　　法定代理人は，「自
己の責任」で常に復代理人を選任することができる（105条前段）。このように
規定したのは，法定代理人の権限は広い範囲にわたっており，辞任することが
容易ではなく，また，そもそも本人の信任に基づいて代理人になったものでは
ないからである。

　㋑　復代理人選任の責任　　法定代理人は，自分の選任した復代理人の
過失ある行為については，常に本人に対して責任を負う。つまり，復代理人の
選任・監督について法定代理人に過失がなくとも，責任を免れることはできな
い。ただし，法定代理人が急病である等のやむを得ない事由で復代理人を選任
した場合は，法定代理人の責任は軽減され，復代理人の選任・監督についてだ
け本人に対して責任を負う（105条後段）。

　⑶　復代理の法律関係　　⒜　復代理人は，その権限内の行為について直接
本人の代理人となり，代理人の代理人となるのではない（106条1項）。すなわ
ち，復代理人が代理行為を行えば，その効果はすべて本人に帰属する。

　⒝　復代理人は代理人の監督下にあり，その権限（復代理権）は，代理人
の権限内に限られる。また，代理人は，代理権を譲渡するわけではないから，

─────────
4）部会資料66A・17頁。

214

依然，本人の代理人であることに変わりはない。

　(c)　復代理人と代理人との関係は，代理事務の委任という直接の委任契約
関係にあるが，復代理人と本人との関係は，直接的な契約関係はない。しかし，
本人は，復代理人の対外的な代理行為によって，代理人の代理行為によるのと
同様の利害を受けるものであるから，本人・復代理人間にも，本人・代理人間
と同様の内部関係を成立させることが本人にも復代理人にも便利であり，便宜
上，復代理人は本人に対して「代理人と同一の権利を有し，義務を負う」もの
とされる（106条2項）。したがって，復代理人は代理人に対し委任契約上の義
務（たとえば相手方から受領した金銭の引渡義務）を負うと同時に，本人に対し
ても同一の義務を負担することになる。また，復代理人は，本人に対して，代
理人が受けうるはずのものと同じ報酬の請求権を有することになる。

　(4)　復代理権の消滅事由　　復代理権は，(i)代理権の一般的消滅事由の発生
（後述5を参照），(ii)代理人・復代理人間の授権行為の消滅，(iii)代理人の代理権
消滅で消滅する。

4　代理権の濫用

　代理権の濫用とは，代理人が自己または第三者の利益を図る目的で代理権の
範囲内の行為をすることをいう。たとえば，薬品販売会社Aの社員Bは，薬品
の仕入れ権限を有していたところ，転売金を着服する目的で製薬会社Cから仕
入れる必要のない薬品を仕入れた場合，Bは客観的には代理権の範囲内の行為
をしている。しかし，Bは，本人であるA社の利益のためではなく，代理人で
あるB自身のために行為をしている。このような場合，Bの代理行為は有効と
なるのか。民法は，107条で，相手方がその目的を知り，または知ることがで
きたときは，その行為は，代理権を有しない者がした行為とみなすと規定して
いる。つまり，無権代理として扱われる。

　この107条は2017年の改正で新たに設けられたものである。それまでは代理
権濫用行為に関する規定がなかったため解釈に委ねられ，通説・判例[5]は，代

5）最判昭42・4・20民集21・3・697。

理権濫用といえども代理権の範囲内の行為であるから原則として有効な行為であるが，相手方が代理人の代理権濫用を知っていたか，知りうべきであった場合に限り，93条ただし書を類推適用して，本人は取引の無効を主張できるとしていた。しかし，代理人は，代理行為の効果を本人に帰属させる意思を有しており，その意味で厳密には代理権濫用行為は93条の適用場面である心裡留保に類する現象があるわけではない。そこで，93条ただし書の類推適用に反対する説も有力であった。

改正法は，無権代理という構成を採り，代理権濫用行為の効果として，「代理権を有しない者がした行為とみなす」とした。したがって，本人による追認が可能であり（113条），行為者は無権代理人の責任を負う（117条）ことになる。

5　代理権の消滅

代理権の消滅原因には，法定代理・任意代理に共通の消滅原因と，それぞれに特有の消滅原因とがある。

(1)　法定代理・任意代理に共通の消滅原因　　(a)　本人の死亡（111条1項1号）　　法定代理は，そもそも特定の本人を保護するために発生したものであるから，その本人が死亡すれば，代理権が消滅するのは当然である。任意代理の場合，任意代理人は本人から個人的な信任を受けて代理人になっているのであるから，本人の死亡後その相続人に対する関係で，代理人の地位が当然に継続するのは適当でなく，民法は本人の死亡によって代理権はいったん消滅するものとした。なお，商法では商行為を委任することで生じる代理権は，商取引が本人の死亡後も継続して行われる必要があるため，本人の死亡によって消滅しない（商法506条）。

(b)　代理人の死亡・破産手続開始決定・成年後見開始（111条1項2号）
法定代理の場合，本人保護のため特定の地位にある者（たとえば親権者たる父母，裁判所によって選任された財産管理人など）に代理権が与えられているのであるから，その者が死亡すれば代理権が消滅するのは当然である。法定代理人の破産手続開始決定・成年後見開始は，代理人にもはや財産管理は無理であることを意味し，本人保護の観点から法定代理人として存続することは適当では

なく，これらの事由も代理権は消滅する。

　任意代理の場合，本人が代理人を信頼して代理権を与えたのであるから，その代理人が死亡した場合には，代理人の相続人がその地位を当然に承継するのは適当でなく，代理人死亡によって代理権は消滅する。代理人について破産手続開始決定・成年後見開始があったときは，代理人に対する信頼が失われ，代理権を存続させておくのは適当でなく，代理権は消滅する。

　(2)　法定代理に特有の消滅事由　　それぞれの法定代理において異なる。未成年者の親権者・後見人には，本人が成年に達すれば法定代理が終了する。成年後見人は，本人が能力を回復し，成年後見開始の審判が取り消されれば法定代理が終了する。また，未成年者・成年被後見人がまだ完全な行為能力を取得・回復する前に，その法定代理人がその地位を喪失することがある（親権喪失［834条］，後見人の辞任［844条］・解任［846条］など）。なお，その他，不在者の財産の管理人は，財産管理命令の取消（25条2項），管理人の改任（26条）などにより法定代理が終了する。

　(3)　任意代理に特有の消滅事由　　(a)　委任の終了（111条2項）　　授権行為の基礎となるべき委任その他の法律関係（雇用，請負などの内部契約全般）が終了すれば，代理権も消滅する。委任の終了事由は，委任の解除（651条）のほか，①委任者または受任者の死亡，②委任者または受任者の破産手続開始，③受任者の成年後見開始である（653条）。111条1項であげる代理権の消滅事由とほとんど重複しているが，そこに規定されてない委任の解除と委任者の破産手続開始も代理権の消滅事由である。ただし，委任などの諸契約の解除により，委任関係が終了しても，急迫の事情がある場合には，本人またはその相続人・その法定代理人が委任事務を処理することができるようになるまで，受任者が応急的な処置をする必要があるから（654条），その限りで代理権も存続すると考えるべきである。

　なお，本人の成年後見開始は，111条および653条のいずれにも言及がなく，委任契約・任意代理権の終了事由になっていない。本人について成年後見が開始した場合には成年後見人が選任され，任意代理人の権限との関係が問題とな

るが，本人と任意代理人の間の委任契約については，成年後見人が本人の立場で行動すればよく，本人としていつでも委任契約を解除できるので，本人についての成年後見開始を当然に委任終了事由とする必要はない。

　　(b)　代理権授与に際して定めた消滅事由の発生　　海外赴任中に限って代理権を与えたような場合，帰国すれば代理権は消滅する。

 II　代理行為（代理人と相手方の関係）

1　代理行為の意義

　代理行為とは，代理人が行う意思表示であるが，その効果を自分自身にではなく，自分とは別に存在する本人に帰属させる意図でする意思表示である。したがって，代理権を有する代理人が，その権限内で本人のためにすることを示してなした意思表示は，直接本人に対してその効果が生じる（99条1項）。代理においては，意思表示（法律行為）をするのは本人ではなく代理人であり，本人には単純にその効果が帰属するのみである。

　代理は，このようなしくみであることから，①代理人が代理行為をするにあたって，相手方に，その効果は代理人自身ではなく，本人に帰属することを知らせておく必要があり（顕名──後述2を参照），②意思表示につき瑕疵（詐欺があったか否かなど）があるなどその効果に影響を及ぼすべき事由は，原則として，代理人においてその存否を判断することになる（代理行為の瑕疵──後述3を参照）。

2　顕　　名

　(1)　顕名の原則　　代理人のなした意思表示の効果が本人に帰属するには，意思表示に際して，代理人が「本人のためにする」ことを示す必要がある（99条1項）。これを顕名の原則という。「本人のためにする」とは，代理人のなす意思表示の効果が代理人ではなく，本人に直接帰属することを相手方に明示するという意味である。能動代理の場合は代理人が，受動代理の場合は相手方が顕名することになる（99条2項）。なお，本人のためにすることを示さないで意思表示をした場合には，原則として，代理人自身のためにしたものとみなされ

218

る（100条）。

(2) 顕名の方法　(a)　代理意思の表示つまり顕名は，書面上ないし口頭で「A代理人B」というかたちで明示するのが一般的であり，最も明確な顕名の方法である。しかし，かならずしも，そのように明示しなければならないということはない。顕名は，代理人の相手方に契約の当事者が誰であるかを明らかにし，その点について誤解から損害が生じないようにするためのものであるから，代理人という表示がなくとも，法律行為の解釈によって代理人としての資格で行動していると解される場合にはよいとされる。判例[6]は，手形における代理人の署名方法が「甲鉱山出張所主任」と表示された手形の効力について，本人を認識しうる程度に記載することで足りるとした。

(b)　代理人が代理意思を有しているが，代理人であることを相手方に告げず，本人の名で行為した場合，周囲の事情から行為者と本人が別であることがわかる場合，相手方を害することがない場合にのみ顕名の要件を満たしていると考えるべきで，判例[7]は，親権者が意思能力のない未成年者の名義で行った法律行為を，顕名による代理行為と認めた。

(3) 代理人が顕名をしない場合　(a)　代理人による明らかな顕名がない場合でも，「相手方が，代理人が本人のためにすることを知り，又は知ることができたとき」は，代理の効果が生じる（100条ただし書）。

(b)　代理人が顕名せず，100条ただし書にも該当しない場合には，相手方保護のため，代理行為があったものとは認められず，代理人自身のためにその行為がなされたものとみなされる（100条本文）。この条文はみなし規定であることから，代理人が，自分の真意は代理人として行為するつもりであったとして，錯誤取消し（95条1項）を主張して効果の帰属を否認することも許さない趣旨であると考えられている。

(4) 商法の例外　商行為の代理では，顕名がなくても原則として本人に効

6）大判明40・3・27民録13・359。
7）大判大9・6・5民録26。

果が生じる（商法504条）。大量・継続的に取引をするのを常とする商取引において，いちいち本人の名を示すことは煩雑であり，相手方においても，その取引が営業主のためになされることを知っているのが通常であり，商取引の簡易・迅速のため，非顕名主義を原則とした。ただし，代理人が本人のためにすることを相手方が知らなかったときは，代理人に対して履行の請求ができる（同条ただし書）。判例[8]は，相手方保護のため，「相手方は，その選択に従い，本人との法律関係を否定し，代理人との法律関係を主張することを許容した」ものとしている。

3　代理行為の瑕疵

(1)　原則　　代理においては，契約当事者は本人であるが，契約締結行為をするのは代理人であることから，錯誤，詐欺，善意無過失など契約の効力に影響を及ぼす事由について，本人・代理人いずれを基準に考えるのかが問題となる。

(a)　代理人が相手方に対してした意思表示の効力が問題となる場合　　民法は，代理人が相手方に対してした意思表示の効力が，(ア)意思の不存在，(イ)錯誤，詐欺，強迫，(ウ)ある事情を知っていたこと若しくは知らなかったことにつき過失があったこと，によって影響を受けるべき場合には，その事実の有無は，代理人について決する（101条1項）と規定している。このことは，代理行為の行為主体が代理人であることから当然であり，代理効果の帰属主体にすぎない本人は無関係であるということである。ただし，これには例外措置（後述(2)例外を参照）が設けられている（101条3項）。

(ア)　意思の不存在（心裡留保・虚偽表示）　　代理人が心裡留保をしても，本人は無関係であり，代理人・相手方間において93条適用の可否が問題となるにすぎない。

代理人Bが相手方Cと通謀して本人Aを欺いた場合，虚偽表示か否かは代理人を基準として考えるので，代理人の意思表示は無効であり（94条1項），本人

に対する関係でも効力を生じない。なお，本人Aが善意無過失の場合には94条
2項の適用ないし類推適用を可とする見解もあるが[9]，代理行為の性質上，本
人Aは当事者であり，第三者ではない。したがって，94条2項の適用はないと
解すべきである。

　　(イ)　錯誤・詐欺・強迫　　代理人が錯誤に基づいて意思表示をした場合，
また，代理人が詐欺・強迫を受けて意思表示をした場合は，代理人について判
断され，それぞれ95条，96条により取り消すことができるが，いずれもその取
消権を行使できるのは本人であり，代理人ではない。本人は，錯誤，詐欺・強
迫にあっていなくとも，その契約は錯誤，詐欺・強迫による契約となり，契約
当事者である本人に取消権が認められる。

　　(ウ)　ある事情を知っていたこともしくは知らなかったことにつき過失が
あったこと　　たとえば，代理人が錯誤に基づいて意思表示をした場合に，そ
れが重大な過失によるものであったかどうか（95条3項柱書）は代理人について
決することになり，代理人の錯誤について重過失があった場合，錯誤の主張が
制限される場合などである。

　なお，厳密には意思表示の効力に影響を与える場合ではないが，代理人が非
所有者から動産を買った場合の即時取得の要件である「善意無過失」は，101
条1項を類推適用して，代理人について知・不知，過失の有無を判断すべきで
ある。一般に即時取得が成立するためには買主の善意無過失が要求されるが，
代理の場合，101条1項を類推適用することにより，代理人を基準として判断
し，代理人が悪意または有過失であれば，本人が善意無過失でも即時取得は成
立しないことになる。

　　(b)　相手方から代理人に対してした意思表示の効力が問題となる場合
たとえば，相手方が心裡留保による意思表示を代理人に対してした場合など，
相手方の真意についての知・認識可能性は，代理人について判断することにな

9）近江『講義Ⅰ』253頁，大沢厳「代理人が相手方と通謀してなした虚偽の法律行為の効
　　果」『民事実務ノート第3巻』26頁。

る（101条2項）。したがって，代理人が相手方の真意についての知・認識可能
性がなかった場合，上記心裡留保の場合では，93条1項により，相手方の意思
表示は有効である。ただし，本人が代理人に「特定の法律行為をすることの委
託」をした場合であれば，本人が相手方の真意を知っていた場合には101条3
項が適用され，相手方の意思表示は無効となる（後述(2)例外を参照）。

(2)　例外　　代理においては，本人からの代理権授与行為に基づいて代理行
為が行われ，代理行為の効果がすべて本人に帰属することを考えると，本人の
主観的事情が代理行為の効力に影響を及ぼすことを認める場合もありうるべき
であり，民法は，特定の法律行為をすることを委託された代理人がその行為を
したときは，本人は，自分の知っていた事情あるいは過失によって知らなかっ
た事情については，相手方に対し，代理人がその事情につき不知かつ無過失で
あったことを主張できない（101条3項）としている。したがって，先に述べた
即時取得の例でいうと，仮に代理人が善意無過失であっても，代理人が悪意の
本人の指示に基づいて動産を購入したのであれば，本人は代理人の善意無過失
を主張して即時取得の成立を主張することはできないことになる。

なお，101条3項は，101条1項に対する例外として，「特定の法律行為」を
委託した場合にしか本人の事情が考慮されていないが，それでは狭すぎるので
はないかとの見解があり，本人が問題の行為につき代理人をコントロールする
可能性があれば（たとえば，代理人が詐欺にかからないように本人がコントロール
しえたなどの事情がある場合），101条3項を類推適用してよいとの考え方もあ
る[10]。

4　代理人の能力

(1)　代理人は，法律行為を行うのであるから，意思能力は必要である。

(2)　代理人に行為能力は必要ない。民法は，制限行為能力者（未成年者・成
年被後見人・被保佐人・被補助人）が代理人としてした行為は，行為能力の制限

によっては取り消すことができない（102条）と規定している。これは代理人が
制限行為能力者であっても，代理行為の効果は影響を受けず，代理人が制限行
為能力者であってもかまわないということである。その理由は，①行為能力の
制限を理由とする取消権は行為者自身の利益を保護するためのものであり，代
理においては代理行為の効果を受けるのは本人であるから，代理人が制限行為
能力者であっても不利益をうけることはない，②どのような者を代理人とする
かは本人の意思であり，そのリスクは本人が負担すべきことである，からであ
る。

　なお，本人と代理人との間に代理権を発生させる委任などの内部契約につい
て，代理人は制限行為能力者であることを理由に取消しができるかが問題とな
るが，まず，①本人は代理人の行為能力の制限を理由に代理権を撤回できるが
（651条1項），撤回の効力は遡及しない（652条），そして，②代理人は制限行為
能力者であることを理由に本人との内部契約を取り消せるかについては賛否両
論（理論的には120条で取消し可能）あるが，相手方が不測の損害を被るおそれ
があり，取り消すことができるとした場合でも，代理権の消滅は遡及せず，す
でになされた代理行為の効力には影響を及ぼさないと解すべきであるとするの
が学説でほぼ一致している見解である。改正法102条本文で「制限行為能力者
が代理人としてした行為は，行為能力の制限によっては取り消すことができな
い」としたのは，これらのことをうけて，内部契約の取消しもできないという
ことを意味するものと解される。

　（3）　例外として，行為能力の制限を理由とする代理行為の取消しを認める場
合がある。102条ただし書は「制限行為能力者が他の制限行為能力者の法定代
理人としてした行為については，この限りでない」と規定し，制限行為能力者
が他の制限行為能力者の法定代理人となった場合には，行為能力の制限を理由
とする代理行為の取消しを認めている。その理由は，法定代理の場合，制限行
為能力者である本人が代理人を選任するわけではないので，代理人が制限行為
能力者であることから生ずる不利益を本人に引き受けさせるのは妥当でないか
らである。代理制度は，そもそも制限行為能力者である本人の取引社会での保

護のための制度であるから，このような場合は取消しが認められてしかるべき
である。具体的な例として，未成年者（制限行為能力者）Aの親権者（法定代理
人）Bが成年被後見人（成年後見人Hが付されている）である場合，成年被後見
人（制限行為能力者）Cの成年後見人D（妻）が被保佐人（保佐人Iが付されて
いる）である場合などである。B，Dの代理行為は行為能力の制限を理由に取
り消しうる。この場合，成年被後見人Bの代理行為は9条により取り消すこと
ができ，被保佐人Dの代理行為については，13条1項1〜9号に掲げられた行
為を保佐人の同意または許可なく行った場合に取り消すことができる。

第3節　無権代理

　無権代理の意義

　無権代理とは，代理人として行為（代理行為）した者に代理権がない場合の
ことで，このような代理行為を無権代理行為という。

　無権代理行為は，代理権を欠くから，本人に対して効果が生じないだけでな
く，代理意思をもってなされた行為であるから，代理人が契約の当事者となる
ものでもなく，無効となるべき性質のものである。しかし，このような場合，
代理権がないことを知らないで取引した相手方は不測の損害を被りかねない。
このような事態を招くことは，取引の安全性の面からも代理制度の社会的信用
を失うおそれがある。そこで，民法は，無権代理行為の効果を当然に無効なも
のとして固定せず，つぎのように定めた。(i)本人の追認によって，代理行為の
効果を生ぜしめる余地を残し（はじめから有権代理として扱う），追認がない場
合に，はじめて無効なものとして，無権代理人に特別な責任を負わせる（113条
〜118条），(ii)本人と自称代理人（無権代理人）との間に，本人に責任を負わせる
のが相手方保護の立場から妥当と認められる特別な事情がある場合には，無権
代理行為について本人に責任を負わせる，つまり，有権代理の場合と同様の結
果となる（109条・110条・112条）。(i)を狭義の無権代理といい，(ii)を表見代理と

いう。

　なお，追認ないしは追認拒絶があるまでは法律状態は不確定であり，相手方は不安定な地位に立たされる。そこでそれを解消する手段として，相手方には，催告権（114条），取消権（115条）が与えられている。

 狭義の無権代理

　狭義の無権代理は，契約の場合と単独行為の場合とで，民法上の取扱いを異にする。

1　契約の無権代理

　無権代理人がした契約は，その効果が生じない状態，つまり，有効とも無効とも確定していない状態におかれる。この未確定状態をどちらかに確定することができるのは，本人と相手方で，(1)本人は追認権・追認拒絶権，(2)相手方は催告権・取消権を有する。無権代理人はこの確定に関与できず，無権代理契約が無効と確定した場合には，(3)無権代理人は相手方に対して履行または損害賠償の責任を負うことになる（117条）。

　(1)　本人の追認権・追認拒絶権　　(a)　追認の意思表示　　本人は，無権代理人がした契約について，その契約内容が自分にとって有利であると考えた場合などは，追認することにより，その効果を自己に帰属させることができる（113条）。その効果は，代理権に基づいて行われたのと同一であるから，追認は，代理権不存在の場合の補充制度である。したがって，無権代理を追認した後に，代理人が錯誤をしていたことを理由に錯誤の取消しを主張することはかまわない。追認は，無権代理の効果を自己に帰属させる意思表示で，本人の単独行為であるから，無権代理人や相手方の同意を必要としない。

　　(b)　追認の方法　　追認をする相手方は，無権代理人でも代理行為の相手方でもよいが，無権代理人に対してした場合には，相手方がその事実を知るまでは，相手方に対して追認したことを主張できない（113条2項）。したがって，追認の事実を知らないまま相手方が115条の取消しをすれば，取り消された扱いになる（相手方は追認の事実を知るまでは取消しができる）。

　(c)　追認の効果　　追認があると，代理行為の効果が，代理行為当時に遡って本人に帰属する（116条本文）。これを追認の遡及効という。ただし，この追認の遡及効には二つの例外がある。①本人と相手方の「別段の意思表示」により「契約の時にさかのぼって」遡及しないものとすることができる（116条本文）。たとえば，遡及効を制限し，追認の時から有効な代理行為とするなどである。②追認によって，第三者の権利を害することはできない（116条ただし書）。第三者の権利とは，無権代理行為から追認までの間に第三者が取得した権利であって，相手方の権利と抵触する内容を有するものをさす。たとえば，本人A所有の家屋が無権代理人Bにより相手方Cに譲渡され登記が移転（対抗要件具備）されたあと，本人Aがこれを第三者Dに賃貸しこれを引き渡し（対抗要件具備），その後，本人Aにより無権代理が追認された場合，相手方Cは遡及効を主張して第三者Dの賃借権を否定することはできない。つまり，この規定の趣旨は，無権代理行為がなされた後，追認されるまでの間に，本人・第三者の間でなされた行為の効果が，追認の遡及効によって否定されることを防ぐことにある。

　(d)　本人の追認拒絶　　本人は，無権代理の効果が自分に及ばないことを確定させるために，追認の拒絶をすることもできる（113条）。拒絶の意思表示は，追認の場合と同様，単独行為であるが，相手方に対してしなければそれを相手方に対抗できない。無権代理人に対して追認拒絶をしたときも，追認の場合と同じく，相手方がその事実を知ったときに限り無効に確定する（113条2項）。

　(2)　相手方の催告権・取消権　　(a)　相手方の催告権　　相手方は，本人に対して，相当の期間を定めて，その期間内に追認するかどうかを確答するよう催告をすることができる（114条前段）。その期間内に確答がない場合は，追認を拒絶したものとみなされる（114条後段）。したがって，無効なものとして効果が確定する。これは，無権代理契約の効果が確定しないことによる相手方の不利益を救済するために定めた擬制的効果である。

　(b)　相手方の取消権　　相手方は，本人の追認がない間は，その無権代理契約を取り消すことができる（115条本文）。ただし，契約当時，相手方が，代

理人に代理権がないことを知っていた（悪意）場合は，取り消すことができない（115条ただし書）。この取消しの意思表示は，契約を確定的に無効とするものであり，いわゆる「撤回」である。したがって，相手方はこの取消しをすると，無権代理人との法律関係は消滅するから，無権代理人に対する責任（117条）の追及もできなくなる。取消しの意思表示は，本人，無権代理人のいずれに対してもなしてよいとされている。

　(3)　無権代理人の責任　　無権代理行為が本人の追認を得られない場合は，一定の要件のもとに，行為者（無権代理人）は無権代理責任を負う（117条）。その内容は，相手方の選択に従い，契約の履行または損害賠償の責任を負うもので（117条1項），すなわち，自分自身が本人として契約した場合と同様に，その契約を履行するか，そうでなければ，それに代わる履行利益の損害賠償をしなければならない。判例[11]は，この責任を取引の安全，代理制度の信用を維持するために認められた無過失責任であると解している。

　　(a)　要件　　(ア)　代理権の不存在・追認の不存在（117条1項）　　117条による無権代理人の責任の成立が問題となるのは，他人の代理人として代理行為をした者に，当該行為についての代理権がなく，かつ，本人の追認も得られず，本人に効果が帰属しないという場合である（表見代理との関係は後述の第4節V2を参照）。117条1項は，責任追及されている代理人の側が，「自己の代理権を証明したとき」，また「本人の追認を得たとき」は，責任を負わないとして，責任追及される代理人の側に証明責任があることを明確にした。したがって，代理人が代理権を証明できなければ，代理権がなかったものと扱われることになり，追認があったことを主張・立証できなければ，117条2項の免責事由に該当する場合を除いては，代理人は責任を免れない。

　なお，117条に明記されてはいないが，相手方が115条の取消権を行使した場合には，その取消しは無権代理人との法律関係の一切を解消させる趣旨と解されているから，117条1項に基づいて契約の履行またはそれに代わる損害賠償

11）最判昭62・7・7民集41・5・1133。

を求めることはできないと考えられている。

　　(イ)　免責事由（117条 2 項）　　(ア)の要件が充たされる場合でも，無権代
理人が以下の事由を主張・証明すれば，117条 1 項の責任は生じない。

　　　(i)　「他人の代理人として契約をした者が代理権を有しないことを相
手方が知っていたとき」，もしくは「過失によって知らなかったとき」（117条 2
項 1 号・ 2 号）　　相手方が，代理権の不存在について悪意有過失の場合は，無
権代理人は117条の責任を免れる。その理由を，判例[12]は，117条 1 項が無権代
理人に無過失責任という重い責任を負わせているところから，また，117条の
責任の目的である取引安全の観点からも，相手方が悪意・有過失の場合は保護
する必要はないからであるとしている。117条の「過失」を「重大な過失」と
解すべきであるという見解もあるが，通説・判例は過失でよいとしている[13]。

　なお， 2 号ただし書は，「他人の代理人として契約をした者が自己に代理権
がないことを知っていたときは，この限りでない」と規定し，相手方に過失が
ある場合でも，無権代理人が自分に代理権のないことを知っている場合は（悪
意の無権代理人），117条の責任が肯定される。これは，無権代理人が自分に代
理権のないことを知りながら，しかも，本人の追認が得られる見込みもないの
に，あえて代理行為に及んだ場合には，単なる過失があるにすぎない相手方に
対しては，無権代理人は免責を主張しえないということである。

　相手方の善意・無過失の証明責任は，相手方ではなく，無権代理人にあり，
したがって，無権代理人が免責されるには，無権代理人が相手方の悪意有過失
の証明をする必要がある。これは責任を追及される無権代理人に不利に働く。

　　　(ii)　無権代理人が制限行為能力者であること（117条 2 項 3 号）　　行為
能力の制限を受けている者が無権代理行為をした場合，その者に117条の重い
責任を負わせることは，制限行為能力制度の趣旨からして適切ではなく，制限
行為能力者を保護するため，無権代理行為の当時，制限無能力者であったこと

---

12)　前掲注11)。
13)　前掲注11)。

を証明すれば117条の責任は否定される。

(b) 責任の内容　　以上の要件が充たされれば，無権代理人は法律上当然に責任を負う。その内容は，履行責任または損害賠償責任である（117条1項）。いずれを請求するのかは，相手方が選択する。

2　単独行為の無権代理

単独行為は，一方的な意思表示で法律効果を発生させるものであるから，本人の追認や追認拒絶を認めると，相手方に不測の損害を与えるおそれがある。したがって，単独行為の無権代理は，原則として無効である。118条は，「その行為の時において，相手方が，代理人と称する者が代理権を有していないで行為することに同意し，又はその代理権を争わなかったときに限り」，113条から117条を準用すると規定している。これは，本人の追認などによって無権代理行為が遡及的に有効になるといったことは，単独行為の無権代理の場合には原則として認めないということである。したがって，単独行為の無権代理は原則として無効であるが，相手方のない場合と相手方のある場合に分けて考える必要がある。

(1)　相手方のない単独行為の無権代理　　遺言，相続の承認・放棄，財団法人の設立，所有権の放棄など，相手方のない単独行為の無権代理は，本人の利害に関わることであるから常に無効である。

(2)　相手方のある単独行為の無権代理　　法律行為の取消しや解除，免除など，相手方のある単独行為も，原則として無効であるが，①相手方が，無権代理人が代理権を有しないで行為することに同意したとき，②相手方が，その代理権を争わなかったときは，無権代理を認めても相手方に不測の損害を与える心配はないので，例外として，契約の無権代理に関する規定（113条～117条）が準用される（118条）。

なお，無権代理による受動代理については（相手方が無権代理人に対して単独行為をした場合），無権代理人の同意がある場合に，契約の無権代理の規定を準用する（118条後段）。

Ⅲ 無権代理人の地位と本人の地位の同一人への帰属

1 問題の所在

相続などにより無権代理人の地位と本人の地位とが同一人に帰属した場合，無権代理行為の効力はどうなるであろうか。つまり，無権代理人が本人の地位を承継した場合，もともと本人から追認を受けることができなかった無権代理人が，本人の地位を承継することにより，みずから行った無権代理行為につき，本人の立場で追認を拒絶することができるのであろうか，また，逆に，追認しなかった本人が，無権代理人の地位を承継することにより，依然として追認を拒絶することができるのであろうか。このような相続による無権代理行為の効力をめぐる問題は，(i)無権代理人が本人を相続した場合，(ii)本人が無権代理人を相続した場合，(iii)無権代理人と本人のいずれも相続した場合の三つの類型に分けることができる。これらの問題を考えていくうえで，その法的構成は議論のあるところである。

いわゆる無権代理と相続についての法的構成は，基本的には二つの考え方が対立している。一つは「地位同化説」，もう一つは「資格併存説」である。「地位同化説」とは，旧来の通説であるが，相続によって無権代理人の地位と本人の地位が同化し，無権代理は有権代理となるという考え方である。したがって，無権代理人が本人の立場を相続によって承継した場合には，最初から代理権を有する者が行為をした場合と同視すべきものと解し，本人の追認拒絶権は喪失する。この考え方に立つものとして，無権代理人は本人の地位を承継するとする「地位承継説」[14]，無権代理人と本人の地位が融合するとする「資格融合説」[15]，相続によって代理権の欠缺が追完されるとする「代理権追完説」[16]などがある。しかし，これらの考え方が妥当するのは単独相続の場合であり（そも

14) 我妻栄『新訂 民法総則』（岩波書店・1965年）376頁。

15) 四宮和夫「判民昭和17年度12事件評釈」42頁。

16) 川島・総則400頁，於保不二雄『財産管理権序説』（有信堂・1954年）273頁，薬師寺志光『改訂 日本民法総論新講上・下』（明玄書房・1970年）754頁。

230

そも，地位同化説という考え方は，家督相続制度のもとにあった大審院時代に発展した法理である），共同相続の場合には，他の相続人に追認または拒絶の自由を認めるべきであり，共同相続の場合を統一的に説明できない。

「資格併存説」は現在の有力説であるが，この説は，無権代理人が本人を相続しても，無権代理は依然として無権代理のままであり，無権代理人と本人との資格（地位）が併存すると説く。したがって，相続によって当然に有権代理となることはなく，無権代理人には本人から承継した追認権・追認拒絶権が帰属する。つまり，両資格は融合することなく，資格の使い分けができるとする。この考え方に立つものとして，「資格併存貫徹説」[17]，「信義則説」[18]がある。「資格併存貫徹説」は，資格の併存を徹底して，すべての場合において無権代理人に本人の資格において追認拒絶権を認めるという考え方である。「信義則説」は，無権代理人は，相続により本人の資格を承継（つまり，追認権・追認拒絶権も相続）するが，本人の資格と併せもって無権代理人であることに違いはなく，その無権代理人が追認拒絶権を行使することは信義則上許されないとして，信義則により追認拒絶を制限する考え方である。

2　(i)の類型—無権代理人が本人を相続した場合

（1）　単独相続の場合　　判例は，信義則説によったとみられる判決[19]，資格融合説によったとみられる判決[20]があるが，結論として，無権代理人が本人を相続した場合は，無権代理行為が当然に有効になることを認めている。

この判例理論は，学説上もほぼ異論はないが，無権代理人が117条の履行責

17）鈴木禄弥『民法総則講義［二訂版］』（創文社・2003年）248頁，幾代・総則363頁，石田譲『民法総則』（信山社・2014年）879頁以下。

18）杉之原舜一「判批」民商9巻5号866頁，川井・総則266頁。

19）大判昭17・2・25民集21・164。「本人自ら法律行為を為したる同様其の行為の効果の自己も帰属するを回避し得ざる……相手方に対し損害賠償其の他の債務を負担すべく，……斯る債務を負担せる者が……今更追認を拒絶して代理行為の効果の自己に帰属することを回避せむとするが如きは信義則上許さるべきに非ざればなり」

20）最判昭40・6・18民集19・4・986。この判例は，他の相続人が相続放棄をしたため，無権代理人が単独で相続した事案である。「無権代理人が本人を相続し……資格が同一人に帰するにいたった場合においては，本人が自ら法律行為をしたのと同様な法律上の地位↗

任を負わない場合（たとえば，相手方に過失がある場合など）にも，無権代理行為が当然に有効となるという論理を介して，無権代理人に責任を負わせることになるのは適当であるのか，問題がある。相手方に過失がある場合，相手方は本人死亡前には無権代理人に対して117条の責任を問えず（117条2項2号），本人に対しても表見代理責任が追及できない状況にある。それが相続によって，それまで不可能であった利益を相手方が主張できるのは問題であり，117条の責任が認められる場合にだけ相続による当然有効を認めるべきではないかという見解もある。

　なお，信義則説によった場合，無権代理人が本人を相続して追認を拒絶することが信義則に反するのはどのような場合であるのか，つまり，相手方が善意無過失であり117条1項により履行を請求できる場合に限られるのか，それとも，相手方が悪意または善意だが過失があり117条1項の履行請求ができなくても，無権代理人は無権代理行為をした以上は追認拒絶は信義則に反するというべきなのか，いずれの見解をとるかにより，結論が異なる。前者の見解によれば，先に述べたような相手方に過失がある場合，追認拒絶が認められうる。後者の見解をとれば，追認拒絶は認められない。判例は，先の大判昭和17年判決（注19）参照）において，117条の責任を信義則上無権代理人に追認拒絶を許さない根拠としているにすぎず，信義則によって追認拒絶を認めない根拠を，117条の責任が成立し相手方が保護される資格があることに求めるのか，みずから無権代理をしたことに求めるのか，明らかではない。

　(2)　共同相続の場合　　無権代理人を含む複数人の共同相続となった場合について，判例[21]は，本人の追認権は相続により共同相続人全員に不可分的に帰属し，全員が共同してこれを行使しない限り，無権代理行為が有効となるものではないと解すべきであるとし，他の共同相続人全員が無権代理行為の追認をしているのに無権代理人だけが追認を拒絶することは信義則上許されないが，

＼を生じたもの」として，代理行為が当然に有効なものになるとした。
21）最判平5・1・21民集47・1・265。

232

他の共同相続人が一人でも追認拒絶している場合には，無権代理行為は無権代理人の相続分に相当する部分においても当然に有効となるものではない，とする。したがって，共同相続人の一人でも追認に反対している場合には，無権代理行為は一切有効にならない。相手方としては無権代理人の117条の責任を追及するしかないことになる。ただし，相手方に過失がある場合などは117条の責任を追及できない（117条2項2号）。

(3) 本人が死亡前に追認拒絶していた場合　本人が死亡する前に追認拒絶をしていた場合は，判例[22]は，無権代理人による相続があっても無権代理行為が有効となることはない，としている。その理由として，「本人が追認を拒絶すれば無権代理行為の効力が本人に及ばないことが確定し」，追認拒絶の後は本人であっても追認によって無権代理行為を有効とすることができず，追認拒絶の後に無権代理人が本人を相続したとしても，追認拒絶の効力に何ら影響を及ぼすものでないからである，としている。

3　(ii)の類型——本人が無権代理人を相続した場合

判例は[23]，「本人が無権代理人を相続した場合は，……相続人たる本人が被相続人の無権代理行為の追認を拒絶しても，何ら信義に反するところはないから，……本人の追認により当然有効となるものではない」として，本人による追認拒絶を認めている。無権代理人が本人を相続した場合と異なり，本人がもともと本人としての資格において有していた追認拒絶の権利を行使するのであり，その行使は信義則に反することはないと考えている。いわゆる信義則説によるものとみられる。

ただし，本人は無権代理人の地位を相続しており，本人として追認拒絶をすることはできても，117条の要件が充たされている場合は，無権代理人としての責任（相手方の選択により，履行ないし損害賠償）を負担することになる[24]。

そこで問題となるのは，相手方が無権代理人を相続した本人に対して，117

22) 最判平10・7・17民集52・5・1296。
23) 最判昭37・4・20民集16・4・955。
24) 最判昭48・7・3民集27・7・751。

条の履行責任を選択した場合である。たとえば，履行の内容が本人所有の物の引渡しであるときは，本人はせっかく本人の立場での追認拒絶が認められながら，物の所有者として結局は物の引渡し債務を履行せざるを得ない結果となる。判例[25]は，「本人は相続により無権代理人の右債務を承継するのであり，本人として無権代理行為の追認を拒絶できる地位にあったからといって右債務を免れることはできない」としている。

　しかし，本人は追認拒絶権を有するのに保護されないという矛盾した状況に疑問を投げかける見解が多くみられ，学説は，類似の状況となる事案（他人物売買において売主が死亡し，その他人つまり目的物の所有者が売主を相続したケースにおいて，目的物所有者は相続により売主の義務ないし地位を承継しても，相続前と同様に売主への権利の移転につき許諾の自由を保有し，信義則に反すると認められるような特別な事情のない限り，売買契約上の売主としての履行義務を拒否することができるとした判例[26]）を引用して，本人の無権代理人相続の場合も，本人は，特定物の給付については履行を拒否できることになると解すべきであると主張している。その場合，相手方は，本人に対して損害賠償を請求するしかないことになる。なお，無権代理人の責任は本人に承継されるが，履行責任は承継せず損害賠償責任に限定されるという見解，履行責任といっても，原則は承継されるが，特定物の給付の場合には，履行責任は承継せず損害賠償責任のみに限定されると説くものもある。

　なお，本人が無権代理人を共同相続した場合は，本人と他の共同相続人は，無権代理人の包括承継人として，無権代理人の責任を共同で負担する。本人以外の相続人が無権代理人の債務を相続しないとか債務を免れうると解すべき理由はない[27]。

4　(iii)の類型——無権代理人と本人をともに相続した場合

　この類型は，たとえば，AB夫妻と子Cがいた場合，①本人Aと共に無権代

25）前掲注24）。
26）最大判昭49・9・4民集28・6・1169。
27）前掲注24）。

234

理人Bを相続した者Cが，その後さらに本人Aを相続した場合と，②無権代理
人Bと共に本人Aを相続した者Cが，後に無権代理人Bを相続した場合とがあ
る。いずれにしても，同一人に双方の資格が帰属する場合であり，Cは本人と
しての資格で追認拒絶ができるのかが問題となる。①について，判例[28]は「無
権代理人を本人と共に相続した者がその後更に本人を相続した場合においては，
当該相続人は本人の資格で無権代理行為の追認を拒絶する余地はなく，本人が
自ら法律行為をしたと同様の法律上の地位ないし効果を生ずるものと解するの
が相当である」とする。その理由として，いったん無権代理人を相続した者が，
その後本人を相続した場合においても，無権代理人による本人相続と解すべき
であり，本人以外の相続人は，共同相続であるとはいえ，無権代理人の地位を
包括的に承継していることに変わりはないから，その後の本人の死亡によって，
結局無権代理人の地位を全面的に承継する結果となった以上，たとえ，同時に
本人の地位を承継したものであるとしても，もはや，本人の資格において追認
を拒絶する余地はないからであるとしている。

　②について，判例はないが，①の判例理論によれば，本人を無権代理人と共
に相続した者が，後に無権代理人を相続する場合には，追認拒絶は本人の資格
で認められることになると考えられる。

　しかし，無権代理人の地位と本人の地位を両方相続した者は，どちらの地位
を先に相続したかで結論が異なるのは適当ではなく，基本的に同じ扱いをすべ
きであり，無権代理人と本人の地位の両方を承継した者は，原則として本人の
地位に基づいて追認拒絶をしうると考えるべきである。

---

28) 最判昭63・3・1判時1312・92。

第4節　表 見 代 理

 ## 表見代理制度の意義

　表見代理とは，実際には代理権のない者（無権代理人）が，あたかも代理人であるかのように振る舞って法律行為を行った場合において，本人と無権代理人との間に，外観的に，代理権の存在を推測させるような特別な事情がある場合に，相手方の信頼・取引の安全を保護するために，その無権代理行為を有効な代理行為として扱い，その効果を本人に帰属させる制度である。

　表見代理が成立する（本人に責任を負わせる）ためには，相手方の側に，その利益が保護されてしかるべきと思われるだけの合理的な理由（善意無過失で代理権の存在を信頼した）があるとともに，本人の側にも，責任を負わされてもやむを得ないといえるような事情（外観作出についての本人の帰責事由）があることが必要とされる。

　表見代理は，代理権存在の外観に対する本人の関与の仕方に応じて，(i)代理権授与表示による表見代理（109条），(ii)権限外の行為による表見代理（110条），(iii)代理権消滅後の表見代理（112条）の三種に分けられる。

 ## 代理権授与表示の表見代理（109条）

1　意　　義

　実際には代理権が授与されていないにもかかわらず，本人が他人に代理権を与えたかのような表示をしたために，この代理権授与の表示を信頼して取引関係に入ってきた相手方を保護する表見代理である。109条1項は，代理権授与表示の代理権の範囲内の行為について，2項で範囲外の行為についての本人の責任を規定している。

2　要　　件

(1)　代理権授与の表示　　実際には代理権を与えていないのに，本人が，

236

「第三者に対して他人に代理権を与えた旨を表示」したことが必要である。これは，ある者に代理権を授与したとの事実を第三者に知らせることであり，いわゆる観念の通知である。

代理権授与の表示の相手方は，特定人でも不特定人でもよく（新聞広告を出すなど），その方法は，口頭（直接または電話など）でも書面でもよい。

本条の適用が実際上問題となるのは，(a)白紙委任状の濫用の場合，(b)本人の名義の使用許諾の場合，(c)地位・肩書の表示の許諾の場合，などである。

　(a)　白紙委任状の濫用　　委任状には，通常は代理人の氏名と代理権の内容の両方を記載するが，どちらか一方または双方を記載しないで，委任者（本人）の署名捺印がなされた委任状が作成されることがある。これを白紙委任状という。白紙委任状といっても，それを作成した本人と，委任状を受領した代理人との間では，通常は，代理権を行使すべき相手方，代理権の内容についての合意が存在する。委任状受領者がその合意に従って権利行使をすればよいのであるが，その通りにしなかった場合に問題となる。

　　(ア)　白紙委任状の直接受領者が委任の趣旨を逸脱した場合　　白紙委任状を受領した者は，代理権行使に際して「白紙」部分を補充して相手方に呈示するが，白紙委任状を補充するときに，委任の趣旨と異なる内容を記載して代理行為を行った場合である。たとえば，Aが自分の土地を適当な人に売ってもらうために，Bに必要な書類（登記済書，印鑑証明書など）と白紙委任状を交付したところ，Bは，B自身の借金の担保にするために，その土地に抵当権を設定したような場合である。このような場合，109条ではなく，110条の適用が考えられるが，通説・判例[29]は，109条の「代理権を与えた旨の表示」の有無の問題としている。

　　(イ)　白紙委任状の転得者の流用があった場合　　(ⅰ)　本来その利用が予定されていない転得者が相手方との取引に委任状を利用したのであるが，委任事項の内容に関しては本人が直接受領者に与えた権限の範囲を越えていない場

29）福岡高判昭37・2・27判時302・20。

合，判例[30]は，本人は転得者には何らの代理権も与えていないので，白紙委任状を利用した転得者による取引は無権代理であるが，白紙委任状によってあたかも転得者に代理権を授与したかのような表示をしたといえるので，109条を適用して表見代理を認めることができるとした。

(ii)　転得者が委任事項について当初の範囲を越える濫用をした場合は，白紙委任状を予定外の者が利用したというだけでなく，委任事項にも逸脱があるので，簡単には表見代理は認められない。判例[31]は，本人が白紙委任状を何人において行使しても差し支えないとの趣旨で交付したのでない場合には代理権を授与した旨の表示とは認められないとした。

(b)　本人の名義の使用許諾の場合　　本人が，他人に本人の名前で取引することを承諾ないし黙認していた場合である。名板貸ともいう。判例は，取引先に自己の営業である旨を説明した場合[32]，他人に自己の名称の使用を許諾した場合[33]，さらに，他人の作出した，自己の営業と誤認しかねない表示を容認・放置した場合[34]に，代理権授与の表示を認めている。なお，昭和13年の商法23条改正規定（現14条）は，これらの場合に表見代理成立を認めた判例法の発展を踏まえて，名板貸責任（現行商法14条「自己の商号の使用を他人に許諾した商人の責任」）を新設したので，現行法のもとでは，名板貸のような事案は，109条の適用を受けることは少なくなったが，現在でも，商法の適用のない領域では109条がなお適用される[35]。

---

30)　最判昭42・11・10民集21・9・2417。

31)　最判昭39・5・23民集18・4・621。

32)　大判昭13・12・16新聞4370・7（弟Aが営業を始めるに際に，すでに営業を行って信用のある兄Bが，Aの取引先に対して，その営業は自己の営業であると説明した）。

33)　大判昭4・5・3民集8・447（A会社がBにA会社甲支店の名称で営業することを許諾した場合），大判昭15・4・24民集19・749（支店の営業全部を譲渡したが，引き続きその場所で同一の営業を従来の名称を使用して営むことを許容した場合）。

34)　大判昭16・12・6判決全集9・13・3（下請人の工事現場が元請人の直営のような外観を呈していることを知りながら元請人はこれを放置し，注文者に対して「現場代理人」として届けていた）。

35)　最判昭35・10・21民集14・12・2661［東京地裁厚生部事件］（東京地裁は，職員団体が↗

(c) 地位・肩書の表示の承諾の場合　　代理権は与えていないが，代理権があると推測させる地位・肩書を名乗ることを認めた場合，あるいは黙認した場合は，代理権授与の表示にあたるとされる場合がある。判例では，営業部長である者が「専務」と名乗ることを黙認した場合，代理権授与の表示にあたるとされた事例[36]などがある。なお，商法24条および会社法13条の表見支配人，および会社法354条の表見代表取締役に該当する場合にはそれらの規定により責任を負うことになる。

(2)　相手方の善意無過失　　相手方は，代理行為をした者（表見代理人）に代理権がないことを過失なくして知らなかったこと（善意無過失）を要する。その立証責任は，本人が負う。したがって，本人は相手方の悪意または過失を証明することによって表見代理責任を免れる[37]。

(3)　本人が表示した代理権の範囲内の行為であること　　表見代理人が，本人が表示した代理権の範囲内で，第三者（相手方）となした行為であることが要求される。代理権の範囲外の行為をしたときは，109条2項の問題となる。

(4)「第三者」の範囲　　109条によって保護される「第三者」の範囲は，授権通知を受けた直接の相手方に限られるが，白紙委任状による授権通知の場合は，白紙委任状を示された相手方が「第三者」であると考えるべきである。したがって，白紙委任状を直接交付された者がそれを呈示した相手方ばかりでなく，白紙委任状を転得した者がそれを呈示した相手方も「第三者」に含まれると解すべきである[38]。なお，広告による授権通知の場合には，保護される「第三者」は特定されていないと考えられている。

＼「東京地方裁判所厚生部」と東京地裁の一部局であるかのごとく外部から誤認されるような表示を用いることを容認し，また東京地裁施設の一部を事務室にして外部者と取引をすることを許可していることは，東京地裁（国）として代理権を授与した旨の表示となりうるとした）。
36）東京高判昭40・5・7金法414・13。
37）最判昭41・4・22民集20・4・752。
38）最判昭45・7・28民集24・7・1203。

3　適用範囲

109条は，本人の代理権授与表示が要件となるので，法定代理には適用されないという見解が判例・通説である。しかし，日常家事債務（761条）に関する夫婦の相互代理権のように本人が代理人を監督できる状況にある場合は，109条を適用してよいのではないかという見解もある。

 Ⅲ　権限外の行為による表見代理（110条）

1　意　　義

何らかの代理権（基本権限）を有する者が，その代理権の範囲を越えて代理行為（権限外の行為）を行い，これを相手方が代理権の範囲内の行為と信頼したことを保護するのが110条の表見代理であり，権限外の行為による表見代理もしくは権限踰越の表見代理という。

たとえば，Aが自己所有の土地を担保にC銀行から融資を受けるにつきBに代理権を与え，代理行為をするのに必要な権利証，実印，委任状を預けたところ，BはAを代理してその土地をDに譲渡してしまった場合などである。この場合，Bの代理行為は無権代理であるが，相手方Dにおいて代理人Bにその権限があると信ずべき正当な理由があるときは，本人Aはその責任を負担することになる。

2　要　　件

(1)　基本権限（いわゆる基本代理権）　　現実になされた行為については代理権はないが，他の何らかの事項・行為については真実に権限（代理権）があることが必要である。この権限を「基本代理権」という。したがって，何らかの代理権（基本代理権）がない，つまり全くの無権限者が代理人と称してなした代理行為については，本条の表見代理が成立する余地はない。

何が基本代理権となり得るのか。基本代理権は，私法上の法律行為をなしうる代理権をいうものと伝統的に理解されてきた。判例も古くは真実権限のあった行為と現に無権代理でなした行為とが，同一の性質ないし種類の行為である場合に限って110条の適用があると解していたから，そこでの基本代理権とは

法律行為をなしうる代理権であることは論理上当然の前提であったが，やがて判例は，異種・異質の行為についても110条の適用の可能性を認めるに至り，学説もこれを承認するに至った。そこで，基本代理権を厳格に解するのか，いま少し穏やかに解して，代理権類似の権限（ある種の代行権限）であればよいのか，議論となった。判例は，基本的には基本代理権を厳格に解する立場[39]であるが，やや穏やかに解しているものもある[40]。今日の学説は，基本代理権の存否といういわば入口の要件については穏やかに解すべきであるとするのが有力である（表見代理成否の判断は次の「正当理由」の存否に移行させるべきであるとする）。このような議論のなか，何が基本代理権となるかは，一方で本人に責任を負わせるにふさわしい関与があったか否か，他方で，相手方がそれをもとに当該行為について代理権があると信じてもおかしくないような事実があったか否かという観点から判断することになるが，このような観点から次のような場合が問題となる。

　(a)　事実行為の委託　　事実行為の委託といっても，本人AがBに子守りを頼むとか庭木の剪定を頼むというような場合は，事実行為の授権がされたにすぎず，事実行為の実行権限は代理権ではないので，これらの者がその事実行為を委託した本人を代理して何らかの行為を行ったとしても，まったくの無権代理であり，代理人が代理権限を越えた行為をしたわけでもない。問題は，取引と密接な関連性を有する事実行為の委託である。その場合には，基本代理権

---

39) 会社の取締役Aから印鑑を預かりA名義で会社の預金の出し入れをしていた経理係Bが，A個人名義の保証契約を締結した事案につき，「A個人に法律効果の及ぶような行為についてこれを代理する権限は未だかつてAから与えられたことはなかった」として110条の適用を否定した（最判昭34・7・24民集13・8・1176）。つまり，Aを本人とする（無権）代理行為について基本代理権といえるためには，付与された代理権が直接Aを代理する権限である必要があるということである。その他，後述の注40）の昭和35年判決などがある。

40) Y大学の出版局総務課長を名乗って紙販売業者Xと売買契約をしたAが，実は総務課長心得にすぎず何ら代理権を有するものではなかったが，事業の実際の運営状況の実態（Aには書籍購入の権限があった，総務課と業務課との事務分担が画然とは分離されていない状態であったなど）に則して判断すべきだとして，基本代理権を認めている（最判昭35・6・9民集14・7・1304）。

は代理権以外の権限（代理権類似の権限）に拡大できないか，110条の類推適用の余地はないかを検討する必要がある。

　判例は，基本代理権は法律行為の代理権でなければならず，単なる事実行為をすることの委託は基本代理権にならないという立場をとる。たとえば，甲金融会社の勧誘外交員Ｙが自分の代わりに息子Ａに勧誘させていたところ，Ａが融資を勧誘したＸの求めに応じて，Ｘが甲金融会社に貸付けをするに際して，ＡがＹを代理してＸの甲金融会社に対する貸金債権につき，Ｙを連帯保証人とする契約をしてしまったという事例で，裁判所は勧誘は事実行為であり，110条の適用はないと判示している[41]。学説は，判例による110条の適用は厳格に過ぎるとして，事実行為であっても本人の帰責性を認めることができる場合には基本代理権を認め，後は相手方の正当の理由の存否で処理するのが適当であるとする見解が有力である。

　　(b)　公法上の行為　　判例は，基本代理権は私法上の行為についての代理権でなければならない，との立場をとる。たとえば，Ａから死亡届のために印鑑を預かったＢが，公正証書によるＡ名義の消費貸借契約を相手方Ｃと締結した事案で，基本代理権の存在を否定した[42]。また，Ｄから印鑑証明書の下付申請についての委託を受けたＥが，ＥがＦに対して負う債務について勝手に委託者Ｄ所有の不動産に根抵当権を設定した行為について，「取引の安全を目的とする表見代理制度の本旨に照らせば，民法110条の権限踰越による表見代理が成立するために必要とされる基本代理権は，私法上の行為についての代理権であることを要し，公法上の行為についての代理権はこれに当たらないと解するのが相当である」として，表見代理の成立を否定した[43]。なお，判例は，公法上の行為でも「特定の私法上の取引行為の一環としてなされる」場合には，110条の適用の可能性を認めている。Ｙがその所有の不動産をＡに贈与し，そ

41)　最判昭35・2・19民集14・2・250。本判決には藤田裁判官の少数反対意見があり，110条の基本代理権には必ずしも厳格な意味における法律行為を要求すべきものではないと解し，相手方に正当な理由がある限り，本件においても表見代理の成立を認めるべきであるとする。
42)　大判昭7・11・25新聞3499・8。
43)　最判昭39・4・2民集18・4・497。

の履行として移転登記の申請をAに委託して，実印・印鑑証明書および登記済書をAに交付したところ，AはYの承諾を得ることなく実印等を使用してYを代理して債権者Xと連帯保証契約を締結してしまった事案では，本件の登記申請行為は，契約上の債務の履行という私法上の効果を生ずるものであるから，その行為は同時に私法上の作用を有するものであり，公法上の行為が特定の私法上の取引の一環としてなされるものであるときは，その行為の私法上の作用を看過することはできない。登記申請行為が本件のように私法上の契約による義務の履行のためになされるものであるときは，その権限を基本代理権として，110条を適用し，表見代理の成立を認めることを妨げない，としている[44]。

(2) 正当な理由 (a) 意味 相手方（110条の第三者）が，当該代理行為について代理人に代理権限があると信じ，かつそう信じるにつき「正当な理由」があることが必要である。「正当な理由」があるとは，客観的に見て行為者に代理権ありと考えるのがもっともだと思われる事情があることをいい，相手方の善意無過失を意味するものと解されている。したがって，相手方が，代理人の権限外の代理行為について，それを知っていた場合または取引上通常の注意を払えば知り得た場合は，相手方は保護されない（表見代理は成立しない）。なお，「正当な理由」があると認められるためには，本人の過失ないし与因（作為・不作為）を必要とするかどうか，という問題があるが，判例[45]・通説は必要でないとする。「正当な理由」とは，結局は，当該行為の具体的諸事情に照らして法の保護に値するか否かを判断すべきものであり，相手方と本人のそれぞれの保護についての利益考量が実質的な決め手となるが，結論的に相手方の保護つまり取引の安全の確保を重くみる価値判断が働く。したがって，本人の過失ないし与因は必要でないという解釈は，法定代理への本条の適用を肯定するための前提として意義をもつ。任意代理の場合は，基本代理権の存在という点において本人の意思や過失は一般的・抽象的に視野にとりこまれているということもでき，本人の過失や行為の有無は，多かれ少なかれ外部に反映し，

---

44) 最判昭46・6・3民集25・4・455。
45) 最判昭34・2・5民集13・1・67。

相手方の善意無過失の成否を左右することが少なくないといえる。

「正当な理由」の証明責任は，相手方，本人のいずれにあるのであろうか。一般的に，相手方は「正当な理由」を根拠づける客観的事実（白紙委任状，実印，印鑑証明書，登記済権利書など）を挙げ，他方，本人の側は相手方が代理権の存在に疑問を感じるような特別の事情の存在を挙げ，相手方の悪意・有過失を争うことになる。相手方が「正当な理由」を基礎づける事実（実印や委任状の存在）を主張・立証すれば，通常は，「正当な理由」があるとされる。また代理権ありと信じる正当な理由が要件そのものになっていることから，相手方に証明責任があるとする考え方がある一方，相手方は正当な理由を証明する必要はなく，代理人に110条の基本権限があることを証明すればよく，本人の側で相手方に正当な理由がなかったことを証明しない限り110条の効果が認められるとするものもある。

　　(b)　「正当な理由」の存否の判断　　どのような場合に，相手方に代理権ありと信じる「正当な理由」があるとされるのか，その存否の判断は，諸般の事情を客観的に観察し，具体的な諸事情の総合判断による。たとえば，代理人が当該代理取引に必要なもの（委任状，実印，印鑑証明書，不動産の権利書など）を所持していたか，代理人が多少なりとも包括的な権限を与えられているようなある種の職業や地位にある者か，いかなる種類の取引きであったか（不動産の売買，担保の設定など），代理人と本人との関係（夫婦，親子）などが代理行為に即して総合的に考慮され，判断される。以下，具体的に判例をみていく。

　　(ア)　実印の交付ないし印鑑証明書が存在する場合は，「特別の事情」がない限り，原則として正当な理由があるとされる。本人が，代理権の授与と共に実印，印鑑証明書，不動産の権利書などを交付した場合には，本人と代理人との特別な信頼関係があることが多いからである。本人が実印を交付し保証契約締結の代理権を与えたところ，代理人が本人の承諾した額を超える債務の保証をした事例[46]で，相手方の「正当な理由」を認め，また相手方が本人の意思

---

46)　最判昭35・10・18民集14・12・2764。

を確かめ，行為者の代理権の有無を明らかにしなければならないものと即断することはできないとした。

　　(イ)　「特別な事情」が認定される場合　　特別な事情とは，当該代理行為において，相手方が代理権の存在に疑問を感じるような客観的事情をいう。そのような事情があれば，相手方は代理権について調査をすべきであり，それを怠って取引をしたのであれば，代理権があると信じたことに過失があるとされる。このような事情が認定される類型として(i)代理人が本人の同居の家族の場合，(ii)代理人自身の債務の保証等についての代理行為の場合がある。

　　(i)　代理人が本人の同居の家族の場合　　この場合，実印や権利証などの所持だけでは正当な理由を認めるに足りないとされることが多い。夫が応召不在中，妻が保管を任されていた実印を使用し，夫所有の宅地・建物を売却した事例[47]で，実印保管という事実だけで直ちに妻に売却の代理権があると信ずべき正当な理由があるとすることはできない，として表見代理の成立を否定した。

　　(ii)　代理人自身の債務の保証等についての代理行為の場合　　保証契約，とくに，保証の金額が高額であったり，根保証のような場合には，相手方である金融機関が保証人本人の意思を確認しないときは，相手方に過失があるとして「正当な理由」が否定されることが少なくない。たとえば，①代理人が本人から他の事務を処理する際に預かった実印，権利書を冒用して，代理人の金融機関に対する借入金債務の担保として本人所有の不動産に根抵当権を設定した事例[48]，②代理人が，他の債務の保証のため本人から交付を受けた実印を冒用して，代理人の金融機関に対する債務につき，本人を代理して保証極度額，保証期間の定めのない連帯根保証契約を締結した事例[49]，③本人の実印，印鑑証明書を他の目的で貸与・交付を受けていた代理人が，実印・印鑑証明書を冒

47)　最判昭27・1・29民集6・1・49（陸軍司政官夫人事件）。同旨，最判昭28・12・28民集7・13・1683。
48)　最判昭42・11・30民集21・9・2497。
49)　最判昭45・12・15民集24・13・2081。

用して，本人を代理して，代理人が代表取締役をしている会社に対する継続的商取引から生じる一切の債務について本人が連帯して支払う旨の保証期間及び保証限度額の定めのない連帯根保証契約を勝手に締結した事例[50]，などがある。いずれの事例においても，相手方の過失を認定し，正当な理由が否定されている。そのため，実務では保証人の保証意思を確認するということがなされている（なお，現行民法では，保証人が個人である根保証契約については，極度額の定めのないものを無効とし[465条の2]，個人貸金等根保証契約では，保証期間に一定の限定を付す規定がおかれている[465条の3以下]。また，事業にかかる貸金等債務についての個人保証契約では保証債務の履行意思を表示する公正証書の作成がもとめられており[465条の6以下]，厳しい規定が設けられている。）。

　なお，物上保証の場合においても，物上保証人の代理人による抵当権設定契約において，相手方は，代理人が本人から預かった書類等を悪用している可能性を疑い一応確認すべきであり，それを怠った場合は正当理由は認められないとした判例[51]，物上保証人による譲渡担保契約を，債務者自身が物上保証人を代理して行う場合，代理人が白紙委任状，印鑑証明書および登記済書を所持していても，譲渡担保契約により資金を借受けを必要とするのは代理人（債務者）自身であり，相手方としては代理権の存在に疑念を抱いてしかるべきであり，これをせずに代理権ありと信じたことに正当理由があったとはいえないとした判例[52]がある。

　これらの判例を通して，「正当な理由」を否定する「特別な事情」とは，次のようなものであると捉えることができる。①代理人の利益にしかならず，本人の利益になる事情が客観的に存在しない，②保証契約などにおいて，本人（保証人）の責任が重い（責任の額が巨額），③金融機関は本人の意思を確認すべき相応の注意が要求される，といった事情である。これらの事情があるにもかかわらず，本人に意思確認をする義務を怠った場合は，相手方に過失がある

50）最判昭51・6・25民集30・6・665。
51）最判昭48・12・24集民110・817。
52）最判昭53・5・25判時896・29。

とするものが多い。

3　適 用 範 囲

(1)　法定代理と110条の表見代理　　法定代理について110条の表見代理が適用されうるか。判例[53]は，適用を肯定する。従来の学説も110条の表見代理の根拠を権利外観法理に求め，本人の帰責性は不要であるとの理解から，法定代理にも110条を適用する説が有力であった。しかし，現在では110条の表見代理でも本人の関与・帰責性が必要であるとの立場から，110条の表見代理の適用を否定する説が有力である。

　ただし，法定代理すべてにおいて表見代理を否定するのは適当でない。法定代理を以下のように分けてみていく。

(a)　制限行為能力者の法定代理　　法定代理のうち，制限行為能力者の法定代理人である親権者・成年後見人によるものについては，本人の関与がまったくないので，制限行為能力者本人に責任を帰せしめる（取消権による保護を剥奪することになる）のは適当ではなく，110条の表見代理を認めるべきでない。保佐人，補助人については，家庭裁判所は特定の法律行為について代理権を付与する旨の審判をすることができるが，その際，被保佐人，被補助人からの「請求」または「同意」が代理権付与の要件になっているので（876条の4第1項2項・876条の9第1項2項），本人の関与が指摘でき，表見代理の適用を肯定する見解もあるが，本人の「同意」はあくまでも自己決定権を尊重する理念からであり，判断能力が不十分である者に，その「同意」をもって表見代理の責任を負わせるのは問題であるといわれている。

(b)　法令で権限が定められている自治体の長などの権限踰越行為　　市町村などの自治体の長の権限は法令で定められており，その意味で法定代理である。たとえば，自治体の長は現金の収受の権限はなく，これは出納長ないし収入役の専権とされているが（地方自治法149条・170条），自治体の長が法令による制限を越えて銀行から現金を借入，収受した場合，110条の適用を認めるべき

---

53)　大（連）判昭17・5・20民集21・571。

かが問題となる。法令による制限は，定款の制限とは違い，誰でも知っている
べきであるとの理由から，民法旧54条（理事の代表権に加えた制限は，善意の第
三者に対抗できない。一般法人法77条5項に相当）は適用されないとするのが，
判例・学説であった。法令上の制限は相手方が知っているべきであるという前
提に立った場合，110条の適用はないと考えられる。ただし，その制限を解除
する法令上の要件が充たされていると相手方が信じたような場合（たとえば，
必要な議会の議決があったと信じたような場合）には，110条の表見代理を類推適
用する余地がある。判例[54]は，これを認めたが，110条の「正当な理由」の認
定は厳格であり，肯定することに慎重である。なお，このとき，相手方に過失
ありとして，110条の成立が認められない場合がありうるが，その場合，代表
理事の不法行為についての法人の責任を規定した一般法人法78条（民法旧44条）
の適用が問題となる。

　　(c)　日常家事債務と表見代理　　夫婦の間では日常家事行為につき連帯責
任を負うが（761条），その範囲で法定の代理権としてのいわゆる日常家事代理
権が認められるとされている。761条は，本来は代理権についての規定ではな
いが，もし夫婦が相互に代理権を持たないとすると，日常の家事を処理するに
ついて不便が生じ，また1947（昭和22）年の民法改正前の旧規定では，夫婦は
互いに代理権を持っている旨の規定があった（旧801条1項，804条1項）ことから，
761条を根拠に代理権を認めようという立場が学説上有力である。761条で認め
られる代理権は法律上当然認められる代理権であるから，一種の法定代理権で
あり，この夫婦間の法定代理権を基本代理権として110条の適用が可能か否か
が問題となる。判例[55]は，妻の不動産を夫が妻の代理人として売却した事案で，
一般論として①761条は夫婦が日常の家事に関する法律行為について相互に代
理権を有することを規定していると解し，②日常家事に関する法律行為の具体
的な範囲は，個々の夫婦の社会的地位，収入などで異なるが，さらに客観的に，

54）大判昭16・2・28民集20・264。最判昭34・7・14民集13・7・960。
55）最判昭44・12・18民集23・12・2476。

その法律行為の種類，性質なども考慮して判断すべきであるとし，③夫婦の一方が日常の家事に関する代理権の範囲を越えて第三者と法律行為をした場合においては，その代理権の存在を基礎として広く一般的に110条の表見代理の成立を肯定することは，夫婦の財産的独立をそこなうおそれがあり適当でない，④相手方である第三者においてその行為が当該夫婦の日常の家事に関する法律行為の範囲内に属すると信じるにつき正当な理由があるときに限り，110条の趣旨を類推適用して，その第三者の保護をはかるべきであるとした。結論として，本事案においては，不動産の売却について夫婦の日常家事と信じるについての正当な理由は認められないとして，相手方である第三者の保護を否定している（表見代理の成立を否定）。

「110条の趣旨を類推適用」するとは，単純に110条を適用する場合よりも表見代理の成立を制限している。相手方である第三者はあくまでその行為（越権代理行為）が日常家事に関する法律行為であると信じたのでなければならず，単にその行為（越権代理行為）について代理権があると信じただけでは「正当な理由」があるとはいえない。

日常家事の範囲は，夫婦の収入などにより異なるが，配偶者の不動産の処分などは，よほどのことがない限り，日常家事の範囲には入らないと考えられる。

(2) 109条と110条の重畳適用（109条2項）　110条の基本代理権は，本来は本人が代理人に実際に何らかの代理権を与えた場合を考えている。しかし，代理権授与表示によって109条の表見代理が成立することを基本代理権として，さらに代理権授与表示の範囲を超える無権代理行為についても110条による表見代理を認めることが可能である。たとえば，本人Aが他人Bに店舗の実印・印鑑証明書・権利書を渡して営業から退いたものの，依然としてBにAの営業名義のままでの経営を許していたところ，Bは相手方Cから融資を受ける際に，預かっていた実印等を利用してAの同意を得ることなくAの代理人としてA所有の建物に抵当権を設定した場合などである。Aは営業をBに譲ったのに，A名義での営業を認めていたので，109条の適用は避けられない。しかし，本件建物への抵当権設定は，109条の表示の認められる営業そのものの権限内とは

言い難い。このような事案において，判例[56]は，抵当権設定契約は109条で表
見代理が成立する通常の営業上の取引きの範囲を越えるが，110条を重畳的に
適用することで表見代理が成立するとした。また，最高裁判決[57]としては，次
のような事案がある。Yは，Aに山林を売却し，Aの代理人Bを介してAに移
転登記のために必要な権利書・印鑑証明書・名宛人白地の売渡証書・受注者白
地の白紙委任状を交付し，手付金を受け取った。数日後，Aは代理人Bを介し
て，Xらの代理人Cとの間で，本件山林とXらの所有の山林の交換にあたらせ
た。この交換契約を締結する際に，BはCに対し，Aの代理人であることを告
げず，YからBを介してAに交付されていた上記の移転登記のための必要書類
をあらためてAから交付されたBは，その書類をCに示し，あたかもYの代理
人のごとく装った。このため，Cは契約の相手方をYと誤信し，Bとの間でX
ら共有の山林とY所有の本件山林の交換契約を締結した。XらがYに対して本
件山林の所有権移転登記手続を求めてきたのに対して，最高裁は，「Bにおい
て，右各書類をCに示してYの代理人として本件交換契約を締結した以上，Y
は，Cに対しBに本件山林売渡の代理権を与えた旨を表示したものというべき
であって」，Bに対する代理権授与の表示があったと解することを前提として，
109条により表示された代理権を基本代理権と同視し，これを基礎として110条
を重畳的に適用して，「X側においてBに本件交換契約につき代理権があると
信じ，かく信ずべき正当の事由があるならば，……（Yは）その責めに任ずべ
きものである」とした。本判決は，最高裁として初めて109条と110条の重畳適
用の可能性を認めたものである。

　なお，これまで判例により認められていた109条と110条の重畳適用は，2017
年の改正法で109条2項を新設することにより，明文化された。

56）東京高判昭39・3・3高民集17・2・89判時372・23。
57）最判昭45・7・28民集24・7・1203。

Ⅳ 代理権消滅後の表見代理（112条）

1 意 義

　代理権が委任の解除・本人の死亡などによって消滅した後にもなお代理権授与の外観が残っている場合には，代理権がまだ存続していると信じて取引をした相手方を保護する必要があり，このような場合の相手方の信頼を保護するのが112条の表見代理である。

2 要 件

　(1)　かつて代理権があったが，その代理権が消滅していること　　代理行為者は，かつて代理権を有していた者で，その代理権は問題の代理行為時には消滅していたという場合である。たとえば，A社の従業員Bは，A社の商品の販売等につき代理権を有していたが，A社を解雇されその代理権も消滅したにもかかわらず，その後にBはA社の従業員を名乗り相手方C（たとえば従前の得意先）との間で，代理行為をなしたという場合などである。なお，相手方は代理権の消滅前に代理人と取引をしていた者である必要はなく[58]，代理権消滅後に代理人と初めて取引をする場合でもよいとされている（相手方はそれまで直接取引をしたことはなくとも，その者に代理権があったことを知っていて，現在も代理権があると信じて取引をする場合などである）。

　会社の代表取締役，法人の代表理事など，選任・退任を登記することになっている場合に，この登記と112条の表見代理の関係が問題となる。つまり，退任の登記がなされた後に退任者による代表行為がなされたときにも112条の表見代理の規定が適用され善意無過失の相手方が保護されるかという問題である。判例[59]は，登記の対抗力を定めた各規定の適用を優先させ，代表取締役の場合は商法9条1項の問題であり，退任を登記した場合には「正当な事由」がない

58）判例は，相手方が代理権消滅前に代理人と取引きがあったという事実は相手方の善意無過失を認定する際の資料として考慮すればよく，112条の表見代理を適用するための独立の要件をなすものではないとしている（最判昭44・7・25判時574・26）。

59）最判昭49・3・22民集28・2・368。

限り善意の第三者に対しても退任（代表権の喪失）を対抗でき（同条1項後段），112条を適用ないし類推適用する余地はないとした。また，理事の場合については，判例[60]は，社会福祉法29条等に基づき登記した場合は，退任（代表権の喪失）を第三者に対抗することができ，第三者が登記簿を閲覧することが不可能ないし著しく困難であるような特段の事情があった場合（登記簿の滅失など）を除いては，112条の規定を適用ないし類推適用する余地はないとした。

　(2)　代理権消滅後の代理行為がかつて存在した代理権の範囲内であること　かつて存在した代理権の範囲を越えた代理行為が行われた場合には，112条2項が適用される（後述3(2)を参照）。

　(3)　相手方の善意無過失　　代理権消滅後の代理行為の相手方が保護されるには，「代理権の消滅の事実を知らなかった」ことが必要であり，また，「過失によってその事実を知らなかったとき」は表見代理の成立が否定される。したがって，112条の表見代理が成立するためには，「代理権消の消滅の事実」についての相手方の善意無過失が要求される。つまり，相手方は，以前行為者に代理権があった事実を知っており，しかしその代理権の消滅は知らず，かつその点に過失がないことが求められる。

　「代理権の消滅の事実」についての相手方の善意無過失の証明責任は，善意（112条1項の「代理権の消滅の事実を知らなかった」）は表見代理の成立を主張する相手方が，過失（112条1項ただし書）については，本人が相手方に過失がある旨の主張立証をして免責をはかることになる。なお，相手方が自らの善意を証明することは困難であり，代理権の外観が残っている以上，相手方は消滅の事実を知らないことは当然であるから，通説は，相手方の善意無過失を推定して，本人の側で相手方の悪意または有過失を証明すべきものと考えている。

3　適用範囲

　(1)　法定代理と112条の表見代理　　法定代理にも112条の適用はあるか。通説は112条の適用を肯定する。本人の利益は善意無過失の判断によって調整す

---

60)　最判平6・4・19民集48・3・922。

ればよいとされる。相手方の信頼の保護を強調する考え方によれば112条の法
定代理への適用が肯定されよう。これに対して，代理権が存続するかのような
外観を残したことに本人の帰責性を求める見解によると，代理権の消滅事由が
法定されている法定代理の場合には本人に帰責性がなく，112条の法定代理へ
の適用は否定されるとする見解も有力である。判例[61]は，112条の適用を肯定
するが，その判断には慎重である。

　(2)　112条と110条の重畳適用（112条2項）　　かつて代理権を与えられた者
が，代理権消滅後に，その代理権の範囲外の代理行為をした場合は，112条1
項の適用はない。しかし，そのような場合について，同条2項は，当該代理行
為が消滅した代理権の範囲内であったならば同条1項の規定により責任が成立
する場合には，「第三者がその行為についてその他人の代理権があると信ずべ
き正当な理由があるときに限り」，他人に代理権を与えた者は，その行為につ
いて責任を負うと規定する。112条1項2項は，2017年の改正法で，かつての
112条を改正したもので，1項で代理権消滅後の表見代理の要件（ここにいう善
意とは，過去に存在した代理権が代理行為前に消滅したことを知らなかったこと）
を明確にし，2項で112条と110条の重畳適用を明文化した。112条と110条の重
畳適用については，取引の安全を保護するという表見代理制度の趣旨に鑑み，
古くから学説は代理権消滅後の表見代理（112条）と権限外の行為による表見代
理（110条）をあわせて適用（重畳適用）することを認め，判例[62]も昭和19年大
（連）判[63]以来，代理権消滅後の従前の代理人による権限外の行為の場合，代理人
の従前の代理権の消滅につき善意無過失の相手方が，代理人の行為につき権限
ありと信ずべき正当の理由を有する場合には相手方を保護するのが正当である
として，112条と110条の重畳適用事案において，表見代理の適用を認めてきた。

---

61) 大判昭2・12・24民集6・12・754。
62) 最判昭32・11・29民集11・12・1994（資金調達の代理権しかなかったAが，代理権消滅
　　後，その存続を装いX会社との間でYの代理人と称して，かつての代理権の範囲を越え，
　　石炭の売買契約を締結したという事案において，110条と112条の重畳適用により表見代理
　　の成立を認めた）。同旨，最判昭35・12・27民集14・14・3234。
63) 大（連）判昭19・12・22民集626。

V　表見代理の効果

1　本人に対する効果帰属

　表見代理の要件をみたす場合の効果として，109条1項2項，110条，112条1項2項いずれにおいても，本人が「その責任を負う」と規定されている。つまり，表見代理が成立すると，本人は，有効な代理権があった場合と同様，代理人のなした行為の効果が直接自己に帰属する。なお，表見代理は相手方の信頼を保護するための制度であることから，表見代理の成立を主張しうるのは相手方のみであると解されている。

2　表見代理と無権代理の各効果の関係

　表見代理も無権代理としての性質を失うものではないから，客観的には表見代理の成立要件をみたしていても，依然として無権代理行為であり，表見代理が成立しうる場合であっても無権代理に関する一般規定（113条～117条）が適用されうる。したがって，本人は追認することができ，また，相手方は取り消すことができる。この「追認」と「取消し」は早い者勝ちで，本人が当該代理行為の効果を欲するならば，相手方による無権代理行為取消（115条）より早く追認（113条）しなければならない。なお，本人が無権代理行為の追認を拒絶しても，相手方からの表見代理主張を封じることはできない。

　表見代理成立の要件が存在する場合において，無権代理人の責任（117条）を選択して追及することができるかについては，判例[64]は，両者は互いに独立した制度であり，相手方は，表見代理の主張をしないで，直ちに無権代理人に対して117条の責任を追及することができ，無権代理人は表見代理の成立要件を主張立証して自己の責任を免れることはできない，とする。なお，相手方が無権代理人の責任追及と本人に対する表見代理の主張を併行して進め，本人に対する表見代理の成立が裁判所で別個に確定された場合には無権代理人に対する責任はもはや追及することができないと解すべきである。

64）最判昭62・7・7民集41・5・1133。

3　本人と表見代理人との関係

　本人が表見代理の責任を相手方に対して負担した場合，一般の無権代理の場合と同様に，本人は無権代理人に対して，不法行為，不当利得，事務管理に基づく責任を表見代理人に対して追及しうることになる。たとえば，110条の権限外の行為の場合では委任契約上の義務違反を追及しうるなど，その契約上ないし不法行為上の責任を追及することができる。

第**8**章

無効・取消し

第1節 序　説

　形式的には有効な法律行為が存在するように見えるが，何らかの原因により，その法律行為の効力が否定される場合がある。このように法律行為の効力が否定される場合（本書では，これを法律行為の失効と呼ぶ）について，民法は，無効・取消し・解除の三つの類型を設けた。解除の効力には争いがあるが，直接効果説[1]では（通説），解除により契約の効力が契約締結時に遡って消滅するも

図表 8-1　法律行為の失効

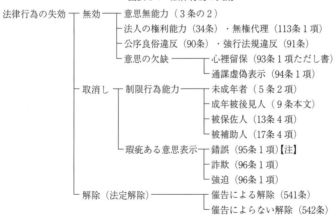

【注】120条2項では，瑕疵ある意思表示に錯誤が含まれるものとして規定されている。

1) 大判大6・10・27民録23・1867。

のと理解されている。

　無効・取消し・解除それぞれの原因を整理すると，上記のとおりである。な
お，取消し原因・解除原因は限定されているのに対して，無効原因はいわば法
律行為の有効要件の数だけ存在するため，まさに多種雑多である。ここでは，
主な無効原因のみを挙げている。

　本章では，この三つの類型のうち，無効と取消しを取り扱う。解除は債権各
論において取り扱われるので，詳細はそちらを参照のこと。

　法律行為の失効の意味

　いったん契約など法律行為が成立すれば，当事者はこれに拘束される。とこ
ろが，表意者保護・社会秩序の維持などを理由として，当事者をこの拘束から
解放すべき場合がある。たとえば，高齢者や未成年者など，判断能力の劣る者
が契約を締結したとして，その者に履行を強いることが適切ではないと考えら
れるような場合である。法律行為の失効は，法律行為の効力を否定することに
より，そのような当事者を保護するための制度である。

　法律行為の効力を否定する場合，どのような場合に，どのような法律構成に
より，どの範囲で保護を与えるかは，まさに法政策的な問題である。一般には，
反社会性の強い行為など，法秩序全体の理想から見て，当然に効力を認めるこ
とができないような客観的事情がある場合には，この行為は無効とされる。他
方で，表意者保護など，効力を否定するか否かを特定の者の判断に委ねて良い
ような場合には，取消しという制度を用いることがある。ただし，これは絶対
的な基準ではない。無効・取消しという類型に関して先に挙げた整理は，わが
民法が採用した一つの立場に過ぎない。

　無効と取消しの差異

　無効と取消しの差異は，具体的には，①失効の法律構成，②主張の期間制限，
③主張する側と主張される側の人的範囲，④追認による効果において現れる。
ここでは，まず両者の差異を概観したうえ，第三者保護規定を説明する。

1　無　　効

　無効には多様なものが存在するため，実際には，個々の無効を個別に検討する必要がある。ここでは，無効の原則型である絶対的無効について述べる。

　無効とは，法律行為が当初より効力を有しないことをいう。このように，法律行為の無効では，行為の当初より何ら効力が生じていない状態にある（①）。この無効という状態は，「いつでも，誰からも，誰に対しても」主張できるのが原則である（②③）。そして，追認によっても，無効な行為が遡及的に有効な行為に転換することはない（④，119条本文）。

2　取　消　し

　取消しとは，制限行為能力・錯誤・詐欺・強迫による法律行為につき，その行為を失効させる旨の意思表示により，行為の当初に遡って効力を消滅させることをいう（遡及的無効という）。また，法律行為を失効させる旨の意思表示を取消しということもある。

　法律行為が取り消されれば，行為の当初より何ら効力が生じていなかったことになるが，取り消されるまでは，その効力は有効に生じたままである（①，121条）。このような法律構成が採用されるのは，ある法律行為の効力を否定するか否かを特定の者の判断に委ねるためである。したがって，取消しの効果を主張する側の人的範囲は制限されるが（③，120条），取消しの効果を主張される側の人的範囲は制限されないのが原則である[2]（なお，第三者保護規定に留意）。取消権の行使には期間制限が設けられており（126条），取消権が行使されないままその期間を経過すると，その法律行為は将来においても有効なままであることに確定する（②）。また，取り消すことができる行為が追認されれば，もはや取消権が行使されることがなくなり，その法律行為は将来においても有効なままであることに確定する（④，122条）。

3　第三者保護規定──法律行為の失効を主張される側の人的範囲

　無効・取消しでは，法律行為の失効を主張される側の人的範囲は，原則とし

---

2 ）大判明36・6・30民録9・824。

て制限を受けない。すなわち，あらゆる者との関係で法律行為は失効する。ただし，例外的に，特定の第三者との関係でその主張が制限される旨の規定が設けられることがある。これを第三者保護規定という。

　無効に関しては，心裡留保や通謀虚偽表示における善意の第三者（93条2項・94条2項，なお，93条1項ただし書にも留意），取消しに関しては，錯誤・詐欺における善意無過失の第三者（95条4項・96条3項）が挙げられる。また，解除に関しては，一般的に第三者の権利を害することができない旨が規定されている（545条1項ただし書）。ただし，これら第三者保護規定は，その内容や適用範囲が物権変動との関係で修正を受けることがあるので（177条・178条を参照），注意が必要である。詳細は物権法の議論を参照のこと。

図表8-2　第三者保護規定

第三者保護規定 ┬ 無　効：93条2項・94条2項
　　　　　　　　├ 取消し：95条4項・96条3項
　　　　　　　　└ 解　除：545条1項ただし書

 ## Ⅲ　無効と取消しの競合

　一つの法律行為について，無効と取消しの両方の成立要件が充足される場合を，無効と取消しの競合という。たとえば，意思能力を欠く未成年者が契約を締結した場合，意思無能力による無効と制限行為能力による取消しの両方が問題となる。ここでは，無効な行為を取り消すことができるかという理論的な問題が生じるが，表意者は無効と取消しのいずれかを選択して主張することが許されると解されている。

第2節　無　　効

 ## Ⅰ　無効の種類

　先に述べた通り，無効原因は多種雑多であり，これに応じて多様な無効が存

在する。無効の種類は，次のように整理される。

1　絶対的無効と相対的無効

相対的無効とは，無効を主張する側または無効を主張される側の人的範囲が制限されるものをいう。すなわち，「一定の範囲の者から」または「一定の範囲の者に対して」のみ主張できる無効である。「いつでも，誰からも，誰に対しても」主張できる絶対的無効に対する例外である。

無効を主張する側が制限される例として，意思無能力者が締結した契約の相手方が挙げられる。意思無能力による契約の無効は表意者を保護する制度であるから，意思無能力者が契約の無効を主張しないにも拘らず，その相手方が無効を主張することは許されないと解されている。他方，無効を主張される側が制限される例として，心裡留保や通謀虚偽表示における善意の第三者（93条2項・94条2項，なお，93条1項ただし書にも留意）が挙げられる。

なお，無効を主張する側の人的範囲が制限される場合，この者が無効を主張しない限り，他の者は無効を主張できない。すなわち，法律行為は有効なものとして取り扱われる。そして，この者が無効を主張して初めて，法律行為は当初より無効であったことになる。このように，無効を主張する側の人的範囲が制限される相対的無効の効力は，取消しに近づく（いわゆる取消し的無効）。

2　確定無効と未確定無効

法律行為の無効は，原則として確定的であって，追認によってその効力が生じることはない（119条本文）。これを確定無効という。これに対して，事後的にある事由が加わることによって有効となる無効がある。これを未確定無効という。たとえば，無権代理行為（113条1項・116条本文），無権利者の処分行為[3]などが挙げられる。

3　当然無効と裁判上の無効

法律行為の無効は，原則として当然に無効であって，無効を主張するための行為や法的手続を必要としない。これを当然無効という。これに対して，訴え

3）最判昭37・8・10民集16・8・1700。

260

によってのみ無効を主張できる場合を，裁判上の無効という。会社関係のように第三者への影響が大きい場合には，法律関係の画一的な確定を図る必要があるため，裁判上の無効が用いられる。たとえば，会社の組織に関する行為の無効（会社828条）や株主総会等の決議の不存在又は無効（会社830条）などでは，訴えによって無効を主張しなければならず，原告適格や出訴期間が制限される。なお，身分法上の行為（婚姻・縁組・離婚・離縁・認知）の無効に関しては，学説上，当然無効とする見解と裁判上の無効とする見解の対立がある。

4　全部無効と一部無効

無効原因が，法律行為の内容の全部について存在する場合を全部無効，その一部について存在する場合を一部無効という。法律行為の内容の全部について無効原因が存在すれば，当然ながら，その法律行為は全部において無効となる。これに対して，法律行為の内容の一部について無効原因が存在すれば，その法律行為は，その一部においてのみ無効となるか，全部において無効となるかが問題となる。明文の規定があればそれに従うが（133条・278条・360条・410条・580条・604条，利息1条など），明文の規定がなければ，法律行為の解釈の問題となる。

5　無効行為の転換

無効行為の転換とは，ある法律行為が無効であるため当事者の意図した効果を生じないが，他の法律行為の要件を充足するときに，他の法律行為としての効力を生じることをいう。法律行為の有効要件として一定の方式が要求される場合に問題となることが多い。無効行為の転換は法律行為の解釈として認められるものであって，一部無効の理論の応用の一種であると解されている。

たとえば，秘密証書遺言の要件を欠いても自筆証書遺言としての効力が認められる場合や（971条），準正によって嫡出子となるべき者について（789条），父母による嫡出子出生の届出が認知の届出の効力を有する場合は（戸籍62条），法規により無効行為の転換が認められる例である。また，父が非嫡出子を嫡出子として届け出る行為は，認知の効力を有する[4]。しかし，他人の子を自らの嫡

4）最判昭53・2・24民集32・1・110。

出子として届け出る行為は，養子縁組の効力を有しない[5]。

　無効行為の追認

1　無効行為の追認について

　無効行為の追認とは，無効な法律行為を有効なものにする意思表示をいう。しかし，無効行為は当然かつ絶対に効力がないものであるから，追認によって遡及的にその効力が生じること，すなわち，行為の当初より有効であったことになることはない（119条本文）。ただし，無効原因がなくなった後，当事者が無効であることを知りつつこれを追認するときには，あらためて同一の行為を繰り返させる必要もないから，便宜上，新たな行為をしたものと取り扱うことにした（非遡及的追認，119条ただし書）。

　この非遡及的追認では，追認の時点において，その法律行為の有効要件を備えなければならない。すなわち，①公序良俗違反（90条）・強行法規違反（91条）による無効では，その状態が継続する以上，両当事者の追認があっても有効とはならない。②通謀虚偽表示（94条1項）による無効では，両当事者の追認が必要である。③心裡留保（93条1項ただし書）による無効では，表意者の追認で足りる。意思無能力（3条の2）による無効では，能力を回復した後に，表意者が追認することで足りる。

2　無権代理行為の追認について

　代理行為の効果が本人に帰属するためには，代理人が代理権を有していることが必要である。代理人が代理権を有さずにした行為の効果は本人に帰属しない。すなわち，無権代理行為は無効である（113条1項）。

　無権代理行為に対する本人の追認とは，無権代理行為を有権代理行為へ転換させる意思表示をいう（113条1項）。追認によって，無権代理行為は行為の当初から有効な代理行為であったことになる（遡及的有効，116条本文）。ただし，例外がある。①相手方の同意があれば，追認の遡及効を制限することができる

5）最判昭50・4・8民集29・4・401。

（116条本文）。②第三者の権利を害する場合には，追認が認められない（116条ただし書）。なお，他人の物の処分の事案も，無権代理と同様に考えられている[6]。

 無効の効果など

1 返還義務の内容

法律行為が無効であるとされれば，当事者間において未履行の債務は消滅し，既履行の債務につき返還義務が生じる。無効と取消しについては，121条の2が返還義務の内容を統一的に規定している。「第3節Ⅳ4　返還義務の内容」において説明する。

2 無効の主張の期間制限

無効な法律行為は当然かつ絶対に効力がないものであるから，その効果は「いつでも」主張できるのが原則である。しかし，これを無制限に許すと，相手方を不当に害する可能性がある。この場合，法律行為の無効に基づく個々の請求権の時効消滅という処理もありうるが，所有権に基づく物権的請求権は時効により消滅しない（166条2項を参照）。そこで，無効の主張それ自体の期間制限を論じる必要性が指摘されている[7]。いわゆる無効主張権の時効消滅（無効の時効）のほか，意思無能力，心裡留保，虚偽表示による無効への126条の類推適用，権利失効の原則という考え方もありうる。

第3節　取　消　し

 総　　説

120条以下の取消しに関する規定は，制限行為能力（5条2項・9条本文・13条4項・17条4項）と，錯誤（95条1項）や詐欺・強迫（96条1項）による取消しを想

6）最判昭37・8・10民集16・8・1700。
7）川島・総則417頁，石田穣・総則915頁。

定しており，これ以外には，後見人の権限外の行為の取消しに適用があるのみである（865条を参照）。

　民法典には，これ以外にも「取消し」という用語が用いられることがあるが，ここで取り扱う取消しとは異なるものである。したがって，法律行為以外のものの取消しや，法律行為の取消しであっても，制限行為能力・錯誤・詐欺・強迫以外の原因に基づく取消しには，120条以下の適用はない。前者の例として，後見開始審判の取消し（10条），失踪宣告の取消し（32条）などが挙げられ，後者の例として，無権代理行為の相手方の取消し（115条），詐害行為の取消し（424条），要件の欠缺による婚姻または縁組の取消し（743条以下・803条以下）などが挙げられる。

Ⅱ　取 消 権 者

　法律行為を取り消すことができる権利を取消権といい，取消しをなしうる者を取消権者という。取消権の行使により法律行為の遡及的無効という効果が生じるが，これは権利者の一方的意思表示により法律関係の変動を生じさせるものであるから，取消権は形成権に属する。取消しは，法律行為の効力を否定するか否かを特定の者の判断に委ねる制度である。したがって，取消権者は一定の範囲に制限される（120条）。

図表 8-3　取消権者

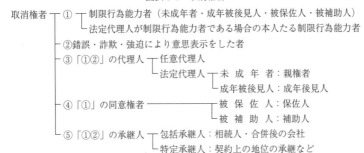

1 制限行為能力者 (120条1項)

制限行為能力者は，意思能力を有する限り，法定代理人の同意を得ないで単独で取り消すことができる。これには二つの理由が挙げられる。第一に，法律行為の取消しにも行為能力を必要とすると，制限行為能力者が法定代理人の同意を得ないで単独で取り消せば，「取り消しうる取消し」という状態が生じて，相手方の地位を著しく不安定にすることである。第二に，取消しによって法律行為を行う以前の状態に戻るだけであるから，制限行為能力者が単独で取り消すことができるとしても，特に不利益にならないと考えられることである。

なお，法定代理人が制限行為能力者である場合には，本人たる制限行為能力者は法定代理人がした法律行為を取り消すことができる（102条ただし書を参照）。

2 錯誤・詐欺・強迫により意思表示をした者 (120条2項)

錯誤・詐欺・強迫により意思表示をした者は，これを取り消すことができる。120条2項にいう瑕疵ある意思表示をした者には，詐欺・強迫により意思表示をした者に加えて（96条1項），錯誤により意思表示をした者が含まれる（95条1項）。

3 代理人 (120条1項・2項)

制限行為能力者・瑕疵ある意思表示をした者の代理人は，法律行為を取り消すことができる。代理人には，任意代理人と法定代理人の両方が含まれる。取消権を有する法定代理人として，未成年者における親権者（824条），成年被後見人における成年後見人（859条以下）が挙げられる。

4 同意権者 (120条1項)

制限行為能力者のした法律行為につき同意権を有する者は，法律行為を取り消すことができる。同意権者には，被保佐人における保佐人（13条1項），被補助人における補助人（17条1項）が挙げられる。

5 承継人 (120条1項・2項)

制限行為能力者・瑕疵ある意思表示をした者の承継人は，法律行為を取り消すことができる。承継人には，包括承認人と特定承継人の両方が含まれる。

相続人・包括受遺者・合併会社などの包括承継人は，原則として取消権を有

する。ただし，取消原因によりその取消権が一身専属性を有すると見られる場合には，包括承継人であっても取消権を有しない。旧法（明治民法）では妻は制限行為能力者であったが，この場合，その妻が有する取消権は相続人に承継されないとされた[8]。また，特定承継人とは，単に取り消すことができる行為により生じた権利・義務を承継した者ではなく，取り消すことができる行為について当事者の有する法律上の地位を承継した者を意味すると解されている。

　この点に関連して，主たる債務に取消し原因が存在する場合，保証人が取消権を有するかどうか問題となる。学説上争いがあるが，判例は，保証人は取消権を有しないとする[9]。

 ## Ⅲ　取消しの方法

1　取消権の行使

　取消権の行使は，取消権者の単独の意思表示により行われる（123条）。訴えや特別の方式によることは必要ではない。また，明示の意思表示がなくても，登記の抹消請求，証書の取戻請求，損害賠償請求があれば，前提となる取消しの意思表示を含むものと解して良いとされる。

2　取消しの相手方

　取り消すことができる行為の相手方が確定している場合，取消権の行使は，相手方に対する意思表示により行われる（123条）。この相手方は，取り消すことができる行為の相手方を意味する。たとえば，相手方が取消しの対象たる行為から取得した権利を第三者に譲渡した場合であっても，譲受人たる第三者ではなく，その相手方が取消しの相手方となる[10]。

　なお，取り消すことができる行為の相手方が確定していない場合，取消しは特定人に向けてなされる必要はない。取消しの意思表示が適当な方法で外部に客観化されれば足りると解されている。

8）大判昭5・6・10新聞3215・21。
9）最判昭20・5・21民集24・9。
10）大判大14・3・3民集4・90。

取消しの効果

1 遡 及 的 無 効

取消しにより，法律行為は当初より無効であったことになる（121条）。ここ
で，取消しの効果を主張される側の人的範囲は制限を受けないのが原則である
（第三者保護規定に留意）[11]。したがって，法律行為が取り消されれば，その行
為は，あらゆる者との関係で当初より無効であったことになる。

2 取消権の競合との関係

一つの法律行為について複数の取消権が成立する場合を，取消権の競合とい
う。たとえば，制限行為能力者の法律行為については，制限行為能力者とその
法定代理人・同意権者にそれぞれ取消権が成立する。また，制限行為能力者が
詐欺にあった場合，制限行為能力者には，制限行為能力による取消権と詐欺に
よる取消権が成立する。

取消権が競合する場合，一つの取消権が行使されれば，他の取消権は消滅す
る。と言うのは，取消しにより，その行為はあらゆる者との関係で無効であっ
たことになり，他の取消権は存在意義を失うからである。ただし，95条4項・
96条3項の適用がある場合には，他の取消権の存続を認める余地がある。

3 返還義務の根拠

無効では，法律行為は当初より効力を有しない。他方，取消しにより，法律
行為は当初より無効であったことになる（121条）。このように法律行為が無効
であるとされれば，当事者間において未履行の債務は消滅し，既履行の債務に
つき返還義務が生じる。この返還義務は不当利得に基づくものと解されている
（703条以下を参照）。また，売買契約など物権の処分を目的とする法律行為が取
り消された場合，物権変動の効力も遡及的に消滅するから，物権的請求権が併
存的に成立することになる[12]。たとえば，売買契約が取り消された場合，売主

11）大判明36・6・30民録9・824。
12）大判昭6・6・27新聞3302・16。

は買主に対して，所有権に基づいて売買目的物の返還を請求しても良いし，不当利得に基づいて売買目的物の返還を請求しても良い。ただし，学説には争いがある。

　また，双務契約が取り消された場合，双方の既履行債務につき相互に返還義務が生じる。この両者の返還義務は同時履行関係（533条）に立つと解されている[13]（546条を参照）。

4　返還義務の内容

　法律行為が失効すれば，既履行債務につき不当利得に基づく返還義務が発生するが，解除については545条1項が，無効と取消しについては121条の2第1項が，それぞれ返還義務の内容を規定している。すなわち，契約上の給付を受けた者は，現物があればそれを返還し，現物返還ができなければ価額償還をしなければならない。これを原状回復義務という。

　さて，無効と取消しにおける原状回復義務については，二つの例外が設けられている（121条の2第2項・第3項）。第一に，無償行為による給付について，給付を受けた者がその受領時に善意であれば，現受利益の範囲で返還義務を負うものとされる。この善意・悪意の対象は，法律行為が無効であること（または取消し原因が存在すること）である。第二に，給付を受けた者が法律行為時に意思無能力者または制限行為能力者であれば，現受利益の範囲で返還義務を負うものとされる。

　現受利益（現に利益を受けている限度，121条の2第2項・第3項）は，現存利益（利益の損する限度，703条）と同一内容であると理解されている。現存利益とは，取得した全ての利益から，消費した分，滅失・毀損した分を控除した範囲をいう。給付を受けた者が現存利益の返還義務を負うということは，受領物が消費されるか毀損・滅失した場合，その範囲で原状回復義務を免責されることを意味する。ただし，現存利益は，有形的に存在する場合だけでなく，他の支出を免れた場合にも存在する。したがって，受領した金銭を生活費に消費した場合，

13）最判昭47・9・7民集26・7・1327。

金銭そのものは存在しないが，その範囲で生活費の支出を免れたと言えるから，現存利益は存在することになる[14]。しかし，受領した金銭を単純に浪費した場合，現存利益は存在しないものとされる[15]。

　この現存利益の存否の証明責任をいずれが負担するかにつき，争いがある。古い判例には，制限行為能力による取消しに関して，相手方が現存利益が存在することにつき証明責任を負担するとしたものがある[16]。しかし，学説では，給付を受けた者が現存利益が存在しないことにつき証明責任を負担すると解する見解が有力である。

　なお，解除による原状回復義務に関しては，利息や果実の返還義務につき規定が設けられている（545条2項・3項）。無効や取消しによる原状回復義務に関しては規定が設けられておらず，利息や果実の返還義務については解釈に委ねられている。

取り消すことができる行為の追認

1　追認とは

　取り消すことができる行為の追認とは，取り消すことができる行為を取り消さないものとする意思表示であって，すなわち取消権の放棄である。ただし，法定代理人・同意権者による追認は，自らの取消権の放棄であると同時に，制限行為能力者がした法律行為に対する事後の同意としての性質を有する。この点は，取消権の競合との関係で後述する。

　追認をなしうる者は，取消権者である（122条・120条）。追認の方法は，取消権行使の方法と同様である（123条）。取り消すことができる行為が追認されれば，もはや取消権が行使されることがなくなり，その法律行為は将来においても有効なままであることに確定する（122条）。

14）大判昭7・10・26民集11・1920。
15）最判昭50・6・27金商485・20。
16）大判昭14・10・26民集18・1157。

2　追認の要件

追認が有効であるためには，二つの要件を充足しなければならない（124条1項）。第一の要件は，取消権者が，取消権があることを知った後に追認することである。追認は取消権の放棄であり，取消権の存在を認識していることがその前提となるからである。第二の要件は，取消権者が，取消しの原因となっていた状況が消滅した後に追認することである。すなわち，錯誤・詐欺・強迫により意思表示をした者は，錯誤に気づいた後または詐欺・強迫の状態を脱した後に追認しなければならない。また，制限行為能力者は，行為能力者となった後に追認しなければならない。取消しの原因となっていた状況が消滅しないまま追認がなされても，これは表意者の適切な判断とは言えないからである。

なお，法定代理人や同意権者（補佐人・補助人）が追認する場合（124条2項1号），または，制限行為能力者（成年被後見人を除く）が法定代理人・同意権者の同意を得て追認する場合には（124条2項2号），上記の第一の要件は必要であるが，第二の要件は不要である。

3　取消権の競合との関係

取り消すことができる行為の追認は，取消権の放棄である。したがって，取消権が競合する場合，取消権ごとにその放棄が考えられるから，一つの取消権が放棄されても，他の取消権は影響を受けない。ただし，同一人が複数の取消権を有する場合，その複数の取消原因の存在を知りながら法律行為を追認すれば，その複数の取消権が放棄されたものと解される。

また，制限行為能力者がした法律行為について，法定代理人・同意権者が追認すれば，その行為は追完されて有効になる（5条2項・9条本文・13条4項・17条4項）。したがって，この場合，法定代理人・同意権者の取消権と併せて，制限行為能力者の取消権も消滅することになる。

 法 定 追 認

1　法定追認とは

法定追認とは，一定の事実が存在すれば，追認をしたものとみなす制度をい

270

う（125条）。これは，黙示の追認と見られるような事実があった場合に，追認の有無をめぐる紛争を未然に防止するために，法律が特に追認を擬制したものである。なお，法定追認の規定は無権代理行為には類推適用されない[17]。

法定追認が成立すれば，もはや取消権が行使されることがなくなり，その法律行為は将来においても有効なままであることに確定する。

2　法定追認の要件

法定追認が成立するには，次の要件が必要である。①取消権者の行為であること，②追認の要件（124条）を充足すること，④取消権者が異議を留めなかったこと，⑤125条に限定列挙された事実が存在することである。

ここで，⑤の要件を概観しておく。全部または一部の履行には（125条1号），取消権者が履行した場合と相手方の履行を取消権者が受領した場合[18]の両方が含まれる。履行の請求には（同条2号），取消権者が相手方に請求した場合のみが含まれ，相手方が取消権者に請求した場合を含まない[19]。更改（同条3号）には，取消権者が債権者として更改した場合と債務者として更改した場合の両方が含まれる。担保の供与には（同条4号），取消権者が債権者として担保の供与を受けた場合と債務者として担保を供与した場合の両方が含まれる。取り消すことができる行為によって取得した権利の全部または一部の譲渡には（同条5号），取消権者が取得した権利を譲渡した場合のみが含まれる。強制執行には（同条6号）には，取消権者が債権者として強制執行した場合のみが含まれ，債務者として強制執行された場合を含まない[20]。

 取消権の消滅時効

1　取消権の消滅時効とは

取消しは，法律行為の効力を否定するか否かを取消権者の判断に委ねる制度

17）最判昭54・12・14判時953・56。
18）大判昭8・4・28民集12・1040。
19）大判明39・5・17民録12・837。
20）大判昭4・11・22新聞3060・16。

である。しかし，取消権者が取消権を行使しないままその行為を放置すれば，相手方の立場は著しく不安定になる。そこで，取消権の行使には期間制限が設けられている（126条）。取消権を行使しないままこの期間を経過すれば，取消権を行使することができなくなり，その法律行為は将来においても有効なままであることに確定する。

なお，126条は時効により消滅すると規定しているが，取消権は形成権であるから，この規定は時効期間ではなく除斥期間を定めたものであると解する見解が有力である。

2　消滅時効の効果

取消権は，追認をなしうる時点から 5 年を経過すると消滅する（126条前段）。追認をなしうる時点に関しては，追認に関する規定に従う（124条）。また，取消権は，取り消すことができる行為がなされた時点から20年を経過すると消滅する（126条後段）。たとえば，制限行為能力者が法律行為をした場合，この者が行為能力者となってから 5 年を経過すると取消権が消滅するが，仮に，この者が制限行為能力者のままであり続けたとしても，行為の時点から20年を経過すれば，やはり取消権は消滅することになる。

ここで問題となるのは，取消しにより発生する返還請求権との関係である。すなわち，取消しにより既履行債務の返還請求権が問題となる場合，126条の期間は，取消権の行使期間を定めたものか，この返還請求権の行使期間を定めたものかが問題となる。前者では，取消権を 5 年または20年の期間内に行使し（126条），更に，取消しにより発生した返還請求権を 5 年の期間内に行使すれば足りる（166条 1 項 1 号）。これに対して，後者では，取消しにより発生した返還請求権を 5 年または20年の期間内に行使しなければならないことになる（126条）。判例・通説は前者の立場に立つが[21]，後者の立場も有力である。

3　抗弁権の永久性

返還請求権など自らの権利を行使する前提として取消権が行使されるのでは

21）大判昭12・ 5 ・28民集16・903。

272

なく，相手方からの権利行使を阻止するために取消権が行使される場合がある。たとえば，既履行債務につき返還請求権を行使する場合は前者の例であり，未履行債務につき相手方からの履行請求を拒絶する場合は後者の例である。

　後者の場合，取消権の行使に期間制限を設けるのは妥当ではない場合がある。たとえば，詐欺による売買契約が締結されたがそのまま放置され，126条の期間を経過した後に，騙した側が騙された側に履行を請求した場合，騙された側が詐欺による取消権を行使できないという状況が起こりうる。そこで，相手方からの権利行使に対して，防御的に現状維持のために権利が行使される場合には，その権利行使は期間制限に服さないとする考え方が主張される。これを抗弁権の永久性という[22]。これを認める立場では，126条は，返還請求権など自らの権利を行使する前提として取消権が行使される場合にのみ適用され，相手方からの権利行使を阻止するために取消権が行使される場合には適用されないことになる。

4　取消権の競合との関係

　一つの法律行為について複数の取消権が競合する場合，それぞれの取消権ごとに期間経過による消滅が考慮される。ただし，126条後段に関しては，全ての取消権が行為時より20年で一律に消滅するから，差異を生じない。問題は，126条前段である。

　126条前段に関しては，追認をなしうる時点から5年を経過すると，取消権は消滅する。ここで，追認をなしうる時点が個々の取消権により異なりうる。たとえば，制限行為能力による取消しでは，法定代理人・同意権者の取消権は行為時から5年を経過すれば消滅するが，制限行為能力者の取消権は能力者となってから5年を経過すれば消滅する。そうすると，法定代理人・同意権者の取消権は期間の経過により既に消滅しているが，制限行為能力者の取消権は未だ存在するという状態がありうることになる。この点，制限行為能力者保護の趣旨から，法定代理人・同意権者の取消権が期間の経過により消滅すれば，制

22）新注民④541頁［奥田・金山］。

限行為能力者の取消権も当然に消滅すると解する見解が有力である[23]。

23）内田・民法 I 297頁。

条件・期限

　契約など法律行為では，当事者がその効力の発生・消滅を，将来に発生する一定の事実の成否により左右させようと意図することがある。たとえば，「君が結婚すれば，お祝いに，この宝石をプレゼントします」という合意がなされるような場合である。私的自治の原則から，そのような合意も有効である。

　このように，法律行為の効力の発生・消滅について当事者が特殊な制限を加えた約款を，法律行為の付款という。法律行為の付款には，条件と期限がある。条件・期限がどのような効力を有するかは，当事者の意思によって決定されるのであって，条件・期限に関する民法上の規定は（127条以下），その解釈に関する基準を定めたものである。

図表 9-1　法律行為の付款

法律行為の付款 ┬ 条件（127条以下）┬ 停止条件：効力が発生する
　　　　　　　　│　　　　　　　　　└ 解除条件：効力が消滅する
　　　　　　　　└ 期限（135条以下）┬ 始　　期：効力が発生する
　　　　　　　　　　　　　　　　　　└ 終　　期：効力が消滅する

　なお，契約など法律行為に条件・期限が付されても，法律行為の成否それ自体には影響しない。先の例でいえば，「君が結婚すれば，この宝石をプレゼントします」という合意がなされれば，その時点で贈与契約は成立しており，受贈者が結婚するまで効力発生が留保されているだけである。したがって，当事者の行為能力や意思表示の瑕疵など，契約の成否に関わる問題は，合意の時点を基準に判断される。

第**1**節 条 件

Ⅰ 条件とは

条件とは，法律行為の効力の発生または消滅を，発生するか否かが不確定な将来の事実の成否にかからしめる付款をいう。たとえば，「君が結婚すれば」とか，「君が大学を卒業すれば」などは条件にあたる。そして，法律行為の効力の発生に関するものを停止条件，法律行為の効力の消滅に関するものを解除条件という。たとえば，「君が結婚すれば，この宝石をプレゼントします」というのは停止条件であり，「君が大学を卒業すれば，仕送りを打ち切ります」というのは解除条件である。この条件の内容をなす事実（条件事実）が実現することを条件の成就，実現しないことに確定することを条件の不成就という。

1 条件と期限

条件となる事実は，発生するか否かが不確定な将来の事実である。これに対して，期限となる事実は，将来到来することが確実な事実である。両者は，将来に発生する事実という点で共通するが，発生するか否かが不確定か確実かという点において異なる。

この点に関連して争われるのは，いわゆる「出世払い債務」の取扱いである。「出世すれば借金を返済する」という合意がなされた場合，債務者が出世すれば返済義務が発生するのは当然である。問題は，債務者が出世しなければ返済義務は発生しないのか，それとも，債務者が出世しないことが確定すればやはり返済義務は発生するのか，という点にある。前者は「債務者が出世したこと」を停止条件とする考え方であり，後者は「債務者が出世したこと・債務者が出世しないことが確定したこと」を不確定期限とする考え方である。判例は後者の立場に立つとされる[1]。

1）大判大4・3・24民録21・439。

276

2　法定条件

　法定条件とは，法律行為の効力の発生または成立につき，法律が規定している要件をいう。たとえば，農地の売買につき知事の許可が要件となっている場合（農地3条），この許可が法定条件にあたる。法定条件は，その要件を満たさなければ法律行為の効力が発生せず，当事者の意思により左右できないから，真正の条件ではない。当事者が法定条件を条件として合意しても，法律上は無意味である[2]。ただし，条件つき権利の保護に関する規定（128条以下）の類推適用については，検討の余地がある。

　農地の売買契約は，知事の許可を法定条件とするものであって，仮に売主が知事の許可の取得を妨げたとしても，買主は130条により条件の成就を主張できない[3]（「V 3　条件成就の妨害」を参照）。しかし，国有林の部分林に関する権利の贈与契約は，営林局長の許可を法定条件とするものであるが，128条が類推適用される[4]（「V 1　条件つき権利の侵害の禁止」を参照）。なお，129条は法定条件にも類推適用される（「V 2　条件つき権利の処分等」を参照）[5]。

 条件の成就による効果

　条件の成就による効果は，条件成就の時点において生じて，原則として遡及しない（127条1項・2項）。ただし，当事者が特に遡及効について合意すれば，条件成就の効果は遡及する（127条3項）。

1　停止条件の成就

　法律行為に停止条件が付された場合，条件の成就により，その効力が発生する（127条1項）。すなわち，停止条件が付された法律行為は，その効力の発生が条件が成就するまで留保されていることになる。

2）最判昭36・5・26民集15・5・1404。
3）前掲の最判昭36・5・26。
4）最判昭39・10・30民集18・8・1837。
5）新注民④610頁以下・691頁以下・627頁以下・656頁［金山］，石田穣・総則945頁以下。

2　解除条件の成就

　法律行為に解除条件が付された場合，条件の成就により，その効力が消滅する（127条2項）。すなわち，解除条件が付された法律行為は，法律行為の成立とともに効力が発生し，その効力が解除条件の成就まで持続することになる。

 条件に親しまない行為

　私的自治の原則から，原則として，法律行為に条件を付することができる。ただし，条件を付すると法律行為の効力の発生または存続が不確定となるから，効力の確定を必要とする法律行為には，条件を付することが許されない。これを，条件に親しまない行為という。

　条件に親しまない行為に条件が付された場合，その法律行為の効力はどうなるか。これにつき規定があれば（手12条1項・77条1項，小15条1項など），それに従う。そうでなければ，法律行為それ自体が無効となるとされる。

　条件に親しまない行為には，以下の三つがある[6]。

1　行為の性質に基づく不許

　法律行為の効力が直ちに確定的に生じ，または，確定的に存続すべきことを要する場合，条件を付することは許されない。これを行為の性質に基づく不許という。たとえば，手形行為は単純であることを要するから（手1条2号・75条2号，小1条2号），これに条件を付することは許されない。

2　公益上の不許

　条件を付することによって，法律行為それ自体が公序良俗または強行法規に反する場合，条件を付することは許されない。90条・91条の適用上，当然のことである。これを公益上の不許という。婚姻・縁組・相続の承認または放棄などの家族法上の行為に条件を付することは，公益上の不許にあたることが多い。たとえば，配偶者のある者との間に，将来その婚姻が解消されれば自分と婚姻する旨の合意がなされても，無効である[7]。

6）新注民④570頁以下［金山］。
7）大判大9・5・28民録26・773。

3 私益上の不許

条件を付することによって，相手方の利益を著しく害するような場合，条件を付することは許されない。これを私益上の不許という。相手方のある単独行為に条件を付することは，私益上の不許にあたることが多い。たとえば，相殺（506条1項ただし書），取消および追認（121条・122条），解除（540条），時効の援用（145条）などである。ただし，単独行為に条件を付しても，相手方の利益を著しく害しない場合は，条件を付することが許される。たとえば，「1ヶ月内に債務が履行されなければ，当然に契約が解除されるものとする」という合意は有効である。

仮 装 条 件

仮装条件とは，形式的には条件のように見えるが，その性質が条件に適しないものをいう。既成条件（131条），必成条件（実現が確実な事実を条件とした場合で，その性質は期限である），不法条件（132条），不能条件（133条），法定条件が挙げられる。併せて，ここで純粋随意条件（134条）についても説明する[8]。

1 既 成 条 件

既成条件とは，法律行為の成立時において，既に成否が客観的に確定している事実を条件とするものをいう（131条）。条件となるべき事実は，将来に発生する事実である。したがって，当事者にとってその成否が不明であっても，過去の事実は本来的な意味での条件とはならないと解されている（通説）。

既成条件を付された法律行為は，次の効力を有する。条件事実が既に成就していた場合，これが停止条件であれば無条件の法律行為となり，解除条件であれば法律行為は無効となる（131条1項）。条件事実が既に不成就であった場合，これが停止条件であれば法律行為は無効となり，解除条件であれば無条件の法律行為となる（131条2項）。

8）新注民④570頁・574頁［金山］。

図表 9-2 既成条件

```
既成条件 ┬ 条件事実が既に成就（131条1項）┬ 停止条件：無条件の法律行為
         │                              └ 解除条件：法律行為の無効
         └ 条件事実が既に不成就（131条2項）┬ 停止条件：法律行為の無効
                                          └ 解除条件：無条件の法律行為
```

　たとえば，「あなたの生死不明のご両親が既にお亡くなりであれば，仕送りをします」，「あなたの生死不明のご両親が未だご存命ならば，仕送りを打ち切ります」，という合意がなされたとする。前者は既成事実を停止条件とする法律行為であり，後者は既成事実を解除条件とする法律行為である。前者の場合，両親が死亡していれば，無条件に仕送りがなされることになるし，両親が生存していれば，仕送りはなされない（合意は無効）。また，後者の場合，両親が生存していれば，仕送りはなされないし（合意は無効），両親が死亡していれば，無条件に仕送りがなされることになる。

　なお，131条3項は，当事者が条件事実の成否を未だ知らない間は，条件つき権利の侵害の禁止（128条）と条件つき権利の処分等（129条）の規定が準用されると規定する。しかし，既成条件においては，既にその行為の効力がいずれかに確定されているから，これらの規定の適用はないと解されている（通説）。すなわち，既成条件では「条件つき権利」という概念は存在せず，条件事実の成否を当事者が知らないだけで，法律行為の効力に応じて権利は「存在」または「不存在」のいずれかに確定されている。したがって，権利が不存在であれば，その侵害や処分を考慮する必要はないし，また，権利が存在していれば，権利それ自体の侵害や処分を論じれば足りることになる。

2　不法条件

　不法条件とは，条件事実が不法であるため，または，不法な行為をしないことを条件としたため，法律行為全体が不法性・反社会性を帯びる場合をいう。たとえば，「違法行為を行えば」や「愛人関係を継続すれば」は不法な行為をすることを条件とするものであり（132条前段），「違法行為を行わなければ」や「不倫を行わなければ」は不法な行為をしないことを条件とするものである（132条後段）。不法条件を付した法律行為は，条件のみが無効となるのではな

く，法律行為全体が無効となる（132条前段）。ただし，条件そのものが不法であっても，それにより法律行為全体が不法性・反社会性を帯びるとはいえない場合は，その法律行為は有効に成立する。

たとえば，「密輸が成功すれば，分け前を与える」，「愛人関係を継続すれば，金品をプレゼントする」という合意は，法律行為全体が不法性・反社会性を帯びるため，無効となる。これに対して，「賭博場に使用することがあれば，賃貸借契約を解約する」，「愛人関係を解消すれば，手切金を支払う」という合意は，法律行為全体を見れば不法性・反社会性を欠くため，有効となる。

3　不　能　条　件

不能条件とは，将来において実現が不能である事実を条件とするものをいう（133条）。条件となるべき事実は，将来に発生する事実である。単に条件の不成就が確定している場合とは異なる（131条2項を参照）。

不能条件における不能とは，物理的不能だけでなく，社会的・経済的な不能を含む。たとえば，「太陽が西から昇れば」というのは物理的不能であるが，「太平洋に投げ込んだ指輪を探し出したら」というのは社会的・経済的な不能にあたる。当事者が条件事実の成立が不能であることを知っているかどうかは問わない。また，この不能は，法律行為が成立した時点を基準とする。法律行為が成立した時点では条件事実の成立が可能であったが，その後に不能に確定した場合は，条件の不成就が問題となる。

不能条件を付された法律行為は，次の効力を有する。不能の停止条件を付した法律行為は，条件の成就があり得ないから，法律行為それ自体が無効となる（133条1項）。たとえば，「太陽が西から昇れば，仕送りをします」という合意がなされても，この合意自体が法的には無意味であって，そもそも仕送りはなされないことになる（合意は無効）。また，不能の解除条件を付した法律行為は，無条件に成立したものとされる（133条2項）。たとえば，「太陽が西から昇れば，

図表9-3　不能条件

不能条件 ┬ 停止条件：法律行為それ自体が無効（133条1項）
　　　　　└ 解除条件：無条件の法律行為が成立（133条2項）

仕送りを打ち切ります」という合意がなされれば，条件部分が無意味なだけであって，無条件で仕送りがなされることになる。

4　純粋随意条件

　随意条件とは，条件事実の成否が当事者の一方の意思によって決定することができる事実につながっている条件をいう。これは，当事者の一方の意思のみが条件事実とされる場合と，当事者の意思に基づいて生ずべきある事実が条件事実とされる場合に分かれる。前者を純粋随意条件といい，後者を単純随意条件という。両者の区別は困難な場合もあるが，当事者の意思以外の客観的事情が条件事実の成否に影響を与える場合は，単純随意条件にあたると解されている。たとえば，「私の気が向けば」は純粋随意条件，「私が当地に住むことになれば」は単純随意条件となる。

　さて，純粋随意条件は，債権者の意思を条件事実とするもの（債権者の気が向けば）と債務者の意思を条件事実とするもの（債務者の気が向けば）に分かれる。更に，それぞれを停止条件とするものと解除条件とするものに分かれる。このうち，債務者の純粋随意条件を停止条件とする法律行為は，いわゆる自然債務の一種であって，無効とされる（134条）。ただし，双務契約では，債務者は債権者でもあるから，134条の適用はない（通説）。たとえば，「私の気が向けば，この宝石をプレゼントします」という贈与契約は無効であるが，「私の気が向けば，代金を支払います」という売買契約は有効に成立する。また，134条の趣旨から，単純随意条件を付した法律行為，債権者の純粋随意条件を付した法律行為[9]，債務者の純粋随意条件を解除条件として付した法律行為は有効に成立することになる。

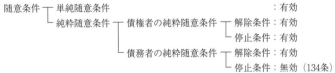

図表9-4　随意条件

9）大判大7・2・14民録24・221。

Ⅴ 条件つき権利の保護

条件つき権利は，条件成就前においても，一種の期待権として法的に保護される。民法上は，条件つき権利の侵害の禁止（128条），条件つき権利の処分等（129条），条件成就の妨害等（130条）に関して規定が存在する。

1 条件つき権利の侵害の禁止

法律行為の一方当事者が有する条件つき権利を，他方当事者は侵害してはならない（128条）。当然ながら，第三者も侵害してはならない。たとえば，「結婚すれば，この家をプレゼントします」という条件つき贈与契約があった場合，贈与者はこの家屋を他に売却したり，毀損・滅失してはならない。仮にこのような事情があれば，受贈者は贈与者に対して損害賠償を請求できる。有力説によれば，条件つき権利の侵害者が法律行為の他方当事者の場合には債務不履行責任（415条），第三者の場合には不法行為責任（709条）が問題となるとされる[10]。

条件つき権利が侵害された場合，その効果も条件つきで発生する（通説）。先の例でいえば，受贈者の贈与者に対する損害賠償請求権は，条件の成就により確定的に生じるし，条件が不成就に確定すれば，この損害賠償請求権も成立しなかったことになる。

2 条件つき権利の処分等

条件つき権利とこれに対応する相手方の義務も，通常の権利・義務と同様に，処分・相続・保存し，または，そのために担保を供することができる（129条）。たとえば，条件成就により取得される権利が不動産所有権であれば，その条件つき権利の保存や譲渡のための仮登記がなされ得る（不登105条を参照）。また，条件つき義務に保証人を立てたり，担保権を設定することも可能である。

3 条件成就の妨害等

条件の成就により不利益を受ける当事者が故意にその条件成就を妨害した場

---

10) 石田穣・総則959頁以下。

合，相手方はその条件が成就したものとみなすことができる（130条1項）。たとえば，売主が仲介業者に不動産売却先の斡旋を依頼し，その仲介があったにもかかわらず，仲介業者を差し置いて売主と買主が直接に取引をした場合，仲介業者は条件が成就したものとして，売主に対して報酬の支払を請求できる[11]。

130条1項の成立要件は，①条件成就によって不利益を受ける当事者（条件つき債務の保証人等を含む）が妨害したこと，②故意に妨害したこと，③妨害によって条件が不成就となったこと（因果関係），④条件を不成就にしたことが信義則に反することである。以上の要件が充足されれば，相手方は条件が成就したものとみなす権利（形成権）を取得する[12]。

また，条件の成就により利益を受ける当事者が不正に（信義則に反して故意に，との意味）その条件を成就させた場合，相手方はその条件が成就しなかったものとみなすことができる（130条2項）。たとえば，特許権者と商売上の競争相手の間で特許侵害訴訟が係属し，そこで問題となった製品の製造販売を禁止し，これに違反した場合には違約金として1,000万円の支払を請求できる旨の和解が成立した場合であっても，特許権者が競争相手に囮を使って当該製品を製造販売するように差し向けたときは，特許権者は競争相手に対して違約金の支払を請求できない[13]。なお，130条2項の成立要件と効果は，同条1項に準じて考えれば良いであろう。

第2節 期 限

 期 限 と は

期限とは，法律行為の効力の発生・消滅または債務の履行を，発生することが確実な将来の事実の成否にかからしめる付款をいう。このうち，到来する時

---

11) 最判昭45・10・22民集24・11・1599。
12) 基本コンメ201頁［乾・良永］。
13) 最判平6・5・31民集48・4・1029。

284

期が確定しているものを確定期限，到来する時期が確定していないものを不確定期限という。たとえば，「君が成人すれば」は確定期限であり，「私が死亡すれば」は不確定期限である。そして，法律行為の効力の発生または債務の履行に関するものを始期，法律行為の効力の消滅に関するものを終期という。たとえば，「君が成人すれば，仕送りを打ち切ります」というのは終期であり，「私が死亡すれば，この宝石をプレゼントします」，「今月の月末に借金を返済します」というのは始期である。

　始期には，法律行為の効力の発生に関するものと債務の履行に関するものとがある。前者を停止期限，後者を履行期限という。たとえば，「私が死亡すれば，この宝石をプレゼントします」というのは停止期限であり，「今月の月末に借金を返済します」というのは履行期限である。停止期限は，法律行為の効力が発生するという点で停止条件に対応し，終期は，法律行為の効力が消滅するという点で解除条件に対応する。

Ⅱ　期限の到来による効果

　期限の到来による効果は，期限が到来した時点において生じる。当事者が特に遡及効について合意しても，期限の到来による効果は遡及しない。というのは，債務の履行につき始期が付されたとして，仮にその効力を遡及させると，そもそも履行を猶予した当事者の意思に反するからである。終期についても同様である。この点で，条件とは異なる（127条3項を参照）。

1　始期の到来

　法律行為の効力に始期が付された場合（停止期限），始期の到来により，その効力が発生する。また，債務の履行に始期が付された場合（履行期限），始期の到来により，履行が請求できることになる。

　履行期限に関して，履行遅滞の成立時期と消滅時効の起算点が離齬する場合があるので，注意が必要である。消滅時効の起算点には，債権者が権利を行使することができることを知った時と（主観的起算点，166条1項1号），権利を行使することができる時があるが（客観的起算点，166条1項2号），期限との関係

図表9-5　履行遅滞の成立時期と消滅時効の客観的起算点

	履行遅滞の成立時期	消滅時効の客観的起算点 (166条1項2号)
確定期限つき債務	期限の到来した時点から（412条1項）	期限の到来した時点
不確定期限つき債務	期限の到来した後に債務者が履行の請求を受けた時、または、債務者が期限の到来を知った時のいずれか早い時から（412条2項）	期限の到来した時点
期限の定めのない債務	履行の請求を受けた時点から（412条3項）	債務が成立した時点

で客観的起算点に留意が必要である。

　(1)　確定期限つき債務では，期限の到来した時点から履行遅滞が成立する（412条1項）。これに対して，消滅時効の客観的起算点は期限の到来した時点である。

　(2)　不確定期限つき債務では，期限の到来した後に債務者が履行の請求を受けた時，または，債務者が期限の到来を知った時のいずれか早い時点から履行遅滞が成立する（412条2項）。これに対して，消滅時効の客観的起算点は期限の到来した時点である。

　(3)　期限の定めのない債務では，履行の請求を受けた時点から履行遅滞が成立する（412条3項）。これに対して，消滅時効の客観的起算点は債務が成立した時点である。

2　終期の到来

　法律行為の効力に終期が付された場合，終期の到来により，その効力が消滅する。すなわち，終期が付された法律行為では，法律行為の成立とともに効力が発生し，その効力が終期の到来まで持続することになる。

　たとえば，受贈者の死亡を終期とする土地の贈与では，その死亡により贈与契約の効力が消滅し，土地所有権が受贈者から贈与者に復帰することになる[14]。

14）大決大3・8・24民録20・658。

期限に親しまない行為

　私的自治の原則から，原則として，法律行為に期限を付することができる。ただし，条件に親しまない行為と同様に，期限を付することが許されない法律行為がある。これを，期限に親しまない行為という。

　期限に親しまない行為のうち，終期を付することが許されない行為の範囲は，解除条件に親しまない行為の範囲とほぼ同様とされる。始期を付することが許されない行為については，以下の点に注意が必要である。第一に，手形行為に条件を付することは許されないが，始期を付することは許される（手12条1項を参照）。始期は到来が確実で，その行為の効力の発生も確実であるからである。第二に，婚姻・縁組など，効果が直ちに発生することを必要とする行為には，始期を付することは許されない。第三に，遡及効がある行為に始期を付することは許されない。たとえば，相殺に始期を付することは許されない（506条1項ただし書）[15]。

 期限つき権利の保護

　民法には規定が存在しないが，期限つき権利も，期限到来前においても，一種の期待権として法的に保護されると解されている。したがって，128条・129条は類推適用される。また，不確定期限には，130条が類推適用される余地がある。

 期限の利益

　期限の利益とは，期限の到来しないことによって当事者が受ける利益をいう。すなわち，始期が到来するまで債務者は義務を負わず，または，終期が到来するまで債権者は権利を失わないが，このような利益のことである。

---

15) 注民④319頁以下［金山］，新注民④580頁以下［金山］。

1　期限の利益を有する者

法律行為の当事者のうち，期限の利益を有する者がいずれであるかは，場合により異なる。たとえば，①無償寄託では，債権者のみが期限の利益を有する（662条1項・663条2項）。②無利息の消費貸借では，債務者のみが期限の利益を有する（591条2項）。③有償の消費寄託（銀行の定期預金など）では，債権者と債務者の双方が期限の利益を有する。

個々の法律行為がいずれに該当するかは，それぞれの法律行為の解釈によるが，債務者が期限の利益を有することが推定される（136条1項）。したがって，債権者が期限の利益を有することは，これを主張する者が特に証明しなければならない。

2　期限の利益の放棄

期限の利益は，これを有する者が一方的に放棄することができる（136条2項本文）。たとえば，消費貸借において債務者のみが期限の利益を有する場合，債務者は，履行期前に一方的にその債務を弁済することが許される。この場合，利息つきの消費貸借であっても，債務者は弁済の時点までの利息を支払えば足り，期限が到来した時点までの利息を支払う必要はない[16]。

債権者と債務者の双方が期限の利益を有する場合，当事者の一方は，相手方が被る損害を賠償すれば，期限の利益を一方的に放棄できる（136条2項ただし書）。たとえば，銀行の定期預金において債権者と債務者の双方が期限の利益を有する場合，銀行は，期限が到来した時点までの利息を支払えば，履行期前に一方的にその債務を弁済することが許される[17]。

期限の利益の放棄は，期限の利益を有する者から相手方に対する意思表示により行われ，これにより期限が到来したのと同じ効果が生じる。

3　期限の利益の喪失

債務者が期限の利益を有するのは，債権者が債務者を信用して債務の履行を

16）大判大7・3・20民録24・623。
17）大判昭9・9・15民集13・1839。

猶予したことに基づく。したがって，債務者の信用が失われれば，債務者は期限の利益を喪失する。民法が規定する期限の利益の喪失事由は，次の3つである（137条）。

①債務者が破産手続開始の決定を受けたとき（137条1項）。この場合，期限つき債権は，破産手続開始決定の時点で当然に期限が到来する（破103条3項）。②債務者が担保を滅失・損傷・減少させたとき（137条2号）。この場合，債務者の故意・過失を必要とせず，債務者の行為により担保の滅失・損傷・減少が生じれば足りる。③債務者が担保を供する義務を負う場合に，これを供しないとき（137条3号）。この場合，担保提供義務は，法律（650条2項など）・裁判所の命令（29条1項など）・特約のいずれに基づくものであるかは問われない。担保供与の特約がある場合，債権者の催告があるにも拘わらず債務者がこれに応じないときは，期限の利益を失う[18]。

4 期限の利益喪失約款

私的自治の原則から，当事者が特に期限の利益の喪失事由を合意することも有効である。これを期限の利益喪失約款という。たとえば，債務者が他の債権者から強制執行を受ければ，債務者は期限の利益を喪失するなどである。このような期限の利益喪失約款は，銀行取引約定書や割賦販売契約などに多く見られる（割賦5条を参照）。

期限の利益喪失約款には，①その事実が到来すれば当然に即時に期限が到来するものと，②その事実が到来すれば，債権者が期限の利益を喪失させることができるとするものとがある。両者の相違は，①では，その事実が到来すれば債務者は当然に履行遅滞に陥るが（415条），②では，債権者が期限の利益を喪失させる意思表示をしなければ履行遅滞に陥らない点にある[19]。

---

18) 大判大9・6・24民録26・923。

19) 消滅時効の起算点につき，大判昭15・3・13民集19・544。

期　　間

第1節　意　　義

 期　間　と　は

　期間とは，ある時点からある時点までの継続した時の長さをいう。契約など法律行為では，当事者の合意により期間が設定されることがある。たとえば，賃貸アパートを借り受ける際に，賃貸借契約において１年間という期間が設定されたりする。催告期間や時効などでは，法律により予め期間が設定されている。たとえば，一般の債権の消滅時効期間は５年または10年と法定されている（166条１項）。また，裁判所の命令によって，期間が設定されることもある（196条２項ただし書を参照）。以上のような場合，期間の経過により，権利が発生したり消滅したり，ある法律効果が発生することになる。なお，期間が始まる時点を起算点，期間が終了する時点を満了点という。

Ⅱ 期　日　と　は

　期日とは，法的に重要な行為（または事実）が行われる（または生起する）一時期をいう。期間が，経過する時間の長さに着目する概念であるのに対して，期日は，経過する時間の一時点に着目する概念である。ただし，期日は時間の流れの中の一瞬間を意味するのではなくて，それ自体，一定の長さをもっている。期間と期日の用い方として，たとえば，金銭消費貸借契約において，１年

間という返済期間を設定することもあるし，来年の今日という返済期日を設定
することもありうる。

第**2**節　計 算 の 仕 方

 総　　説

　期間の計算方法に関しては，138条以下に規定が設けられている。これらの
規定は強行規定ではなく，解釈規定である（138条）。すなわち，期間の計算方
法に関して，法令・裁判上の命令に特別の定めがあるか法律行為に別段の定め
があればそれに従い，それらがない場合に，138条以下の規定が適用される。
そして，この計算方法は，民法だけでなく全ての法律関係に適用される。

　なお，138条以下の規定は，将来に向かって継続する期間の計算方法を定め
ているが，過去に遡って継続する期間についても準用される。たとえば，「時
効の期間の満了前6箇月以内」などについてである（158条1項を参照）。

　さて，期間の計算方法には，自然的計算法と暦的計算法の二つがある。自然
的計算法とは，期間の起算点と満了点を，時・分・秒の単位を用いて正確に定
める方法をいう。これに対して，暦的計算法とは，期間を日を最小の単位とし
て暦によって定める方法をいう。この両者は，期間の計算方法において異なる。

 自然的計算法

　自然的計算法では，起算点につき当事者の合意があればそれに従い，そうで
なければ，即時に期間が開始する（139条）。そして，定められた時間の経過に
より期間が満了する。

　たとえば，単に3時間という期間が設定されれば，現時点から3時間の経過
により期間が満了する。また，3月10日午後1時から3時間という期間が設定
されれば，3月10日午後4時の経過により期間が満了することになる。

Ⅲ 暦 的 計 算 法

暦的計算法に関しては，140条以下に規定が設けられている。

1　初日不算入の原則

暦的計算法では，初日を算入しないのが原則である（140条本文）。ただし，期間が午前零時より開始する場合には，初日は算入される（140条ただし書）。そして，定められた時間の経過により，すなわち末日の終了（午後12時の経過）により期間が満了する（141条）。

たとえば，3月10日の午後1時から7日間という期間が設定されれば，3月17日の終了により期間が満了することになる。また，3月10日の午前零時から7日間という期間が設定されれば，3月16日の終了により期間が満了することになる。

ただし，法令により初日が参入されることがある。たとえば，年齢の計算では出生の日から起算され（年齢計算1条），戸籍法上は，届出事件発生の日から届出期間が起算される（戸籍43条1項）。

2　満了の日が休日の場合

暦的計算法では，原則として，末日の終了により期間が満了する（141条）。ただし，末日が日曜日，国民の祝日に関する法律に規定する休日その他の休日にあたるときは，その休日に取引をしない慣習がある場合に限り，その翌日の終了により期間が満了する（142条）。

たとえば，3月10日の午後1時から7日間という期間が設定されれば，3月17日の終了により期間が満了する筈である。ところが，3月17日が日曜日であれば，3月18日の終了により期間が満了することになる。

なお，この休日には，国民の祝日，日曜日，正月三ヵ日などのその他の休日が含まれるが[1]，年末の三日間は官公庁が休みであっても本条にいう休日にあたらない[2]。

1）正月三ヵ日について，最判昭33・6・2民集12・9・1281。
2）12月29日について，最判昭43・1・30民集22・1・81，12月30日について，最判昭43・↗

期日に142条の適用があるか。通説は適用がないとするが，適用があるとする見解も有力である。判例には，返済期日が一般の休日にあたるときは，その翌日を返済期日とする旨の黙示の合意が推認されるとするものがある[3]。

3　週・月・年を単位とする期間の計算

暦的計算法では，週・月・年を単位とする期間は暦によって計算される（143条1項）。すなわち，1週間は常に7日である。これに対して，1年は平年では365日であるが，閏年では366日になる。また，1ヵ月は31日または30日であり，2月は平年では28日，閏年では29日になる。このような日数の差を考慮せず，1年は1年として，1ヵ月は1ヵ月として計算するというのが，暦によって計算するという意味である。たとえば，3月1日午前零時より1ヵ月とは，3月1日から3月31日までの31日間の期間を意味し，4月1日午前零時より1ヵ月とは，4月1日から4月30日までの30日間の期間を意味する。

そして，週・月・年のはじめから期間を起算しない場合には，次の週・月・年の起算日に応当する日の前日が期間の末日になる（143条2項本文）。たとえば，3月10日の午前零時から1ヵ月という期間が設定されれば，4月9日の終了により期間が満了することになる。

ただし，月・年をもって期間を設定した場合に，最後の月に応当日が存在しない場合には，その末日が満期日とされる（143条2項ただし書）。たとえば，1月30日午前零時より1ヵ月という期間が設定されれば，起算日は1月30日であり，2月30日が応当日となる筈であるが，2月30日という日は存在しない。そこで，2月28日（閏年では2月29日）の終了により期間が満了することになる。

4　債務の履行または履行の請求について

法令または慣習により取引時間の定めがあるときは，その取引時間内に限り，弁済または弁済の請求をなしうる（484条2項）。したがって，債務の履行または履行の請求に関しては，期間末日の取引時間の終了により期間は満了する。

＼9・26民集22・9・2013，12月31日について，最判昭43・4・26民集22・4・1055。
3）最判平11・3・11民集53・3・451。

第11章

時　　効

第1節　序　　説

　時効の意義

「時が解決する」とか，「昔のことを蒸し返すべきではない」という，日常においてしばしば用いられる表現は，時の経過が紛争解決または社会の安定化にとって少なからぬ影響を与えることを示唆している。このような感覚は法律の世界においても体現されている。時効とは，ある事実状態が一定期間継続している場合において，それが真正な権利関係に合致しているか否かを問うことなく，その事実関係を法律上の権利関係としてみなすこと，すなわち，時の経過を根拠として認められる権利関係の確定をいう。

Ⅱ　時効の種類

　法津上の時効というと，刑事法上の時効（国家による刑罰権を行使する権利消滅につき刑31条以下，検察官による公訴権消滅につき刑訴250条以下）のように，権利または責任の「消滅」が想起されるが，民法上の時効は，所有権その他の財産権の「取得」をもたらす取得時効と，債権その他の権利の「消滅」を導く消滅時効の2種類に分かれている。取得時効は，20年間にわたる物の占有継続を根拠として認められる長期取得時効（162条1項）と，10年間に短縮された短期取得時効（同条2項）がある。債権の消滅時効に関する一般原則は，「債権者が

294

権利を行使することができることを知った時から5年間行使しないとき」に生
じる5年時効（166条1項1号）と、「権利を行使することができる時から10年間
行使しないとき」に認められる10年時効（同項2号）の組み合わせによって構
成されている。

　本章では、以下の事例を基礎として想定しながら、時効制度の理解を促すと
ともに、解釈上の問題点について解説する。

事例1　Aは、その父Pから甲土地を相続し、建物を建てて20年以上同地
に居住しているが、突然Bが訪れて、同地は数十年前に自己の先代QがPに
売り渡したのであるが、その売買は無効であり、したがってQの相続人であ
る自分の所有地であると主張して、Aに対して建物収去および甲土地の明渡
しを求めてきた。Pが本当に同地の所有権を有効に取得したかどうかについ
ては、書類等も残っておらず、関係者もすでに死亡しているため、確認でき
ていない。

事例2　甲土地を所有するAは、同地に家屋を建築するに際して、隣地で
あるB所有の乙土地との境界を誤認して同地の一部に越境建築してしまい、
20年以上が経過したところ、乙土地を売却するために測量したBがこれに気
づき、Aに対して越境部分に関する所有権を確認するとともに、同土地部分
につき建物収去土地明渡しを求めた。

事例3　AはBから甲土地を買い受けたところ、Bは甲土地の所有者でな
く無権利者であったが、Aはこれを知らずに適法に同地を取得したものと信
じてその引渡しを受け、10年以上利用を継続している。

事例4　AがBに対して100万円を貸し付けたところ、弁済期から5年以上
が経過した時点でAがBに対して上記貸金の返済を求めてきた。Bとしては
すでに弁済済みであると記憶しているが定かではなく、領収書は見当たらな
い。

事例5　AはBに対して100万円を貸し付けたが、弁済期が到来してもAの
請求はなく、Bも請求がないのをいいことに弁済しないまま5年が経過した。

事例6　AはB病院に入院していたが、Bの医療過誤により重度の身体障

害に陥った。AはBに対して損害賠償を求めたいが、Bの治療に落ち度があったことが判明し、Aの症状が固定した時点において、すでにBの医療行為から10年以上が経過していた。

 時効制度の存在理由

1　総　　説

民法はなぜ、時効による所有権の取得や債権の消滅を認めるのであろうか。制度の趣旨を理解することは法律学の基本であるのだが、時効制度については、その正当性の根拠をどこに求めるかについて、さまざまな見解が示されている。

上記の各事例において時効制度が適用されると、事例1では甲土地の所有者はAとなり、事例2においてはAが乙土地の越境部分の所有権を取得し、さらに事例3でも、Aが甲土地の所有権を取得する。そして事例4においては、弁済に関する証拠がなくてもBの債務は確定的に消滅し、事例5では、Bは弁済していないにもかかわらず債務を免れ、事例6においてもAはBに対して損害賠償請求することができなくなる。

このような解決をあまねく正当化することができるのか。最終的には時効に関する各制度の個別具体的な解釈・適用の問題となるが、時効制度の存在理由がその基礎となるため、以下に概説する。

2　権利義務得喪説

伝統的に通説は、時効を根拠とする権利義務関係の変動すなわち、真正権利者の権利喪失・無権利者の権利取得（取得時効）および未履行債務者の免責（消滅時効）を承認する。判例にも、取得時効につき、「当該物件を永続して占有するという事実状態を、一定の場合に、権利関係にまで高めようという制度である」と理解するものがある[1]。このような理解は、事実状態が真正な権利関係と合致しない場合において時効が機能することを前提としている。その上で、時効の存在理由を次の3つに集約する[2]。

1）最判昭42・7・21民集21・6・1643，最判昭45・12・18民集24・13・2118。
2）我妻・講義I430頁以下。

a．永続する事実状態の尊重による社会の安定化

b．権利の上に眠る者は保護に値しない

c．真正な権利関係に関する証拠保全困難からの救済

まずaは，時効制度は公益上の要請に基づくものであるとの理解を基礎とする理由である。それが真実に合致するとしても，過去における権利関係の追及・復元により，長期間継続する現在の事実状態がくつがえされると，これに基づいて築かれてきた権利関係も損なわれ，取引安全を害するため，現状を尊重することが社会の安定化に資する，というのである。実際にも，永続する事実関係が真正な権利関係に合致する蓋然性が高い場合が多い。

これに対しては，第三者の信頼に基づく権利関係の構築は時効の要件ではない上，債権の消滅時効には妥当しないという批判がある。

bは，時効によって蒙る不利益に対する正当化根拠として示されるものである。これに対しても，権利の不行使がつねに非難に値するとは限らず，権利者が権利を行使しないからといって，それだけでは無権利者の権利取得や，事例5のように義務の履行を長期間怠っている債務者の免責を正当化するには十分でないという疑問が呈されている。

cは，上記の2つとは異なる観点から，補足的に説かれる理由である。 事例4 のように，本当は弁済により債務が消滅しているにもかかわらず，長期間の経過により弁済の証拠を保管していない場合において，時効制度が債務者を二重弁済の危険および長期にわたる証拠保全の負担から救済する。また，本当は所有者でありながら，遠い過去において所有権を取得した事実の証明に窮する占有者も，時効のおかげで所有権を喪失する危険を回避することができる。

3 真正権利関係保護説

上記の存在理由aおよびbに対する批判をうけて，もっぱらcの観点から時効制度を正当化することを説く見解もある[3]。すなわち，時効制度の目的は本来権利を有しない者あるいは，義務の履行を怠っている者を利するという不道

3）星野・総則251頁。なお，平野・総則373頁以下も参照。

徳を奨励することではなく，永続する事実関係が真正な権利関係に合致している蓋然性が高い場合において，時の経過によってもたらされる権利関係の証明困難に対する救済を図ることにある，というのである。

　もっとも，このような理解によると，少なくとも上記の 事例2 ， 事例3 ， 事例5 においては時効制度の適用が抑制され，時効制度の意義が限定される上，取得時効がないと無権利者の取引安全が十分に図られず，また，たとえ未履行であっても債務者がいつまでも不安定な地位に置かれたままとなる旨の問題提起がされている。

4　類　型　説

　近時では，時効の適用場面および根拠がさまざまであることを直視して，時効制度全体に通じる存在理由を一元化するのではなく，個々の制度または適用類型ごとに時効制度の多様性に応じた目的・根拠を模索するのが，合目的的にして機能的である，という見方が多くなっている[4]。

　まず，長期取得時効については， 事例1 のような，長期間経過による所有権取得の事実の証明困難からの救済が妥当する。ある物の占有者が客観的外形的にみて所有者として支配を継続している場合は，実際にもそれが真正な権利関係に合致している蓋然性が高いであろう。これに対して， 事例2 におけるような無権利者による権利取得を正当化する根拠としては，「財の効率的利用」の保護という観点が指摘されている[5]。長期にわたり行使されず休眠していた真正所有者の権利より，占有者により継続されてきた有効利用の方が社会的利益の見地から所有権を認めるに値するというのである。

　短期取得時効に対しては， 事例3 のような場合における取引安全に適合的である旨が説かれている[6]。詳細については後述するが（第2節Ⅲ 2 (3)），取引に基づいて占有を開始したが，①前主の無権利，②取引行為の瑕疵，③対抗要

---

4 ）幾代・総則486頁，内田Ⅰ313頁，四宮＝能見・総則414頁以下，近江・総則331頁，河上・総則531頁，平野・総則309頁，佐久間・基礎397頁。

5 ）四宮＝能見・総則417頁。

6 ）四宮＝能見・総則415頁，平野・総則375〜6頁。

件不備による権利喪失により，所有権を取得できなかった場合において，短期取得時効による保護が機能する。なお，この見解を貫くと，事例2のような取引に基づかない占有については短期取得時効の適用を否定すべきことになる。

債権の消滅時効については，すでに説明したように，弁済をした債務者の証拠保全困難の救済ないしは，弁済の証拠保存に関する負担軽減による決済事務の効率化[7]および，未弁済の債務者の地位不安定の解消が挙げられている。

時効の法的性質―実体法説と訴訟法説―

1 総 説

時効による権利関係の確定についてどのように理解すべきかについては，上述の存在理由の多様性および，時効が実体法上の権利の得喪を生じさせる旨の規定（162条・166条など）と裁判上の主張を予定する援用規定（145条）との関係などと相まって，見解が分かれている。

2 実 体 法 説

通説は，時効を実体法上の権利の得喪を生じさせる制度として捉えるのが，消滅時効に関する166条や取得時効に関する162条の文言に整合的であり，145条は，時効によって利益を受ける当事者の意思を尊重するとともに，訴訟における当事者主義を確認する規定であると解する。このような理解は，取得時効による無権利者の権利取得および，消滅時効による未弁済の債務者の免責を認める権利義務得喪説に親和的である。

3 訴 訟 法 説

これに対しては，権利関係の存否をめぐる紛争において，裁判上の証明および確定をいかにして行うかという観点から，一定期間における一定の事実状態の継続をもって，これを真正な権利関係とみなす「法律上の推定」または「法定証拠」とする旨を定めた制度として時効を位置づける見解が提唱されている。真正な権利関係に関する証拠保全の困難の救済および，事実関係が真正な権利

7）四宮＝能見・総則418頁。

関係に合致する蓋然性が高い場合に整合的である。

第2節　取　得　時　効

　総　　説

　取得時効とは，ある物に対する一定期間における占有の継続を根拠として，その事実的支配が真正権利者によるものか否かを問わずに，その支配に対応する所有権（162条）その他の財産権の確定的な取得を認めることをいう。所有権以外の財産権（163条）には，占有を伴う用益物権（地上権，永小作権，地役権[283条]）および質権のほか，不動産賃借権[8]が含まれる。設定者が無権利者であったかまたは，設定契約に瑕疵があったにもかかわらず，長期間にわたり占有が継続されてきた場合において，取得時効による保護が機能する。

　本節では，取得時効の中心となる所有権を対象とする20年の長期取得時効（162条1項）および10年の短期取得時効（同条2項）について解説する。

　長期取得時効

1　総　　説

　20年間占有を継続してきた者にその物の所有権の取得を認める長期取得時効は，事例1のように，所有権の帰属をめぐる争いにおいて，長期間の経過により占有者が所有権取得に関する証明困難に陥っている場合や，事例2におけるように，隣地との境界を誤認して他人の土地の一部を長期間占有した場合などにおいて認められる。

　もっとも，占有の権利推定（188条）により占有者が所有者として推定されるため，占有者が自ら所有権に関する立証責任を負わず，これを争う第三者の側においてその推定をくつがえす反対事実を証明しなければならない。この点に

8）最判昭43・10・8民集22・10・21，最判昭62・6・5判時1260・7。

おいて誰が所有者であるかに関する紛争においてはさしあたり占有者が有利に扱われるため，実際に取得時効が機能するのは，占有者について所有権の推定がくつがえされた場合である。

2 要 件

(1) 他人の物 所有権の取得時効の対象となり得る「物」とは，動産および不動産をいう。「他人」が所有者以外の者を指すのはもちろんであるが，真正所有者の証明困難からの救済という観点をも考慮するなら，「誰の物であるかを問わない」という意味に広く解すべきであろう。判例は，第三者に対して所有権取得を対抗することができない場合についても（177条），「自己の物」に関する取得時効の適用を認めている[9]。

(2) 占有 物を所持ないしは利用するなどの事実的支配を「占有」という。適法な権限の有無および内容を問わない。したがって，所有者による支配あるいは賃借人による使用収益さらには受寄者による管理はもちろん，盗取者による所持も占有にあたる。民法は，物権編第二章「占有権」（180条以下）において占有に対する保護に関する諸規定を置いているが，この中には取得時効の要件判断に関連する制度が多く含まれているため，必要に応じて紹介する。

以下では，所有権の取得を認めるに値する占有の意義についてさらに解説する。

(3) 所有の意思 取得時効の成立には，所有の意思に基づいて占有を開始したことを要する。「所有の意思」とは，自己の物として支配する意思であり，所有の意思に基づく占有を自主占有という。そうでない占有すなわち，他人の物であることを前提とする占有を他主占有という。所有の意思の有無については，占有権原（占有を開始する原因）の性質にしたがって客観的外形的に判断され，自己が所有者であると主観的に信じたことは必要ではない。すなわち，売買・贈与・相続に基づいて開始した占有は自主占有であるが，賃借人・管理人として開始した占有は他主占有となる。所有権の取得時効には自主占有が必

---

9) 前掲注1) 最判昭42・7・21。

要となるため，賃借人が長期間占有したからといって所有権を取得できるわけ
ではない。取得時効が機能するのは，売買あるいは相続によって占有を開始し
たものの，所有権を適法に取得していないかまたはその事実に関する立証困難
に陥っている場合である。さらに，次の点に留意を要する。

　　(a)　所有の意思と善意無過失との区別　　自己が所有者である旨の正当な
信頼すなわち占有者の主観的態様は善意・悪意の問題であり，所有の意思の有
無とは別個に判断される。占有者が主観的にも善意無過失であったことは，短
期取得時効の成立要件として評価される（Ⅲ参照）。

　　(b)　所有の意思と登記　　不動産の取得時効において登記は成立要件では
なく，占有者が未登記であっても所有の意思の認定は妨げられないが，177条
により，時効による所有権の取得を第三者に対して対抗することができない[10]。
詳細は物権法に譲る。

　　(c)　間接占有　　占有には占有者自身による「直接占有」のほか，占有代
理人による代理占有を通して行われる「間接占有」も含まれる（181条）。その
ため，自主占有者が占有物を他人に賃貸または寄託しても，なお自主占有は失
われない。

　　(d)　所有の意思の認定　　占有により所有の意思が推定されるため（186条
1項），取得時効を主張するに際して占有者が自ら所有の意思を立証する必要
はない。したがって，所有の意思の有無は，取得時効の成立を争う第三者の側
において，この推定をくつがえす反対事実として他主占有権原（例　賃貸借契
約・寄託契約などに基づいて占有が開始された事実）または他主占有事情（所有者
であれば通常はとらない態度を示し，もしくは所有者であれば当然とるべき行動に
出なかったなど）[11]を証明できるか否かによって判断される。

　　(e)　占有の転換　　占有開始の時点では他主占有であっても，その後に権
原の性質が変容して自主占有に転換することがある（185条後段）。たとえば，

---

10)　大連判大14・7・8民集4・412。
11)　最判平7・12・15民集49・10・3088。

賃貸借によって占有を開始した賃借人がその後賃貸人から目的物を買い受けた場合，以後は売買という新たな権原による占有に変わり，売買契約の無効・取消し・解除などにより所有権を有効に取得することができなかった場合は，その時点から取得時効の対象となり得る。

　問題は相続である。たとえば，Aが所有する甲絵画をBが預かって管理していたところ，Bが死亡してCが相続したが，Cは甲がBの遺産に含まれるため自己が取得したと信じて占有を開始・継続した場合，Aの返還請求に対してCは取得時効を主張してこれを拒むことができるか。

　第一に，相続の論理に照らせば，Bの管理人としての占有は他主占有にすぎず，相続は被相続人の地位をそのまま包括的に承継させるだけであるから，新たな権原にあたらず，Bを相続したCに所有の意思は認められない。

　第二に，取得時効の趣旨を重視すれば，C自身が相続を契機としてBとは別個に保護に値する事実的支配を行っていたのであれば，取得時効を認めてよい。

　判例は，相続は当然には新権原にあたらないとしつつ，客観的外形的にみてCが新たな支配を開始し，それが独自の所有の意思に基づくものと認められる場合には，所有の意思ありと解している[12]。上記の例において，甲についてCの相続後もBの管理下にあったのと同様の状態が続いていたにすぎないのであれば自主占有への転換は認められないが，Cが自宅に持ち込んで応接間に飾るなどしていた場合は，Bとは異なる独自の支配が新たに開始され，その態様は所有者であれば通常行うものといってよいため，所有の意思を認めてよいであろう。

　相続の事実だけでは保護に値しないが，占有者自身において所有権を認めるに値する新たな支配を独自に開始したと認められる場合は，その支配を尊重すべきである一方，甲の支配についてこのような客観的外形的な変化があれば，所有者がこれを容易に認識することができ，自己の権利を保全する機会が保障されるため，占有者と所有者の利益の調和が図られる。

---

12) 最判平8・11・12民集50・10・2591。

　(4)　平穏かつ公然な占有　　平穏とは強暴違法な態様の反意語であり，公然
し隠避し対をなす態様を指す。所有権を認めて保護するに値する占有という観
点からは当然の要件である。なお，この要件も占有から推定されるため（186条
1 項），取得時効を主張する占有者の側から立証しなくてよい。

　(5)　20年間の占有　　長期間にわたって間断なく占有を継続したことを厳密
に証明するのは必ずしも容易ではないが，占有者は，開始および一定期間経過
後の両時点における占有の事実を証明すれば，その間の占有継続が推定される
（186条 2 項）。

　占有については同一人が20年間継続しなければならないか。民法は占有の承
継を認めているため（187条），たとえばAが15年間占有した後で相続人である
Bがこれを承継してさらに 5 年間占有した場合，BがAと併合して20年間の占
有を主張してもよい。もっとも，その場合は前主Aの占有の瑕疵をあわせて承
継するため（同条 2 項），Aが他主占有であったときは取得時効が成立しない。
このような場合はむしろBの占有のみを主張する方が有利であり，そのため，
占有の承継は現占有者の選択に委ねられている（同条 1 項）。

3　効　　　果

　時効の効力は，その起算日に遡って生じる（144条）。これを時効の遡及効と
いう。そのため，占有者は占有開始の当初から所有者であったものとして確定
する。真正所有者を保護する観点からはもちろん，所有権を認めるに値する支
配の継続を尊重する意味においても正当化されよう。

　所有権取得の態様については，売買や相続などを原因とする前主からの承継
取得とは異なり，占有者の支配を独自の根拠として，前主の地位に関係なく，
その支配態様に応じて新たに認められる創設的な所有権取得（原始取得）であ
ると一般に解されている[13]。そうすると，前主が設定した抵当権や賃借権など
の負担は取得時効の効果として当然に消滅するといえそうであるが，取得した
権利の内容は，占有者がどのような状態を前提としていかなる態様において支

---

13) 最判昭50・ 9 ・25民集29・ 8 ・1320, 最判平15・10・31判時1846・ 7 。

配を開始・継続したかに応じて決せられる。

 ## Ⅲ 短期取得時効

1 総　　説

　短期取得時効の特色は，その成立要件として善意無過失が加重されるとともに，時効期間が10年に短縮されている点にある。それでは，長期取得時効に加えてこのような保護が特別に設けられているのはなぜか。短期取得時効はどのような場面において適用されるのであろうか。

　近時では，短期取得時効を長期取得時効とは異質の独自の時効制度とみる理解が示されている。とくに不動産について10年間のみの占有継続をもって所有権取得を認めることは，永続する事実状態の尊重および，真正所有者の証拠保全の困難救済では十分に説明できないとして，短期取得時効を取引安全のための制度として捉える見解がそれである。この立場によると，占有権原の性質を 事例2 のような非取引型と 事例3 のような取引型に分けた上で，短期取得時効の主たる目的は後者すなわち，取引行為に基づいて占有を開始したが，前主が無権利者であった場合（ 事例3 ）または，自身が未登記であったために所有権を取得できなかった場合などにおける占有者の保護にあるという理解になる。またこの説は，動産についても，無権利者による山林伐採による伐木の所有権取得につき短期取得時効の適用を否定する[14]。

　もっとも，162条2項は文言上取引行為による占有（取引型）に適用対象を限定しておらず，動産については即時取得制度（192条）が存するため，短期取得時効制度の存在意義がさらに問われることになる。

2 要　　件

　「他人の物」，「所有の意思」および「平穏かつ公然」については長期取得時効と共通するため，ここでは，それ以外の要件について補足的に解説する。

　(1)　善意無過失による占有開始　　善意無過失とは，占有開始時において，

---

14)　四宮＝能見・総則451頁，平野・総則375頁。

自己が所有者であると信じ，そのように信じたことにつき過失がないことをいう。占有により善意は推定されるが（186条1項），無過失は推定されないため，短期取得時効を主張する占有者の側において立証しなければならない[15]。登記名義人との間の取引によって占有を開始した場合は，登記の権利推定によりこれに対する信頼についても間接的に無過失が推定されよう。

（2）　10年間の占有　　同一人が占有を継続する必要はなく，前主の占有を併合して主張することができるが，その場合は占有の瑕疵をも承継するため，たとえば，Aが悪意で5年間占有した後に善意無過失のBが相続してさらに10年間占有したときは，Bは自己の占有のみを主張して短期取得時効を援用することができる（187条）。

それでは，上記の例と反対に，Aが善意無過失で5年間占有した後に悪意または有過失のBが相続してさらに5年間占有を継続した場合，BがAの占有と併合して短期取得時効を主張することができるか。判例は，善意無過失の基準時が占有開始時であることは占有が承継された場合も同様であるため，Aが善意無過失で占有を開始していればよいと解する[16]（ただし，A善意―B悪意―C善意の事例）。これに対しては，時効の利益を享受する現占有者Bが短期取得時効による保護に値しない上，前主Aも占有期間が足りず要件を充足していない以上，短期取得時効を認めるべきではないと解する見解もある[17]。

（3）　適用場面　　(a)　前主の無権利　　不動産の無権限取引（|事例3|）においては，短期取得時効が登記の公信力の不備を補い，真正所有者の帰責事由が認められない場合において94条2項類推適用法理を補充する機能を果たす。

(b)　未登記による権利の喪失　　同じく不動産取引において177条において劣後するが占有を継続した譲受人の保護にも資する。すなわち，二重譲渡において未登記の第一譲受人が占有を開始しても，第二譲受人が登記を備えると第一譲受人は権利を喪失するが，占有を継続すれば取得時効によって保護され

15) 最判昭46・11・11判時654・52。
16) 最判昭53・3・6民集32・2・135。
17) 内田Ⅰ415頁，大村・新基本民法Ⅱ66頁，平野・総則455頁。

る[18]。

(c) 取引行為の効力障害　動産・不動産を問わず，取引行為に瑕疵（無効・取消し原因）がある場合または解除されたにもかかわらず，このような取引に基づいて，これらの瑕疵につき善意無過失で占有を開始した者について，短期取得時効によって保護される。なお，この場合は動産であっても即時取得制度（192条）は適用されない。

(d) 非取引型の善意占有　短期取得時効の適用対象を上記のような取引型の占有権原に限定する立場に立たず，162条2項の文言通りに解釈すれば，　，のような場合についても適用の余地があるが，のような隣地との境界誤認に基づく占有については，過失が認定される場合が少なくないであろう。

<h1 style="text-align:center">第3節　消　滅　時　効</h1>

I　総　　説

　民法は，債権の消滅時効に関する一般原則として，主観的起算点に基づく5年時効と客観的起算点に基づく10年時効の二重期間・二段階構成を採用している（166条1項）。それはどのようなしくみなのか。消滅時効の対象となる債権の基本類型は契約上の履行請求権であるが，それ以外にいかなる債権があるか。時効の起算点の認定に際してはどのような点に留意すべきか。民法は債権の性質に応じて特則を設けているが，どのようなものがあるか。さらに，債権以外に消滅時効の対象となる財産権（166条2項）とは何か。

　本節では，以上のような事項について解説する。

---

18) 最判昭46・11・5民集25・8・1087。

Ⅱ　債権に関する消滅時効

1　適 用 対 象

　166条1項は債権の消滅時効に関する一般原則について定めているが，契約上の履行請求権のほか，その不履行を理由とする損害賠償請求権および解除権，そして安全配慮義務や説明義務など信義則上の付随義務，さらには，不当利得返還請求権など契約外の発生原因に基づく債権もその適用対象に含まれる。もっとも，不法行為に基づく損害賠償請求権（724条）および人の生命・身体の侵害による損害賠償請求権（167条）などについては特則が設けられている。

2　消滅時効の起算点

　(1)　総説　　債権の消滅時効はいつから進行を開始するか。起算点の認定は，時効によって不利益を蒙る債権者の利害に大きく関わる重要な問題である。民法は，次の二段階に分けて規定している。

　第一に，権利を行使することができる状態となり，かつ債権者がその旨を知った時から5年間行使しない場合，当該債権につき消滅時効が完成する（主観的起算点　166条1項1号）。権利行使できることを債権者が知った以上，その権利を実際に行使することが具体的に期待されるのであり，以後の不行使は非難に値する。その意味において時効の起算点を債権者の主観にかからしめることには意義がある。しかしながら，権利を行使することができる状態に至ったにもかかわらず，債権者がこれを知らない限りいつまでも時効が完成しないとすると，権利関係が不安定なままとなる。

　そこで第二に，権利を行使することができる時から10年間行使しない場合，債権者の知不知を問わず時効が完成する（客観的起算点　同項2号）。これが権利行使期間の上限となるが，主観的起算点から5年経過と客観的起算点から10年経過のうちいずれか先に到来した時点で時効が完成する。

　このような5年時効と10年時効の二重期間・二段階構成が債権の消滅時効に関する一般原則である。2017年改正前はもっぱら客観的起算点に基づく10年時効のみであったが（改正前167条），新たに主観的起算点に基づく5年時効が加わ

った。なお，こうした主観的起算点＋客観的起算点の二重期間・二段階構成については当初から，取消権（126条　5年＋20年），詐害行為取消権（426条　2年＋10年），不法行為に基づく損害賠償請求権（724条　3年＋20年），相続回復請求権（884条　5年＋20年），相続承認または放棄の取消権（919条3項　6ヵ月＋10年）の各権利行使期間に関する個別規定において採用されていたが，改正により消滅時効において一般化されることとなった。

　その起算点について具体的にどのように認定すべきかについては，債権の種類・内容によって異なり，判例上争点となったものも少なくない。また，債権または所有権以外の財産権（166条2項），人の生命・身体の侵害による損害賠償請求権（167条），定期金債権（168条），判決で確定した権利（169条）については，時効期間に関する特則が設けられている。以下では，これらについてさらに解説する。

　(2)　基本的な適用類型　　まずは債権の期限に関する基本的な適用類型について確認しておこう。

　第一に，確定期限の定めがある債権は，その期限の到来時が起算点となる（期限に関する初日不算入の原則［140条］により，その翌日から時効が進行する）。履行期日の定めがある契約上の債権がその代表例である。暦日で定められる期限の到来は公知の事実であるから，客観的起算点と主観的起算点は同一となる。

　第二に，不確定期限付きの債権の場合，たとえば，Aの死亡時を弁済期とするXのYに対する債権については，Aの死亡をXが知った日から5年または，Aの死亡日から10年が経過すると消滅時効が完成する。

　なお，履行遅滞の責任は，期限到来時ではなく，債務者が期限到来後に履行請求を受けた時または，期限到来を知った時から生じる（412条2項）。このような基準時の違いは，消滅時効が債権者側の権利行使の可能性を前提とする不行使を根拠とするのに対して，履行遅滞は債務者側の不履行に対する非難を理由とする点に由来する。

　第三に，期限の定めのない債権の場合，たとえば不当利得返還請求権については，債権者はいつでも履行を請求することができるため，債権成立時が客観

的起算点となり[19]，債権者が債権の存在を知った時が主観的起算点となる。な
お，履行遅滞の責任は，債権成立時ではなく，債務者が履行請求を受けた時に
発生するため（412条3項），少なくとも消滅時効に関する主観的起算点以降と
なる。

　これら以外の債権に関する主観的起算点および客観的起算点の認定について
は，改正前の判例を手がかりとして分析する必要があるが，基礎となる判断基
準について確認した上で，具体的な問題類型について展開しよう。

　(3)　客観的起算点の認定　　権利を行使することができる時とは，一般的に
は，権利行使について法律上の障害がなくなったことをいう。条件・期限付き
債権における停止条件の成就および期限の到来がこれにあたる。しかしながら，
損害賠償請求権や不当利得返還請求権などについては，法律上の障害の有無に
つき要件の充足に関する規範的評価を要する上，形式的には障害がなくなった
ようにみえても，実質的にみれば債権者において権利を行使することに対する
現実的期待に欠けていると評価すべき場合がある[20]。判例には，生命保険金請
求権の弁済期につき被保険者の死亡時と約定されている場合において，被保険
者が長期間行方不明であったときは，遺体発見時まで権利行使が現実に期待で
きないような特段の事情があったとして，消滅時効の進行は開始しないと判示
したものがある[21]。

　後に分析するように，現実的期待可能性の有無は，権利行使が可能ではある
が「実際には困難な場合」と「債権者の自律的選択を尊重すべき場合」におい
て考慮される[22]。

　(4)　主観的起算点　　主観的起算点は，権利を行使することができる旨を債
権者が知った時であるから，その認定には，上記の客観的起算点が到来してい
ることを前提として，さらに債権者の認識を要する。この点についても，契約

19) 大判大6・2・14民録23・152。
20) 最大判昭45・7・15民集24・7・771。
21) 最判平15・12・11民集57・11・2196。
22) 山野目・総則339頁。

310

上の期限の到来とは異なり，生命・身体に対する安全配慮義務違反あるいは説明義務違反に基づく損害賠償請求権や不当利得返還請求権などにおいては，債権者はどのような事実についてどの程度認識することが求められるのかが問われる。基本的には，「債権の発生を基礎づける事実について，その権利行使が可能な程度にこれを現実に認識したこと」を要するが，当初から主観的起算点が導入されていた不法行為責任に関する改正前の判例[23]を手がかりとすれば，債権者自身が要件の充足について具体的に認識したことまでは必要とされず，一般人であれば要件を充足したと判断するに足りる事実の認識が要求される（一般人の判断基準説）。

　もっとも，客観的起算点の認定に際して権利行使に関する現実的期待可能性を考慮する一方において，主観的起算点につき一般人の判断基準に照らして客観化する傾向にかんがみると，債権の性質・内容によっては両者の区別が流動的となろう。

　(5)　安全配慮義務違反　　医療過誤（事例6）や学校事故，旅客運送事故などの安全配慮義務違反に基づく損害賠償請求権についても，起算点が問題となる。判例は，炭鉱労働者に対する安全配慮義務違反に基づく損害賠償請求権に関するじん肺訴訟判決[24]において，安全配慮義務違反による損害賠償請求権は損害発生時に成立し，権利行使が法律上可能となる旨の一般論を示した上で，じん肺に関する損害発生は行政上の決定がなければ実質的に認定できず，消滅時効の起算点は，損害の一端に関する発生時である最初の行政上の決定ではなく，全損害の発生時であるすべての症状に関する最終的な行政上の決定時であると判示した。

　改正前の判例であるため，上記の判断は客観的起算点に関するものであるが，行政上の決定に関する通知の到達時が主観的起算点となろう。

　(6)　定期預金債権　　自動継続特約付きの定期預金契約においては，満期日

23)　最判平23・4・22判時2116・61。
24)　最判平6・2・22民集48・2・441。

までに預金者から解約申入れがない限り自動更新されることが予定されている
が，その預金払戻請求権の消滅時効につき判例は，初回の満期日より法律上行
使が可能ではあるが，解約申入れが行われた満期日の到来時より進行すると解
した[25]。初回の満期日における払戻請求権の行使を期待することは自動継続特
約の趣旨に反しており，権利行使可能時の認定については預金者（債権者）の
自律的選択を尊重すべき旨が示されている。

　これも改正前の判例であるため，上記の判断は客観的起算点に関するもので
あるが，解約申入れは払戻請求権を行使する目的で行うのが通常であることに
かんがみれば，主観的起算点も同一となろうか。

　(7)　期限の利益喪失約款付きの割賦払債権　　債務者が割賦金の返済を一度
でも怠ったときは，債権者の請求により債務者は直ちに期限の利益を失って残
債務を弁済すべき旨の約定がある場合，残債務に関する消滅時効はいつから進
行するか。これについては，不履行時説[26]と請求時説[27]に分かれている。

　期限の利益喪失約款の趣旨をどのように理解すべきかによるが，不履行時よ
り債権者はいつでも権利行使が可能である点を重視して「期限のない債務」と
同視して考えれば前者が支持されるが，権利行使の時期に関する債権者の自律
的選択を尊重するなら，「自働継続特約付き定期預金債権」に引き寄せて請求
時説を採るべきことになろう。そして，請求時説に立てば，主観的起算点も同
一となろう。

　(8)　債務不履行責任　　契約上の債務不履行に基づく損害賠償請求権および
解除権は，本来の履行請求権とは別個に消滅時効が進行するのか。とくに履行
期後に履行不能となった場合が問題となる。判例・通説は損害賠償請求権につ
き本来の履行期より時効が進行すると解している[28]。塡補賠償は本来の履行に

25)　最判平19・4・24民集61・3・1073。
26)　我妻・講義I487頁，幾代・総則510頁，四宮＝能見・総則432頁，内田I316頁，近江・
　総則384頁，河上・総則590頁，平野・総則432頁。
27)　大連判昭15・3・13民集19・544，最判昭42・6・23民集21・6・1492，加藤雅・体系
　I407頁，山野目・総則341頁。
28)　最判平10・4・24判時1661・66。

代わる権利であって性質上同一であること，履行を求める権利自体が消滅しているのにその不履行を理由とする救済ないし責任だけを特別に存続させるべき理由がないこと，が根拠として挙げられる。

解除権は債権でなく形成権であるが，債務不履行に対する救済ないし責任という実質において損害賠償請求権と共通するため，同様の理由から，債権に準じて履行期を起算点とする消滅時効の対象となると解されている[29]。

これに対しては，損害賠償請求権は損害が発生および確定するまで行使することができないため，履行請求権とは区別して考える反対説もある。これによれば，履行期ではなく，履行不能時または債権者がこれを知った時が消滅時効の起算点となる。

(9) 契約不適合に対する責任　売買契約において引き渡された目的物が契約の内容に適合しない場合，債務不履行の特則として追完請求権（562条）と代金減額請求権（563条）が定められているほか，債務不履行責任の一般原則にしたがって損害賠償請求権と解除権を行使することも妨げられない（564条）。

これらの権利行使も債務不履行責任と同様の消滅時効の一般原則に服するが，少なくとも目的物の引渡しがあるまで買主は権利を行使することができず，かつ，売主の側も不適合の事実を知らずに引き渡した場合はその旨を知り得ない点を考慮して，次のように規律されている。

第一に，買主は引渡しを受けた後に目的物に関する不適合の事実を知った時から1年以内に売主に対して不適合を通知しなければ，上記の権利を行使することができない（566条）。すなわち，不適合を発見した買主は，その救済に向けられた権利を保存するために，売主に対して速やかにその旨を通知した上で，権利行使することが求められている。この場合における消滅時効の期間は不適合を知った時から5年となる。

第二に，買主が不適合を知るに至らない場合であっても，その権利行使は10年の消滅時効に服する。その起算点については，これを引渡し時と解する改正

29）最判昭56・6・16民集35・4・763。

前の判例[30]が妥当しよう。

　したがって，買主が不適合を知った時から5年または引渡し時から10年のいずれか先に経過した時点において，時効が完成する。

3　消滅時効の期間

　(1)　原則　　すでにみたように，主観的起算点に基づく5年時効と客観的起算点に基づく10年時効が債権の消滅時効期間に関する一般原則である（166条1項）。

　(2)　人の生命・身体の侵害による損害賠償請求権　　人の生命・身体の侵害による損害賠償請求権については，その保護法益の重大性にかんがみれば，他の債権に比して権利行使の機会を確保する必要性が高い上，深刻な被害を蒙った権利者において時効完成を阻止することが長らく期待できない場合も十分にあり得る。

　そこで民法は，2017年改正により，消滅時効期間に関する特則を設けて（167条），客観的起算点に基づく時効期間を原則規定の10年から20年に伸長した。これとあわせて，人の生命・身体を害する不法行為による損害賠償請求権の消滅時効についても特則（724条の2）を定め，主観的起算点に基づく時効期間を原則規定（724条）の3年から5年に伸長した。

　 事例6 のような安全配慮義務違反に基づく損害賠償請求権については，これを契約上の信義則違反に基づく債務不履行責任と捉えるか，不法行為責任とみるかをめぐって法律構成が対立しており，起算点だけでなく時効期間も争点とされていたが，人の生命・身体の侵害による損害賠償請求権の特則化により，どちらに立っても時効期間については統一化されるに至った。ただし，客観的起算点に関しては，「権利を行使することができる時」（166条1項2号）と「不法行為の時」（724条）がつねに一致するかどうかがなお問われる点に注意を要する。

　(3)　定期金債権　　年金債権，定期扶助料債権，地上権の対価である地代債

30）最判平4・10・20民集46・7・1129。

314

権など，一定期間または不定の期間（例　債権者の死亡までの給付を目的とする終身定期金［689条］）において，定期的かつ反復継続的に金銭等を給付することを目的とする債権を，定期金債権という。ここにいう定期金債権は，各期において具体的に発生する個々の定期給付債権（支分権）ではなく，それらが発生する基礎となる権利（基本権）を指す。その基本権については，各定期給付債権（支分権）を行使することができることを知った時から10年間行使しないとき，または行使することができる時から20年間行使しないときは，時効により消滅する（168条）。債権関係の長期継続性にかんがみて，時効期間が伸長されている。

　なお，個々の定期給付債権（支分権）自体に関する消滅時効は原則規定にしたがう（166条1項）。

　(4)　判決で確定した権利　　確定判決またはこれと同一の効力を有するもの（例　支払督促，裁判上の和解，破産債権）によって確定した権利に関する時効期間は10年となる（169条）。当初は主観的起算点に基づく3年（724条）および5年（166条1項1号）の対象となる債権であっても，この特則が適用されると時効期間は10年に伸長される。公権的に確定した権利である以上，その行使の機会はとくに長期間確保されてよいと考えられるからである。

4　消滅時効の効果

　取得時効におけると同じく，時効の遡及効により，時効が完成して当事者がこれを援用すれば，その起算日に遡って債権の消滅が確定する。

 ## その他の権利に関する行使期間制限

1　所　有　権

　所有権は消滅時効の対象ではなく，所有者がその権利不行使を理由として所有権それ自体を喪失することはないが，その間に他者のための取得時効が成立することにより反射的に所有権を失うことはある。また，所有権に基づく妨害排除請求権などの物権的請求権の行使が権利濫用または信義則によって個別具体的に制限されることもあり得る。

2　その他の財産権

　債権または所有権以外の財産権は，権利を行使することができる時（客観的起算点）から10年間行使しないときは，時効によって消滅する（166条2項）。地上権などの用益物権がその適用対象となる。その趣旨は，制限物権は他人の所有物を対象とする物権であるため，長期にわたる不行使を理由として所有権に対する負担・制約から解放する点に求められる。地役権は，承役地の占有者が取得時効の成立に必要な期間占有を継続し，その間地役権者が権利を行使しなければ，時効により消滅する（289条・290条）。

　抵当権は，長期間行使しなくても，被担保債権が存続する限り債務者および設定者との関係においては時効により消滅しない（396条）。他方において，第三取得者など第三者が抵当不動産を取得時効に必要な期間占有することにより，抵当権が消滅する（162条・397条）[31]。ただし，その法律構成としては，所有権の取得時効の反射的効果または抵当権の消滅時効のいずれと解すべきかにつき，見解が分かれている。

 ## Ⅳ　消滅時効に関連する制度・法理

1　不法行為責任

　すでに触れたように，不法行為を理由とする損害賠償請求権は，被害者が「損害及び加害者を知った時」から3年間行使しないとき（主観的起算点），または，「不法行為の時」から20年間行使しないとき（客観的起算点），時効によって消滅する（724条）。債務不履行を理由とする損害賠償請求権とは起算点および時効期間を異にするが，人の生命・身体の侵害による損害賠償請求権に関する消滅時効については統一されている（167条 Ⅱ3(2)参照）。

2　取消権の行使期間制限

　(1)　総説　　取り消すことができる行為につき，取消権を行使するかどうかは取消権者の自由であるが，いつ行使されるか分からない浮動的状態を解消し

---

31) 最判平24・3・16民集66・5・2321。

て相手方の地位を安定化させるために，民法は取消権の行使期間について特則を設けている（126条）。これについては次の点が問題となる。

第一に，契約の取消しにおいて取消権者の債務が既履行であった場合，取消権とその効果として生じる原状回復請求権の行使期間はどのような関係に立つか。

第二に，取消権の性質は形成権であるが，その行使期間制限は債権と同じく消滅時効と解してよいか。

第三に，第一の場合と異なり取消権者の債務が未履行であった場合，相手方からの履行請求に対する抗弁として取消しの主張がされることがあり得るが，このような抗弁権は時の経過によって消滅するか。

(2) 取消権と原状回復請求権　　126条所定の期間制限は，取消権の行使だけでなく，その効果として生じる原状回復請求権にも及ぶのか。これについては見解が分かれている。

第一説は，取り消すかどうかと，その効果として生じる原状回復関係においてどのように清算すべきかとは別個の問題であるとして，取消権者は126条所定の期間内に取消権を行使すればよく，その後の清算を目的とする原状回復請求権（不当利得返還請求権）については，取消し後にあらためて債権の消滅時効（166条1項1号）に服すると解する見解（二段階構成）である。表意者保護に資する上，取消しによって効果が確定した以上，相手方の地位不安定は解消されており，原状回復の範囲・内容をめぐる紛争の解決とは区別すべきであるという考え方に基づく[32]。

第二説は，取消権者は，126条所定の期間内に「取消し＋原状回復請求」しなければならないと解するのが取消しの目的に整合する，と説く。その根拠は以下の通りである。(i)取消権の行使は原状回復のための手段としてされるのであるから，取消しの主張と原状回復請求とは実質的に密接不可分な権利行使と

---

32) 大判大7・4・13民録24・669〈解除に関するもの〉，内田Ⅰ・339頁，佐久間・基礎228頁，山野目・総則246頁，平野・総則445頁。

して考えるべきである。(ii)両者を区別すると，126条所定の期間を経過した後もさらに返還請求権は存続することとなって，取消権の行使を制限する意味が失われる[33]。

この問題については解除権の行使においても同様となる。

3　除斥期間

除斥期間とは，権利の行使がないまま法が定める期間が経過した場合，これをもって当然かつ一律に権利の消滅をもたらす期間をいう。法定期間内の権利行使を促すとともに，行使がない場合は個別具体的な事情を問うことなく画一的に権利を消滅させることによって，権利関係の確定を図ることを目的としている点において，消滅時効とは異なる権利消滅期間である。除斥期間においては当事者による援用（第5節）は必要なく，また，更新および完成停止（第4節）による延長も観念されていない。ドイツなどにおける民法典には除斥期間に関する定めが置かれているが，日本の民法典に明文規定はなく，権利行使期間に関する各制度の趣旨に即して，解釈レベルにおいてこの概念が用いられている。

第一に，取消権のような形成権は，一方的な権利行使の意思表示によって確定的に効果が生じるため，権利の実現のために相手方の関与を要せず，時効における更新および完成停止になじまない。そこで学説には，取消権に関する権利消滅期間を統一的に除斥期間と解するもの[34]，客観的起算点に基づく20年期間についてのみ除斥期間と捉える見解[35]が多く見受けられる。

第二に，権利者に特別にして簡易な救済手段を付与しつつ，迅速な権利行使を求める趣旨に基づいて定められた期間制限が挙げられる。即時取得の例外として認められる盗品・遺失物の回復請求権に関する2年の行使期間（193条）および，占有の訴えに関する1年の提訴期間（201条）については，除斥期間と解

---

33) 我妻・講義Ⅰ405頁，439頁，498頁，幾代・総則525頁，四宮＝能見・総則338頁，加藤雅・体系Ⅰ415頁，近江・総則310頁，潮見・総則233頁，河上・総則584頁，中舎・総則295頁。
34) 我妻・講義Ⅰ・404頁，439頁，内田Ⅰ・339頁。
35) 四宮＝能見・総則338頁，近江・総則367頁，加藤雅・体系Ⅰ415頁，大村・新基本民法Ⅰ150頁，潮見・総則234頁，河上・総則430頁。

する見解がある。

4 抗弁権の永久性

取消権者の債務が未履行の場合においては，相手方からの履行請求を拒絶するための抗弁として受動的に取消しが主張されることが多い。このような抗弁権としての取消権の行使についても126条の適用があるか。たとえば，追認することができる時から5年経過した後で相手方から履行請求がされた場合などが問題となる。

これについては，(i)このような場合は相手方からの請求があるまで取消権を行使しなくても非難に値しないこと，(ii)取消しを認めても履行がないままの状態が維持継続されるだけであるから，時効制度の趣旨に反しないことにかんがみて，取消権の行使は期間制限に服しない（抗弁権の永久性）という考え方が唱えられている。

これに対しては，(i)たとえ相手方からの請求がなくても，取消しにより権利関係を確定させることを取消権者に求めてもよい，(ii)126条所定の期間経過後における相手方の履行請求が不当と評価し得るときは，信義則あるいは権利濫用によって個別に制限すればよい，(iii)相手方が取消し原因の存否を争う際には証拠保全の困難から救済する必要がある，などの批判がある[36]。

もっとも，この議論は相手方の債権について消滅時効が完成していないことを前提とするが，権利行使期間が同一であるため，弁済期が追認可能時より大きく後れる場合を除いて実益に乏しいことは否めない。

第4節 時効障害（更新と完成猶予）

 I 総 説

時効の成否に関しては時の経過が最も基本的な要素ではあるが，それだけで

36）中舎・総則415頁。

当然に権利の得喪が確定するわけではなく，さまざまな観点から関係当事者の利益調整が織り込まれている。本節で取り上げる時効障害においては，時効の起算点の認定（第3節Ⅱ2）と並んで，時効によって不利益を蒙る側に対する配慮が求められる。たとえば，債務の弁済期を過ぎても弁済がなく，いくら催促しても応じないため，訴訟を提起して争っている間または勝訴判決が確定した後に時効期間が経過した場合や，債務者が弁済の猶予を求めるので事情を汲んで法的手段をとらずにいたところ，時効期間が満了するに至った場合などにおいて，ただちに消滅時効の完成を認めてよいであろうか。債権者においてその権利の不行使が非難に値しない場合，あるいは権利の存在が明確となった場合は，時効による権利の消滅を認めるべき基礎に欠けているといえるのではないか。時効障害とは，時効の完成を妨げる事由に関する総称であり，時効の更新と完成猶予とに大別される。

　第一に，時効の更新とは，時効の進行中にこれをくつがえす一定の事由が生じたことを根拠として，それまでの時効の進行を無意味なものとするとともに，この時点から再び新たな時効の進行がゼロから開始することをいう。

　第二に，時効の完成猶予とは，時効の完成をくつがえすには至らないが，時効期間の満了をもってただちに時効を成立させるのが不合理であると認められる一定の事由の発生により，一時的にその完成を遅らせる措置を指す。

　時効の更新には，権利の行使により完成猶予がされたことを前提として，その事由の終了後に続いて生じることが予定されている場合（完成猶予＋更新型）と，権利の承認により完成猶予を経ずに直接更新される場合（更新独立型）とがある。

　また，時効の完成猶予を生じさせる事由については，権利行使があった場合と，権利行使に対する合理的期待に欠けるに至った場合とに分かれる。

 Ⅱ　時効の更新

1　完成猶予＋更新型

(1)　裁判上の請求等　　裁判上の請求，支払督促，裁判上の和解・民事調

停・家事調停，破産手続参加・再生手続参加・更生手続参加により，まずはこれらの各事由に関する裁判手続の終了まで時効の完成が猶予される（147条1項1号～4号）。その上で，確定判決またはこれと同一の効力を有するものによって権利が確定した場合，その時点から時効が更新される（同条2項）。裁判所を通じて明確な権利行使が行われ，権利関係につき公権的な確定がもたらされたためである。これに対して，訴えの取下げあるいは却下などによって権利が確定するに至らずに各事由が終了した場合，時効は更新されず，その終了時から6ヵ月を経過するまで時効の完成が猶予されるにとどまる（同条1項括弧書き部分）。

① 裁判上の請求

　　裁判上の請求とは訴えの提起を指すが，給付の訴えに限らず，確認の訴えや形成の訴えさらには反訴あるいは応訴における権利の主張でもよい。また，訴訟物となっていない権利の主張であっても，判決に重要な影響を与えるものとして裁判所が認定したものであれば，裁判上の請求に含まれる。たとえば，留置権の主張は被担保債権の存在を前提とするため，これを認める確定判決により被担保債権に関する時効が更新される[37]。

　　なお，権利の一部について請求する旨を明らかにして行う明示的一部請求の訴えは，その部分についてのみ時効が更新され，残部については完成猶予が認められるにとどまる[38]。

② 支払督促

　　支払督促とは，金銭その他の代替物または有価証券の一定数量の給付を目的とする請求につき，債権者の申立てによって裁判所書記官が発する命令である（民訴382条）。債務者による異議申立てがされた場合は訴えの提起が擬制され（同395条），異議申立てがなく仮執行宣言が付されるか（同391条）または，異議申立てが却下されたときは，確定判決と同一の効力が

---

37) 最大判昭38・10・30民集17・9・1252。
38) 改正前の最判平25・6・6民集67・5・1208と同様の処理。

生じる（同396条）。なお，債権者が仮執行宣言の申立てをしないために支払督促の効力が失われた場合は時効の更新はなく，完成猶予にとどまる。

③　裁判上の和解・民事調停・家事調停

　民事紛争の当事者は，訴えの提起に先立って簡易裁判所に和解の申立てを行うことができ（民訴275条），和解が成立して和解調書が作成されると確定判決と同一の効力を有するため（同267条），和解の申立てがあった時または当事者双方が簡易裁判所に任意出頭した時に時効が更新される。これに対して，相手方が出頭しないかまたは和解が不成立に終わった場合は，時効の完成猶予にとどまる。

　民事調停法または家事事件手続法に基づく調停の申立てに関しても同様であり，調停の成立により時効が更新されるが，相手方の不出頭または調停不調の場合は完成猶予にとどまる。

　なお，ADR（裁判外紛争解決手続）においては，和解または調停が不成立となっても，一定期間内に訴えが提起されたときは裁判上の請求があったものとみなされるため（裁判外紛争解決手続利用促進法25条），時効が更新される。

④　破産手続参加・再生手続参加・更生手続参加

　破産手続参加とは，債務者について破産手続が開始された場合において，債権者が弁済を受けるために自己の債権の届出を行うことをいう（破111条）。このような手続も権利行使にあたり，届出債権につき異議の訴えが提起されずに破産債権として確定すると，確定判決と同一の効力を有するため（同131条 2 項），時効が更新される。

　民事再生法に基づく再生手続参加（民事再生法86条）および，会社更生法による更生手続参加（会社更生法138条）についても同様である。

(2)　強制執行等　　強制執行（差押え，配当要求），担保権の実行，形式競売（民執195条）および，金銭債権者が債務者の財産を特定できない場合に強制執行の準備として行う財産開示手続（民執196条以下）により，これらの各事由に関する執行手続の終了まで時効の完成が猶予される（148条 1 項 1 号～ 4 号）。そ

して，未回収の債権がなお残存する場合は，各事由の終了時から時効が更新される（同条2項）。これらの事由も公権的な権利行使にあたるが，確定判決後にあらためてその権利を保全する場合に意味があるのに加えて，確定判決による債務名義を要しない公正証書に基づく差押えにおいても有用である。

これに対して，申立ての取下げまたは法律の規定にしたがわないことによる取消しによって各事由が終了した場合，時効は更新されず，その終了時から6ヵ月を経過するまで時効の完成が猶予されるにとどまる（同条1項括弧書き部分）。

2 更新独立型（承認）

時効の進行中における権利の承認も更新事由となる（152条1項）。債務者が弁済猶予を求めたり，債務の一部または利息の支払があった場合などがこれにあたる。時効によって不利益を受ける者が自ら権利の存在を承認することは，その明確化において公権的な権利関係の確定に等しく，これにより権利者の側が権利行使を控えたとしても，非難すべき不行使にあたらないためである。

承認による権利の保存は管理行為であるため，権利の処分に関する行為能力の制限を受けていないことまたは権限があることを要しない（同条2項）。ただし，管理に必要な能力または権限は必要であり，したがって未成年者や成年被後見人による承認は取消しの対象となる[39]。

なお，権利の承認はもっぱら更新事由であるため，承認が認められなければ完成猶予の効果も生じない。

 時効の完成猶予

1 権利行使型

(1) 仮差押え等　仮差押え（民事保全20条）および仮処分（同23条）は時効の完成猶予事由であり，これらの事由が終了した時から6ヵ月が経過するまでの間は，時効は完成しない（149条）。これらは債務名義の取得を要しない簡易な手続であり，その後に予定されている裁判上の請求によって権利関係が確定す

---

39) 大判昭13・2・4民集17・87。

るまで暫定的にその権利を保全するための法的手段にすぎないため，あらため
て本案訴訟の提起など裁判上の請求を行わなければ時効は更新されない。

　(2)　催告　　裁判外において履行を請求する旨の意思の通知をもって催告と
いう。この場合，催告の時から6ヵ月を経過するまでの間は，時効は完成しな
い（150条1項）。ただし，催告を繰り返せば時効の完成を無限に遅らせること
ができるというわけではなく，その期間中に再度催告を繰り返しても，さらな
る完成猶予は認められない（同条2項）。催告後に時効が更新されるか否かは，
催告を受けた債務者の対応による。第一に，催告を受けた債務者が残債務の存
在を認めてあらためて弁済を約するなどした場合は，承認により時効が更新さ
れる。第二に，債務者が無回答または債務の存在を争うときは，時効を更新す
るために訴えの提起あるいは強制執行などの法的手段を講じることが債権者に
求められる。

2　権利行使困難型

　(1)　協議　　たとえば，損害賠償請求権については，当事者間において権利
の存否・賠償額・賠償方法などをめぐって争いが生じ，解決に向けて交渉・協
議が行われる場合が少なくない。このような協議による解決は法の助力に訴え
る権利行使とは相容れない方法であるが，時効の完成を阻止するために協議の
継続と矛盾する法的手段（訴訟の提起，調停の申立てなど）を講じなければなら
ないとすると，当事者による自律的で柔軟な紛争解決の妨げとなりかねない。
そこで，権利について協議を行う旨の合意が明確に行われ，書面または電磁的
記録が作成された場合は，協議の継続中は時効の完成が猶予される（151条1
項・4項）。

　もっとも，協議が成立するまでいつまでも時効が完成しないとすると，権利
関係が不安定な状態が無制限に継続することとなり，時効制度の趣旨に反する。
そこで，完成猶予期間について次のような制限が設けられている。すなわち，
完成猶予期間は①その合意の時から1年，②その合意において1年未満の協議
期間を定めたときはその期間の経過までであるが，③これらの期間中に当事者
の一方が相手方に対して協議の続行を拒絶する旨の通知を書面または電磁的記

録により行ったときは，通知時から 6 ヵ月を経過した時まで，時効が完成しない（同条 1 項 1 号～ 3 号）。

　上記の完成猶予の期間中に協議を行う旨の合意が再度行われたときは，さらに完成猶予の効力が生じるが，無制限に延長することは時効制度の趣旨に反するため，当初の完成猶予がなければ時効が完成していたはずの時点から通算して 5 年が上限とされている（同条 2 項）。

　協議が成立すればその内容にしたがって権利が確定するため，時効が更新されるが，成立しない場合は完成猶予期間が経過するまでにあらためて更新のための措置を講じなければならない。この点につき，同じ完成猶予事由である催告との関係が問われるが，①催告によって時効の完成が猶予されている間に協議を行う旨の合意がされたとしても，協議による完成猶予の効力は生じず，②協議を行う旨の合意によって時効の完成が猶予されている間に催告が行われた場合も同様となる（同条 3 項）。②の根拠は，債権者の一方的な権利行使である催告は協議の継続と相容れない点に求められる。これに対して①については，催告は暫定的な手段にすぎないため，完成猶予期間が経過するまでに更新による権利関係確定のための手続を促進する趣旨と解されるが，催告を契機としてその後に当事者間で協議を開始することは決して不合理ではないとして疑問を唱える見解もある[40]。

　(2)　天災事変等　　時効の完成直前に権利者が権利行使または保全のための措置を講じることが不可能ないし著しく困難となるような事態が生じた場合も，時効の完成が猶予される。

　時効期間の満了前 6 ヵ月以内に，未成年者または成年被後見人が法定代理人を失った場合，および，法定代理人に対して権利を有する場合は，その法定代理人による保護を期待できないため，これらの者が行為能力者となった時または新たな法定代理人が就職した時から 6 ヵ月を経過するまでの間，時効は完成しない（158 条）。

40）　四宮＝能見・総則470頁。

夫婦の一方が他方に対して有する権利については，婚姻解消の時から6ヵ月を経過するまでの間，時効は完成しない。

当事者の死亡により権利義務につき相続が生じた場合，相続人が確定した時，管理人が選任された時または破産手続開始の決定があった時から6ヵ月を経過するまでの間，時効は完成しない。

時効期間の満了時に，天災その他不可避的な事変のために時効更新のための措置を講じることができない場合，その障害が消滅した時から3ヵ月を経過するまでの間，時効は完成しない。

 時効障害の効果

時効の更新および完成猶予は，時効の利益を制限または喪失するため，その事由が生じた当事者およびその承継人の間においてのみその効力が生じ，当該事由の発生に関与していない者との関係においては効力を有しない（153条）。これを時効障害の相対効という。時効の援用権者が複数存在する場合において意味を有する。

ただし，保証債務においては，付従性により主債務者について生じた事由の効力は保証人にも及ぶため（457条1項），この限りではない。物上保証人についても同様となる[41]。また，債務者に対する時効の更新・完成猶予の効力は詐害行為の受益者にも及ぶ[42]。債権者は詐害行為の受益者に対して時効更新・完成停止のための措置を講じることができないからである。

これに対して，時効の利益を受ける当事者（債務者など）以外の保証人，物上保証人などに対して強制執行等または仮差押え等が行われた場合は，主債務者に対してその旨を通知しなければ，時効更新または完成猶予の効果は生じない（154条）。

41）最判平7・3・10判時1525・59，最判平11・2・26判時1671・57。
42）最判平10・6・22民集52・4・1195。

第5節　時効の援用と時効利益の放棄

　Ｉ　総　　説

　時効による権利関係の確定に際しては，これによって不利益を蒙る側の利害だけでなく，時効の利益を享受する側の意思にも配慮されている。それが，時効の援用（145条）および放棄（146条）である。ここでも，時の経過の有無にとどまらない，関係当事者間の個別具体的かつ公平な利害調整が行われている。

Ⅱ　時効の援用

1　援用の意義

　援用とは，時効が完成していることを前提として，これを根拠とする権利の確定を欲する旨の意思表示ないしは裁判上の主張をいう。援用が求められる趣旨は，時効による権利関係の確定の有無につき，最終的にこれによって利益を受ける当事者の意思にかからしめることにより，その私的自治を尊重する点にある。すなわち，時効を援用するか否かは当事者の自由であり，債権者が権利を行使しないまま時効期間が経過した場合であっても，時効による免責を望まない債務者が債務を弁済することは妨げられない。実体法説は，このような援用制度を良心規定と解する。これに対して真正な権利関係の保護または訴訟法説の観点からみれば，時効期間経過後に弁済を求められた債務者において，すでに弁済した旨を証明してこれを拒むか，時効を主張するかは自由である。

2　援用の法的性質

　上記のような時効の援用を，時効の効果として生じる実体的な権利の取得および消滅との関係においてどのように理解すべきかについては，以下のように見解が分かれている。

　(1)　確定効果説　　時効期間の経過により実体法上の権利の得喪は確定的に生じており，援用は訴訟上の攻撃防御手段にすぎないと解する見解である。実

体法上の意義は，援用権の放棄ないしは喪失によって時効の効果をくつがえすことが認められる点に求められるが，時効の利益の放棄については別に明文規定（146条）が置かれているため，145条は訴訟における当事者主義を確認するにとどまると理解せざるをえず，実体法上の意義を十分に説明できていないとの批判がある。

(2)　不確定効果説　　時効期間の経過により時効の効果が不確定的に発生し，当事者の援用によって確定するという考え方である。そのため，時効を援用する権利（援用権）は，これによって権利の得喪を確定させることに向けられた形成権と解すべきことになる。

この見解はさらに，援用があってはじめて時効の効果が確定するとみる停止条件説と，時効期間の経過によって時効の効果が一応発生するが，時効の放棄または援用権の喪失によりその不発生が確定すると解する解除条件説に分かれる。援用の実体法上の意義を重視する停止条件説が判例・多数説である[43]。

(3)　法定証拠説　　時効を権利関係の存否に関する証明方法に関する制度として捉える訴訟法説によれば，援用は，これを決するための裁判上の証拠として時効の完成を主張することを指す。

3　援用権者

(1)　総説　　時効を援用することができる者すなわち援用権者とは，どのような者を指すのか。145条は，「当事者（消滅時効にあっては，保証人，物上保証人，第三取得者その他権利の消滅について正当な利益を有する者を含む。）」と規定している。時効によって債務を免れる債務者および所有権を取得する占有者が，同条にいう当事者にあたることは明らかであるが，とくに消滅時効については時効によって利益を受ける者が多岐にわたるため，問題となる。

(2)　保証人・物上保証人・第三取得者　　たとえば，AがBに対して行った融資についてBの主債務のために，Cが保証債務を負った場合（保証人）また

---

43)　最判昭61・3・17民集40・2・420。我妻・講義Ⅰ444頁，幾代・総則536頁，四宮＝能見・総則478頁，近江・総則335頁，山野目・総則328頁。

328

は自己所有の不動産に抵当権を設定するなど担保を提供した場合（物上保証人），Bの主債務について消滅時効が完成すれば，Cもその時効を援用することができる。主債務が消滅すると付従性によりCも保証債務または抵当権の負担（抵当権の実行による財産喪失の危険）から免れ，当事者に準じる地位に立つため，主債務の消滅につき正当な利益を有する。このことは，Cの保証債務については未だ時効が完成していないときに意義を有する。

また，AのBに対する貸金債権のためにB所有の不動産に抵当権が設定された後，その抵当不動産をDがBから譲り受けた場合（第三取得者），抵当権設定登記により抵当権の追及効が認められることから，Dは物上保証人と同一の立場に立たされるため，上記のCと同様となる。

145条括弧書きは上記の理を明文化したものであるが，「その他権利の消滅について正当な利益を有する者」の意味については解釈に委ねられるため，主要な判例法理を確認しよう（消滅時効の援用権者の範囲に関する改正前の判例が妥当しよう）。

(3) 詐害行為の受益者　債務者による財産の処分が詐害行為にあたる場合において，取消債権者の被保全債権について消滅時効が完成したとき，詐害行為の受益者がその時効を援用することができるか。被保全債権が消滅すれば詐害行為取消権を行使することができなくなり，これにより受益者は財産の喪失を免れる立場に立つため，被保全債権の消滅について正当な利益を有する[44]。

(4) 後順位抵当権者　後順位抵当権者は，先順位抵当権の被担保債権について完成した消滅時効を援用することができるか。確かに，先順位抵当権が消滅すれば後順位抵当権の順位が上昇し，これにより被担保債権に対する配当額が増加しうるが，判例は，このような期待は反射的利益にすぎないとして，援用権を否定した[45]。先順位抵当権者が時効を援用していない場合において，本来はこれに劣後する後順位抵当権者にその主張を認めるべき独立かつ正当な利

44) 最判平10・6・22民集52・4・1195。
45) 最判平11・10・21民集53・7・1190。

益の有無が問われる上，援用の相対効（後掲4参照）により後順位抵当権者との関係においてのみ被担保債権が消滅するとなると，その配当をめぐり他の利害関係人との間で混乱が生じるおそれも指摘されている[46]。

(5) 建物賃借人　借地人のために借地の所有権に関する取得時効が成立した場合，借地上の建物の賃借人はこれを援用することができるか。判例は，建物賃借人は賃敷地所有権の取得時効につき直接利益を受ける者にあたらないとしてこれを否定したが[47]，学説には，建物賃借人が借地人に代位して時効を援用できることとの均衡を理由とする肯定説がある[48]。建物賃借権を保全するためには賃貸人の敷地利用権（借地権）が維持されていれば足りるため，借地人に所有権を取得させることにつき正当な利益を有するかどうかについては，なお検討を要する。

4 援用の効果

援用により，時効による権利の得喪はその起算点に遡って確定的に生じる（144条）。これを援用の遡及効という。

また，消滅時効においては，権利の消滅について正当な利益を有する者が複数存する場合があり得るため，ある援用権者による時効援用の効果を他の援用権者にも及ぼしてよいかどうかが問題となる。たとえば，AのBに対する貸金債権について消滅時効が完成した場合において，保証人であるCによる時効援用を認めると，もし主債務者であるBが時効による免責を望んでいないときは，その私的自治が害されることになる。とはいうものの，主債務の消滅について正当な利益を有するCの保護にも配慮しなければならない。そこで，援用の効果はこれを行った各援用権者との関係においてのみ生じ，他の援用権者には及ばないと解されている。これを援用の相対効という。そのため，上記の例においてCが消滅時効を援用することは妨げられず，Bの主債務はCとの関係において消滅し，Cは免責されるが，Bとの関係においてはなお主債務が存続する

---

46) 森田宏樹・百選Ⅰ・87頁。
47) 最判昭44・7・15民集23・8・1520。
48) 近江・総則337頁，河上・総則539頁。

ことになる。

 Ⅲ 時効利益の放棄

1 放棄の意義

　時効利益の放棄は援用権の放棄であり，援用権者の意思表示によって行われる。時効の援用権を行使するか否かに関する当事者の私的自治を裏から保証するものであるが，放棄に固有の問題がいくつか存する。

2 放棄の要件

　時効利益の放棄は，時効完成前にあらかじめ行うことができない（146条）。貸金債権の債権者などがその経済的優位を濫用してあらかじめ債務者に時効援用権を放棄させることにより，援用の自由を奪うことを阻止するとともに，永久に行使することができる債権の作出を防止する趣旨に基づく。その反対解釈として，時効完成後であれば，債務者は債権者から強制されることなく時効を援用することができるため，それにもかかわらず債務者の側からこれを放棄するのは自由である。

　時効利益の放棄は援用権の放棄であるから，債務者が時効の完成を知り，援用権を行使し得る旨を認識してこれを行うことを要する。なお，時効の更新事由である債務承認（152条）とは異なり，時効利益の放棄は援用権の処分であるから，これを行うには処分権限および能力が必要とされる。

3 時効完成後の債務承認

　たとえば，弁済期到来後に債務者が債権者に対して弁済の猶予を求めた場合，これが時効完成前であれば債務承認にあたり，時効が更新されるが（152条），時効完成後であったとしたらどうか。債務者が時効の完成を知りながらあえて弁済する趣旨で行えば時効利益を放棄する旨の意思表示が認められようが，問題は時効完成を知らずに債務承認が行われた場合である。この場合は時効利益の放棄にあたらないため，その後に時効完成を知るに至った債務者が態度を翻して時効を援用しても差し支えないことになるが，判例は，時効完成後に債務

承認を行った債務者による時効の援用は信義に反して許されないという[49]。た とえ時効完成を知らなかったとしても，債務承認を行った債務者がその後に時 効を援用することは矛盾行為にあたり，債務承認の後でもはや時効が援用され ることはない旨の債権者の正当な信頼を害するからである。すなわち，時効完 成後の債務承認による時効援用権の喪失の根拠は，債務者の意思の効果である 時効利益の放棄ではなく，信義則違反に基づく援用権の喪失であり，その趣旨 は矛盾行為の禁止と債権者の正当な信頼保護に求められる。

4　放棄の効果

　時効援用権の行使の効果におけると同じく（Ⅱ4），放棄の効果もこれを行 った援用権者との関係においてのみ生じるにとどまる。これを時効利益の放棄 の相対効という。そのため，放棄を行った援用権者の私的自治とそれ以外の援 用権者の利益との調和が図られる。AのBに対する貸金債権につき，主債務者 であるBが時効利益の放棄を行ったとしても，保証人であるCによる時効の援 用は妨げられず，その結果Cは免責されるが，Bとの関係において主債務はな お存続する。なお，援用の相対効により，Cによる時効の援用はBによる時効 利益の放棄を妨げない。

　これと反対に，Cが時効利益の放棄を行った後にBが時効を援用することは 可能であるが，これにより主債務が消滅した後にCが保証債務の付従性を理由 とする免責を主張することは許されるか。これが信義に反して認められないと すると，Cは保証債務を弁済してもBに対して求償することができなくなる。 学説は，Cは主債務が存続する限度において債務を負担しているにすぎないた め，主債務の消滅後も独自に債務負担する趣旨において時効利益を放棄したの でない限り，Cが主債務消滅による免責を主張することは信義に反しないと解 する[50]。

49）最大判昭41・4・20民集20・4・702。
50）河上・総則542頁。

5 時効に関する特約の効力

債権者と債務者間の合意により，両者間の債権につき消滅時効の期間を伸長または短縮することは可能か。時効の利益を享受するか否かに関する当事者の私的自治を尊重する観点からは広く認めてもよさそうであるが，時効は公益に関わる制度であるため，その調和をいかに図るべきかが問われる。

一般論としては，時効期間を伸長する特約は，合意によって永久に存続する債権を作出することにつながりかねず，予め時効利益を放棄することを禁じる趣旨にも反するため，無効とすべきであろう。これに対して，時効期間を短縮する合意は，時効によって不利益を受ける側の同意があるため，当事者の自由に委ねてよい。

ただし，一律にこのように判断すべきではなく，合意の内容・趣旨あるいは形成過程における当事者の態様に照らして，不当条項無効または信義則に基づく主張制限などの調整が図られるべきである[51]。たとえば，銀行預金債権あるいは，消費者契約における事業者の責任に関する時効期間の伸長は，顧客または消費者の利益に資するため，当然に無効とすべきではなく，反対に，これらの債権に関する時効期間の短縮は，顧客または消費者の権利を不当に失わせるおそれがあるため，不当条項に該当する場合があろう。

---

51) 四宮＝能見・総則490頁，河上・総則529頁，中舎・総則420頁，佐久間・基礎417頁。

索　　引

334

338

[編者略歴]

宮本健蔵 [みやもと けんぞう]
昭和49年　法政大学法学部法律学科卒業
昭和58年　法政大学大学院博士課程単位取得満期退学
現　　在　法政大学法学部教授　博士（法学）

新・マルシェ民法総則 ［新・マルシェ民法シリーズⅠ］　　　　　　〈検印省略〉

2020年7月31日　第1版第1刷発行

編著者　宮　本　健　蔵

発行者　前　田　　　茂

発行所　嵯峨野書院

〒615-8045　京都市西京区牛ヶ瀬南ノ口町39　電話(075)391-7686　振替 01020-8-40694

© Kenzo Miyamoto, 2020　　　　　　　　　　　　　　　　創栄図書印刷

ISBN978-4-7823-0599-7

マルシェ民法シリーズ

Ⅱ 新・マルシェ物権法・担保物権法

宮本健蔵 編著

民法の制定から約120年ぶりの大幅改正に対応した新シリーズ第2巻。民法制度の趣旨や法解釈の本質を的確に解説。近時注目される所有者不明土地の問題や，それに伴い及ぼされうる物権法への影響も含め，現行法のみならず社会のあるべき姿を模索する学びのための1冊。

A5・上製・464頁・定価(本体3700円＋税)

Ⅲ 新・マルシェ債権総論

宮本健蔵 編著

新しい債権法の平易な解説を主眼としつつ，旧法との連続性と断絶という点に着目することで，新法の枠組みを明らかにする。現行法を基礎としながら一つの問題を多面的・複眼的に分析し解決に導くリーガルマインドを習得する，法学部学生向けテキスト。

A5・上製・490頁・定価(本体3850円＋税)

新・コンダクト民法

宮本健蔵 編著

民法典の全領域を，簡潔に明らかにした概説書。法律問題を身近に感じられるよう，各章の冒頭に法律相談という形で具体的ケースを提示した。権利義務関係の発生から消滅に至るまでの全体像を把握するため，主として契約関係の展開に応じて解説している。

A5・並製・370頁・定価(本体2900円＋税)

━ 嵯 峨 野 書 院 ━